《中华人民共和国监察法》学习问答

本书编写组　编写

中国方正出版社

图书在版编目（CIP）数据

《中华人民共和国监察法》学习问答/《〈中华人民共和国监察法〉学习问答》编写组编写. --北京：中国方正出版社，2024.11.
ISBN 978-7-5174-1400-1

Ⅰ. D922.114.5

中国国家版本馆 CIP 数据核字第 2024X1D066 号

《中华人民共和国监察法》学习问答
ZHONGHUA RENMIN GONGHEGUO JIANCHAFA XUEXI WENDA
本书编写组 **编写**

责任编辑：曹宇霖
责任校对：周志娟
责任印制：李惠君

出版发行：中国方正出版社
（北京市西城区广安门南街甲 2 号　邮编：100053）
编辑部：（010）59594613　出版部：（010）59594625
发行部：（010）66560645　门市部：（010）66562733
网址：www.lianzheng.com.cn
经　　销：新华书店
印　　刷：保定市中画美凯印刷有限公司

开　　本：880 毫米×1230 毫米　　1/32
印　　张：13
字　　数：260 千字
版　　次：2025 年 3 月第 1 版　2025 年 6 月北京第 6 次印刷

ISBN 978-7-5174-1400-1　　定价：30.00 元

出版说明

2018年3月20日，十三届全国人大一次会议审议通过了《中华人民共和国监察法》(以下简称《监察法》)并于公布之日起施行。2024年12月25日，十四届全国人大常委会第十三次会议表决通过关于修改《监察法》的决定，自2025年6月1日起施行。

《监察法》是反腐败国家立法，对以法治思维和法治方式惩治腐败，意义重大、影响深远。修改《监察法》是深入贯彻党的二十大和二十届三中全会决策部署的必然要求，是巩固拓展国家监察体制改革成果的重要举措，是解决新形势下监察工作中突出问题的现实需要，是推进监察工作规范化、法治化、正规化的有力保证。修改后的《监察法》共9章78条，规定了总则、监察机关及其职责、监察范围和管辖、监察权限、监察程序、反腐败国际合作、对监察机关和监察人员的监督、法律责任等。

为帮助大家学习和运用修改后的《监察法》，我们编写了《〈中华人民共和国监察法〉学习问答》。本书根据国家监察体制改革以来的监察执法实践，以设问作答的方式对《监察法》的精神实质、核心要义、法律条文等修改重点难点问题从实务运用角度进行了解读阐释，既可以作为广大纪检监察干部开展业务工作的案头工具书，也可以为公职人员学习了解《监察法》提供借鉴和参考。

囿于时间和经验，书中难免有疏漏或者不妥之处，敬请广大读者批评指正。

编　者

2025年3月

目　录

001

如何准确理解和把握《监察法》的效力层级？

《中华人民共和国监察法》（以下简称《监察法》）于2018年3月20日第十三届全国人民代表大会第一次会议通过，是全国人民代表大会依照《中华人民共和国立法法》第十条第二款关于“全国人民代表大会制定和修改刑事、民事、国家机构的和其他的基本法律”的规定，为了深入开展反腐败工作，加强对所有行使公权力的公职人员的监督，实现国家监察全面覆盖，持续深化国家监察体制改革，推进国家治理体系和治理能力现代化，根据宪法制定的基本法律；2024年12月25日第十四届全国人民代表大会常务委员会第十三次会议决定对《监察法》予以修改，是全国人民代表大会常务委员会依照《中华人民共和国立法法》第十条第三款关于全国人民代表大会常务委员会“在全国人民代表大会闭会期间，对全国人民代表大会制定的法律进行部分补充和修改，但是不得同该法律的基本原则相抵触”的规定，对《监察法》进行的部分修改。

依照《中华人民共和国立法法》第九十九条第一款关于

“法律的效力高于行政法规、地方性法规、规章”的规定，《监察法》在效力层级上属于全国人民代表大会制定的基本法律，其效力仅次于宪法，行政法规、监察法规、地方性法规、规章以及最高人民法院、最高人民检察院制定的司法解释均不得与其相抵触。需要指出的是，《监察法》在与其他法律之间规定不一致时，应当依照《中华人民共和国立法法》第一百零三条、第一百零五条的规定，按照特别规定优于一般规定、新的规定优于旧的规定等法律适用规则确定如何适用；如《监察法》与其他法律之间对同一事项的新的一般规定与旧的特别规定不一致，不能确定如何适用时，由全国人民代表大会常务委员会裁决。

002

《监察法》对监察机关的性质和职能是如何规定的？

宪法第一百二十三条规定："中华人民共和国各级监察委员会是国家的监察机关。"《监察法》第三条规定："各级监察委员会是行使国家监察职能的专责机关，依照本法对所有行使公权力的公职人员（以下称公职人员）进行监察，调查职务违法和职务犯罪，开展廉政建设和反腐败工作，维护宪法和法律的尊严。"据此，监察委员会是行使国家监察职能的专责机关，由人民代表大会产生，对它负责，受它监督。

根据《监察法》第三条规定，监察委员会具有3项职能：一是对所有行使公权力的公职人员进行监察；二是调查职务违法和职务犯罪；三是开展廉政建设和反腐败工作，维护宪法和法律的尊严。《监察法》对监察委员会职能的规定，与党章第四十六条和《中国共产党纪律检查委员会工作条例》第四章关于纪委主要任务的规定相匹配。

003

监察机关开展监察工作应当遵循哪些原则?

《监察法》第四条规定:“监察委员会依照法律规定独立行使监察权,不受行政机关、社会团体和个人的干涉。监察机关办理职务违法和职务犯罪案件,应当与审判机关、检察机关、执法部门互相配合,互相制约。监察机关在工作中需要协助的,有关机关和单位应当根据监察机关的要求依法予以协助。”第五条规定:“国家监察工作严格遵照宪法和法律,以事实为根据,以法律为准绳;权责对等,严格监督;遵守法定程序,公正履行职责;尊重和保障人权,在适用法律上一律平等,保障监察对象及相关人员的合法权益;惩戒与教育相结合,宽严相济。”据此,监察机关开展监察工作须遵循以下7项原则。

第一项原则是监察机关依法独立行使职权。监察委员会依法独立行使监察权,“依法”是前提。监察委员会作为行使国家监察职能的专责机关,履行职责必须遵循社会主义法治原则的基本要求,必须严格依照法律进行活动,既不能滥用或者超越职权,违反规定的程序,也不能不担当、不作为,更不允许利用职权徇私枉法，放纵职务违法犯罪行为。这里的“干涉”，主要是指行政机关、社会团体和个人利用职权、地位，或者采取其他不正当手段干扰、影响监察人员依法行使职权的行为，如利用职权阻止监察人员开展案件调查，以及利用职权威胁、引诱他人不配合监察机关工作，等等。

需要注意的是，强调监察机关依法独立行使监察权，绝不意味着监察机关可以不受任何约束和监督。监察机关在党的集中统一领导和监督下开展工作，要在本级人民代表大会及其常务委员会监督下开展工作，下级监察机关要接受上级监察机关的领导和监督，地方各级监察机关要接受国家监察委员会的领导和监督。此外，监察机关还应依法接受民主监督、社会监督、舆论监督等。

第二项原则是监察机关与司法机关、执法部门互相配合、互相制约。宪法第一百二十七条第二款对此作出明确规定。这里的“互相配合”，主要是指监察机关与司法机关、执法部门在办理职务违法犯罪案件过程中，要按照法律规定，在正确履行各自职责的基础上互相支持，不能各行其是，甚至互相扯皮。“互相制约”，主要是指监察机关与司法机关、执法部门在追究职务违法犯罪过程中，通过程序上的制约，防止和及时纠正错误，以保证案件质量。

第三项原则是严格遵照宪法和法律，以事实为根据，以法律为准绳。事实是前提、基础和根据，法律是标准、尺度，二者相互联系，缺一不可。“以事实为根据”，主要是指公职人员是否违法犯罪、罪轻还是罪重，都要以事实为根据，对事实情况既不夸大也不缩小，做到客观公正。“以法律为准绳”，是指监察机关开展监察工作，包括案件线索处置、初步核实、立案、调查、作出处置决定等都要以《监察法》等法律法规为标准。

第四项原则是权责对等，严格监督。这项原则体现了行使权力和责任担当相统一的思想，权力就是责任，有权必有责，有责要担当，也体现严管就是厚爱，信任不能代替监督。需要强调的是，监察机关既要监督乱作为，也要管消极的不作为、慢作为，保证公权力正确行使。

第五项原则是遵守法定程序，公正履行职责。这一原则是此次《监察法》修改中增加的一项原则，与《中华人民共和国监察官法》第五条关于“监察官应当维护宪法和法律的尊严和权威，以事实为根据，以法律为准绳，客观公正地履行职责，保障当事人的合法权益”、第六条关于“监察官应当严格按照规定的权限和程序履行职责，坚持民主集中制，重大事项集体研究”等规定，以及《监察法》第三条关于“各级监察委员会是行使国家监察职能的专责机关，依照本法对所有行使公权力的公职人员（以下称公职人员）进行监察”中的“依照本法”、第十一条第三项关于“对违法的公职人员依法作出政务处分决定”中的“依法”、第五十二条第一款第二项关于“对违法的公职人员依照法定程序作出警告、记过、记大过、降级、撤职、开除等政务处分决定”中的“依照法定程序”、第五十三条关于“监察机关经调查，对违法取得的财物，依法予以没收、追缴或者责令退赔”中的“依法予以没收、追缴或者责令退赔”、第六十七条关于“办理监察事项的监察人员”“有可能影响监察事项公正处理的”应当回避等关于法定程序和公正履职的要求相呼应。同时，与《中华人民共和国公职人员政务处分法》第五条关于“给予公职人员政务处分，应当事实清楚、证据确凿、定性准确、处理恰当、程序合法、手续完备”，第六条关于“公职人员依法履行职责受法律保护，非因法定事由、非经法定程序，不受政务处分”，第四十三条关于“作出政务处分决定前，监察机关应当将调查认定的违法事实及拟给予政务处分的依据告知被调查人，听取被调查人的陈述和申辩，并对其陈述的事实、理由和证据进行核实，记录在案。被调查人提出的事实、理由和证据成立的，应予采纳。不得因被调查人的申辩而加重政务处分”，第四十四条第一项关于“确有应受政务处分的违法行为的，根据情节轻重，按照政务处分决定权限，履行规定的审批手续后，作出政务处分决定”，第四十七条关于“参与公职人员违法案件调查、处理的人员有下列情形之一的，应当自行回避，被调查人、检举人及其他有关人员也有权要求其回避：（一）是被调查人或者检举人的近亲属的；（二）担任过本案的证人的；（三）本人或者其近亲属与调查的案件有利害关系的；（四）可能影响案件公正调查、处理的其他情形”等给予公职人员政务处分的要求和程序相衔接。

第六项原则是尊重和保障人权，在适用法律上一律平等，保障监察对象及相关人员的合法权益。这里重申宪法第三十三条第三款关于“国家尊重和保障人权”的规定，在《监察法》中作出尊重和保障人权的宣示，体现了社会主义制度的本质要求。“在适用法律上一律平等”，是指监察机关对所有监察对象及相关人员，不论民族、职业、出身、性别、教育程度都应一律平等地适用法律，不允许有任何特权。“保障监察对象及相关人员的合法权益”，是指严格遵循相关法律规定，不得违法侵犯公民、法人和其他组织的合法权益。

第七项原则是惩戒与教育相结合，宽严相济。惩前毖后、治病救人，是我们党的一贯方针，是我们党从丰富的实践经验和深刻的历史教训中总结出来的。历史证明，只有坚持这一方针，才能达到既严明法纪、义团结同志的目的。惩戒与教育相结合，宽严相济原则是“惩前毖后、治病救人”方针在监察工作中的具体体现。监察委员会的职责不只是调查，不是单纯的办案机构，而是有很重要的监督职责，体现在代表党和国家，依照宪法、《监察法》和有关法律法规，监督所有公职人员行使公权力的行为是否正确，确保党和国家的路线方针政策贯彻落实，确保权力不被滥用、权力在阳光下运行，把权力关进制度的笼子。监委的监督和纪委的监督在指导思想、基本原则上是高度一致的，咬耳扯袖、红脸出汗，做思想政治工作的目的都是为了惩前毖后、治病救人。

004

《监察法》等法律对监察委员会的产生和其组成人员的任期是如何规定的？

依照宪法第六十三条第四项、第六十七条第十一项，《监察法》第八条第二款、第九条第二款，《中华人民共和国地方各级人民代表大会和地方各级人民政府组织法》第十一条第六项、第五十条第一款第十五项和《中华人民共和国监察官法》第十九条等规定，国家监察委员会主任由全国人民代表大会选举和罢免，副主任、委员由国家监察委员会主任提请全国人民代表大会常务委员会任免；地方各级监察委员会主任由本级人民代表大会选举和罢免，副主任、委员由监察委员会主任提请本级人民代表大会常务委员会任免；新疆生产建设兵团各级监察委员会主任、副主任、委员，由新疆维吾尔自治区监察委员会主任提请自治区人民代表大会常务委员会任免；在省、自治区内按地区设立的地区监察委员会、盟监察委员会主任、副主任、委员，可以参照《中华人民共和国人民法院组织法》第四十三条第二款、《中华人民共和国法官法》第十八条第五款、《中华人民共和国人民检察院组织法》第三十八条第三款和《中华人民共和国检察官法》第十八条第五款等规定，由省、自治区监察委员会主任提请本级人民代表大会常务委员会任免。

005

上下级监察机关之间的关系是怎样的？

依照宪法第一百二十五条和《监察法》第七条第一款、第十条等规定，国家监察委员会领导地方各级监察委员会的工作，是最高监察机关；上级监察委员会领导下级监察委员会的工作。实践中，需要注意以下 3 个方面。

一是国家监察委员会在党中央领导下开展工作。国家监委作为最高监察机关，与中央纪律检查委员会合署办公，在党中央领导下开展工作。《中国共产党纪律检查委员会工作条例》第五条第一款也明确规定："党的中央纪律检查委员会（国家监察委员会）在党中央领导下进行工作，履行党的最高纪律检查机关（国家最高监察机关）职责。"

二是地方各级监察委员会在同级党委和上级监察委员会双重领导下工作。

三是监督执法调查工作以上级监察委员会领导为主，线索处置和案件查办在向同级党委报告的同时应当一并向上一级监察委员会报告。《中国共产党纪律检查机关监督执纪工作规则》第三条第二项规定，"坚持纪律检查工作双重领导体制，监督执纪工作以上级纪委领导为主，线索处置、立案审查等在向同级党委报告的同时应当向上级纪委报告”。纪委监委合署办公体制，决定了监委同样应当遵循这一要求。

006

监察机关的职责是什么?

《监察法》第十一条规定:“监察委员会依照本法和有关法律规定履行监督、调查、处置职责:(一)对公职人员开展廉政教育,对其依法履职、秉公用权、廉洁从政从业以及道德操守情况进行监督检查;(二)对涉嫌贪污贿赂、滥用职权、玩忽职守、权力寻租、利益输送、徇私舞弊以及浪费国家资财等职务违法和职务犯罪进行调查;(三)对违法的公职人员依法作出政务处分决定;对履行职责不力、失职失责的领导人员进行问责;对涉嫌职务犯罪的,将调查结果移送人民检察院依法审查、提起公诉;向监察对象所在单位提出监察建议。”据此,监察机关的职责为监督、调查、处置三项职责。

007

如何准确理解和把握监察机关负责调查的职务违法行为？

依照《监察法》第十一条第二项规定，职务违法行为类型主要包括涉嫌贪污贿赂、滥用职权、玩忽职守、权力寻租、利益输送、徇私舞弊以及浪费国家资财等方面的职务违法。《中华人民共和国监察法实施条例》进一步明确，监察机关负责调查的职务违法是指公职人员实施的与其职务相关联，虽不构成犯罪但依法应当承担法律责任的下列违法行为：一是利用职权实施的违法行为，既包括利用本人职务上主管、负责、承办某项公共事务的职权，也包括利用职务上有隶属、制约关系的其他公职人员的职权，如受贿违法等。二是利用职务上的影响实施的违法行为，具体是指行为人与被其利用的公职人员之间在职务上虽然没有隶属、制约关系，但是行为人利用了本人职权或地位产生的影响和一定的工作联系。这种便利条件既包括现职公职人员利用本人现职权或者地位形成的便利条件，也包括离职公职人员利用本人原职权或者地位形成的便利条件。比如，斡旋受贿违法，通过请托其他公职人员的方式干预市场经济活动等。三是履行职责不力、失职失责的违法行为，如滥用职权违法、玩忽职守违法等。四是其他违反与公职人员职务相关的特定义务的违法行为，这些特定义务与公职人员职务相对应。比如，按规定请示、报告重大事项，办理因私出境证件需经上级审批等，即属于公职人员特有的义务。上述义务同样与公权力行使密切相关，属于法律规定的公职人员履职要求，违反上述特定义务属于职务违法。理解职务违法，要着重把握以下 3 点。

一是职务违法具有“职务相关性”，是与公职人员职务相关联的行为，这决定了职务违法的内涵。对职务相关性的理解，应当准确把握《监察法》中“行使公权力”“制约和监督权力”“履职”“用权”等关键词。如行为与行使公权力无关，就不能认定为职务违法。

二是职务违法具有“违法性”，是违反职务、职责和义务的法律法规规定的行为，这决定了职务违法的外延。违法性和职务相关性一样，都是判断职务违法的关键。如果公职人员行使公权力的行为未违反职务、职责和义务的法律法规规定，就不应认定为职务违法。《监察法》第十一条规定，监察机关依法对涉嫌贪污贿赂等职务违法和职务犯罪进行调查。此规定列举了职务违法的主要类型，但未明确职务违法的范围和边界，这需要结合相关法律规定来确定。我们认为，职务违法的“法”，应当是规定职务职责和义务的法律法规。而就“法”的范围而言，应当与《中华人民共和国立法法》所规定的“法”的范畴相一致。因此，可将其基本范围划分为4个层次：其一是违反《监察法》规定。其二是违反《中华人民共和国公职人员政务处分法》等专门对职务违法行为作出规定的法律法规规章等。需要注意的是，《中华人民共和国公职人员政务处分法》中可以给予政务处分的情形，并不局限于职务违法行为。比如，公职人员赌博等违反《中华人民共和国治安管理处罚法》的行为，依据《中华人民共和国公职人员政务处分法》可以给予违法的公职人员政务处分，但该行为并非职务违法行为。其三是违反其他规范公职人员履职行为的法律法规。即《中华人民共和国公务员法》《中华人民共和国人民警察法》《中华人民共和国法官法》《中华人民共和国检察官法》《中华人民共和国企业国有资产法》《事业单位人事管理条例》等规定不同类型公职人员履职要求的“身份法”，以及各类“行业管理法”。相比于前两个层次的法律法规，这些法律法规对于具体某类职务违法的行为表现有更为细化的规定。其四是违反国家监委依据《全国人民代表大会常务委员会关于国家监察委员会制定监察法规的决定》制定的监察法规。

三是职务违法是具有“应受处罚性”且不构成犯罪的行为，这是区分职务违法和职务犯罪的关键。公职人员违法行使公权力构成职务违法的，应当承担相应的法律责任，依法给予处罚。但如果已违反刑法规定构成犯罪的，就需要作为职务犯罪处理。

008

如何准确理解和把握监察机关负责调查的职务犯罪行为？

《监察法》第十一条第二项规定，监察机关“对涉嫌贪污贿赂、滥用职权、玩忽职守、权力寻租、利益输送、徇私舞弊以及浪费国家资财等职务违法和职务犯罪进行调查”。结合《中华人民共和国监察法实施条例》相关规定，这里的职务犯罪主要是指下列罪名。

一是贪污贿赂犯罪，包括贪污罪，挪用公款罪，受贿罪，单位受贿罪，利用影响力受贿罪，行贿罪，对有影响力的人行贿罪，对单位行贿罪，介绍贿赂罪，单位行贿罪，巨额财产来源不明罪，隐瞒境外存款罪，私分国有资产罪，私分罚没财物罪，以及公职人员在行使公权力过程中实施的职务侵占罪，挪用资金罪，对外国公职人员、国际公共组织官员行贿罪，非国家工作人员受贿罪和相关联的对非国家工作人员行贿罪。

二是滥用职权犯罪，包括滥用职权罪，国有公司、企业、事业单位人员滥用职权罪，滥用管理公司、证券职权罪，食品、药品监管渎职罪，故意泄露国家秘密罪，报复陷害罪，阻碍解救被拐卖、绑架妇女、儿童罪，帮助犯罪分子逃避处罚罪，违法发放林木采伐许可证罪，办理偷越国（边）境人员出入境证件罪，放行偷越国（边）境人员罪，挪用特定款物罪，非法剥夺公民宗教信仰自由罪，侵犯少数民族风俗习惯罪，打击报复会计、统计人员罪，以及司法工作人员以外的公职人员利用职权实施的非法拘禁罪、虐待被监管人罪、非法搜查罪。

三是玩忽职守犯罪，包括玩忽职守罪，国有公司、企业、事业单位人员失职罪，签订、履行合同失职被骗罪，国家机关工作人员签订、履行合同失职被骗罪，环境监管失职罪，传染病防治失职罪，商检失职罪，动植物检疫失职罪，不解救被拐卖、绑架妇女、儿童罪，失职造成珍贵文物损毁、流失罪，过失泄露国家秘密罪。

四是徇私舞弊犯罪，包括徇私舞弊低价折股、出售公司、企业资产罪，非法批准征收、征用、占用土地罪，非法低价出让国有土地使用权罪，非法经营同类营业罪，为亲友非法牟利罪，枉法仲裁罪，徇私舞弊发售发票、抵扣税款、出口退税罪，商检徇私舞弊罪，动植物检疫徇私舞弊罪，放纵走私罪，放纵制售伪劣商品犯罪行为罪，招收公务员、学生徇私舞弊罪，徇私舞弊不移交刑事案件罪，违法提供出口退税凭证罪，徇私舞弊不征、少征税款罪。

五是公职人员在行使公权力过程中涉及的重大责任事故犯罪，包括重大责任事故罪，教育设施重大安全事故罪，消防责任事故罪，重大劳动安全事故罪，强令、组织他人违章冒险作业罪，危险作业罪，不报、谎报安全事故罪，铁路运营安全事故罪，重大飞行事故罪，大型群众性活动重大安全事故罪，危险物品肇事罪，工程重大安全事故罪。

六是公职人员在行使公权力过程中涉及的其他犯罪，包括破坏选举罪，背信损害上市公司利益罪，金融工作人员购买假币、以假币换取货币罪，利用未公开信息交易罪，诱骗投资者买卖证券、期货合约罪，背信运用受托财产罪，违法运用资金罪，违法发放贷款罪，吸收客户资金不入账罪，违规出具金融票证罪，对违法票据承兑、付款、保证罪，非法转让、倒卖土地使用权罪，私自开拆、隐匿、毁弃邮件、电报罪，故意延误投递邮件罪，泄露不应公开的案件信息罪，披露、报道不应公开的案件信息罪，接送不合格兵员罪。

七是司法工作人员利用职权实施的涉嫌非法拘禁、刑讯逼供、非法搜查等侵犯公民权利、损害司法公正的犯罪，包括非法拘禁罪，非法搜查罪，刑讯逼供罪，暴力取证罪，虐待被监管人罪，滥用职权罪，玩忽职守罪，徇私枉法罪，民事、行政枉法裁判罪，执行判决、裁定失职罪，执行判决、裁定滥用职权罪，私放在押人员罪，失职致使在押人员脱逃罪，徇私舞弊减刑、假释、暂予监外执行罪。

009

派驻或者派出监察机构、监察专员的职责是什么？

《监察法》第十三条规定："派驻或者派出的监察机构、监察专员根据授权，按照管理权限依法对公职人员进行监督，提出监察建议，依法对公职人员进行调查、处置。"《中华人民共和国监察法实施条例》第十三条细化规定为："派驻或者派出的监察机构、监察专员根据派出机关授权，按照管理权限依法对派驻或者派出监督单位、区域等的公职人员开展监督，对职务违法和职务犯罪进行调查、处置。监察机构、监察专员可以按规定与地方监察委员会联合调查严重职务违法、职务犯罪，或者移交地方监察委员会调查。未被授予职务犯罪调查权的监察机构、监察专员发现监察对象涉嫌职务犯罪线索的，应当及时向派出机关报告，由派出机关调查或者依法移交有关地方监察委员会调查。"据此，监察机关派驻或者派出监察机构、监察专员的职责与《监察法》第十一条规定一致，区别在于监督对象范围、是否具有职务犯罪调查权与监察委员会不同。其中，国家监察委员会派驻或者派出监察机构、监察专员一般均具有职务犯罪调查权，其他派驻或者派出监察机构、监察专员是否具有职务犯罪调查权则需根据国家监察委员会的规定和派出它的监察委员会或者监察机构、监察专员的授权确定。

010

如何准确理解和把握国家实行监察官制度的规定?

《监察法》第十四条规定:"国家实行监察官制度,依法确定监察官的等级设置、任免、考评和晋升等制度。"为了加强对监察官的管理和监督,保障监察官依法履行职责,维护监察官合法权益,推进高素质专业化监察官队伍建设,推进监察工作规范化、法治化,《中华人民共和国监察官法》对此作出全面规定。

关于监察官的范围。监察官的范围包括各级监察委员会的主任、副主任、委员;各级监察委员会机关中的监察人员;各级监察委员会派驻或者派出到中国共产党机关、国家机关、法律法规授权或者委托管理公共事务的组织和单位以及所管辖的行政区域等的监察机构中的监察人员、监察专员;其他依法行使监察权的监察机构中的监察人员。需要指出的是,各级监察委员会派驻到国有企业的监察机构工作人员、监察专员,以及国有企业中其他依法行使监察权的监察机构工作人员不属于监察官,但对其监督管理参照执行《中华人民共和国监察官法》有关规定。也就是说，监察官在身份上包括公务员和参照公务员法管理的人员以及事业单位工作人员，这与法官、检察官、警官均系公务员有所不同。

关于监察官的等级设置。监察官等级分为十三级，依次为总监察官、一级副总监察官、二级副总监察官，一级高级监察官、二级高级监察官、三级高级监察官、四级高级监察官，一级监察官、二级监察官、三级监察官、四级监察官、五级监察官、六级监察官。监察官实行国家规定的工资制度，享受监察官等级津贴和其他津贴、补贴、奖金、保险、福利待遇。监察官的工资及等级津贴制度，由国家另行规定。

关于监察官的任免。国家监察委员会主任由全国人民代表大会选举和罢免，副主任、委员由国家监察委员会主任提请全国人民代表大会常务委员会任免。地方各级监察委员会主任由本级人民代表大会选举和罢免，副主任、委员由监察委员会主任提请本级人民代表大会常务委员会任免。新疆生产建设兵团各级监察委员会主任、副主任、委员，由新疆维吾尔自治区监察委员会主任提请自治区人民代表大会常务委员会任免。其他监察官的任免，按照管理权限和规定的程序办理。监察官不得兼任人民代表大会常务委员会的组成人员，不得兼任行政机关、审判机关、检察机关的职务，不得兼任企业或者其他营利性组织、事业单位的职务，不得兼任人民陪审员、人民监督员、执业律师、仲裁员和公证员。监察官因工作需要兼职的，应当按照管理权限批准，但是不得领取兼职报酬。

011
监察对象的范围是什么？

《监察法》第三条、第十五条明确规定监察机关对所有行使公权力的公职人员进行监察。这里的“公权力”是国家权力或公共权力的总称，是法律法规规定的特定主体基于维护公共利益的目的对公共事务管理行使的强制性支配力量，包括国家机关等国有单位行使的公共事务管理职能、基层群众性自治组织行使的集体事务管理职能以及根据法律、法规授权或者受国家机关依法委托行使的公共事务管理职能等。《监察法》第十五条则采用列举方式对监察对象进行了明确，具体包括六大类：一是中国共产党机关、人民代表大会及其常务委员会机关、人民政府、监察委员会、人民法院、人民检察院、中国人民政治协商会议各级委员会机关、民主党派机关和工商业联合会机关的公务员，以及参照《中华人民共和国公务员法》管理的人员；二是法律、法规授权或者受国家机关依法委托管理公共事务的组织中从事公务的人员；三是国有企业管理人员；四是公办的教育、科研、文化、医疗卫生、体育等单位中从事管理的人员；五是基层群众性自治组织中从事管理的人员；六是其他依法履行公职的人员。从以上六类监察对象来看，判断一个人是否是监察对象，关键看其是不是行使公权力、履行公务，而不是看其是否有公职。

012

监察对象中公务员以及参照《中华人民共和国公务员法》管理的人员的范围是什么？

《监察法》第十五条规定："监察机关对下列公职人员和有关人员进行监察：（一）中国共产党机关、人民代表大会及其常务委员会机关、人民政府、监察委员会、人民法院、人民检察院、中国人民政治协商会议各级委员会机关、民主党派机关和工商业联合会机关的公务员，以及参照《中华人民共和国公务员法》管理的人员……"据此，监察对象包括公务员以及参照《中华人民共和国公务员法》管理的人员两部分人员。

关于公务员的范围，须依照《中华人民共和国公务员法》和《公务员范围规定》具体确定。列入公务员范围的工作人员必须同时符合下列条件：一是依法履行公职；二是纳入国家行政编制；三是由国家财政负担工资福利。下列机关中除工勤人员以外的工作人员应列入公务员范围：一是中国共产党各级机关，包括中央和地方各级党委、纪律检查委员会的领导人员；中央和地方各级党委工作部门、办事机构和派出机构的工作人员；中央和地方各级纪律检查委员会机关及其向党和国家机关等派驻或者派出机构的工作人员；街道、乡、镇党委机关的工作人员。二是各级人民代表大会及其常务委员会机关，包括县级以上各级人民代表大会常务委员会领导人员，乡、镇人民代表大会主席、副主席；县级以上各级人民代表大会常务委员会工作机构和办事机构的工作人员；县级以上各级人民代表大会专门委员会办事机构的工作人员。三是各级行政机关，包括各级人民政府的领导人员；县级以上各级人民政府工作部门和派出机构的工作人员；乡、镇人民政府机关的工作人员。四是中国人民政治协商会议各级委员会机关，包括中国人民政治协商会议各级委员会的领导人员；中国人民政治协商会议各级委员会工作机构的工作人员。五是各级监察机关，包括国家和地方各级监察委员会的领导人员；国家和地方各级监察委员会机关及其向党和国家机关等派驻或者派出机构的工作人员。六是各级审判机关，包括最高人民法院和地方各级人民法院的法官、审判辅助人员；最高人民法院和地方各级人民法院的司法行政人员。七是各级检察机关，包括最高人民检察院和地方各级人民检察院的检察官、检察辅助人员；最高人民检察院和地方各级人民检察院的司法行政人员。八是各民主党派和工商联的各级机关，包括中国国民党革命委员会中央和地方各级委员会的领导人员，工作机构的工作人员；中国民主同盟中央和地方各级委员会的领导人员，工作机构的工作人员；中国民主建国会中央和地方各级委员会的领导人员，工作机构的工作人员；中国民主促进会中央和地方各级委员会的领导人员，工作机构的工作人员；中国农工民主党中央和地方各级委员会的领导人员，工作机构的工作人员；中国致公党中央和地方各级委员会的领导人员，工作机构的工作人员；九三学社中央和地方各级委员会的领导人员，工作机构的工作人员；台湾民主自治同盟中央和地方各级委员会的领导人员，工作机构的工作人员；中华全国工商业联合会和地方各级工商联的领导人员，工作机构的工作人员。下列人员人事关系所在部门和单位不属于前述所列机关的，不列入公务员范围：一是中国共产党的各级代表大会代表、委员会委员、委员会候补委员、纪律检查委员会委员；二是各级人民代表大会代表、常务委员会组成人员、专门委员会成员；三是中国人民政治协商会议各级委员会常务委员、委员；四是各民主党派中央和地方各级委员会委员、常委和专门委员会成员，以及中华全国工商业联合会和地方工商联执行委员、常务委员会成员和专门委员会成员。需要注意的是，列入公务员范围的人员按照有关规定登记后，方可确定为公务员。

关于参照《中华人民共和国公务员法》管理的人员，是指法律、法规授权的具有公共事务管理职能的事业单位中除工勤人员以外的工作人员，经批准参照《中华人民共和国公务员法》进行管理。依照《中华人民共和国公务员法》《参照〈中华人民共和国公务员法〉管理的单位审批办法》规定，事业单位列入参照管理范围，应当同时具备以下两个条件：一是具有法律、法规授权的公共事务管理职能；二是使用事业编制，并由国家财政负担工资福利。其中作为授权依据的法律、法规包括两类：一类是全国人民代表大会及其常务委员会制定的法律。另一类是国务院制定的行政法规和国务院决定；监察法规；省、自治区、直辖市人民代表大会及其常务委员会制定的地方性法规，设区的市、自治州人民代表大会及其常务委员会制定并报省、自治区人民代表大会及其常务委员会批准的地方性法规，经济特区所在地的省、市人民代表大会及其常务委员会制定的经济特区法规；民族自治地方的人民代表大会制定的自治条例和单行条例；其他与行政法规有同等效力的政策性法规文件。确定公共事务管理职能的依据包括：法律、法规的授权，党委、政府以及机构编制部门规定的主要职责。工会、共青团、妇联等人民团体和群众团体机关参照《中华人民共和国公务员法》管理的，其机关工作人员（工勤人员除外）亦属于“参照《中华人民共和国公务员法》管理的人员”。

013

监察对象中“法律、法规授权或者受国家机关依法委托管理公共事务的组织中从事公务的人员”范围是什么？

《监察法》第十五条规定：“监察机关对下列公职人员和有关人员进行监察：……（二）法律、法规授权或者受国家机关依法委托管理公共事务的组织中从事公务的人员……”据此，监察对象包括法律、法规授权管理公共事务的组织中从事公务的人员，以及受国家机关依法委托管理公共事务的组织中从事公务的人员。换句话说，这一类监察对象是指在上述组织中，除参照《中华人民共和国公务员法》管理的人员外，对公共事务履行组织、领导、管理、监督等职责的人员，包括具有公共事务管理职能的行业协会等组织中从事公务的人员，以及法定检验检测、检疫等机构中从事公务的人员。

014

监察对象中“国有企业管理人员”的范围是什么？

《监察法》第十五条规定：“监察机关对下列公职人员和有关人员进行监察：……（三）国有企业管理人员……”《中华人民共和国监察法实施条例》第四十条规定：“监察法第十五条第三项所称国有企业管理人员，是指国家出资企业中的下列人员：（一）在国有独资、全资公司、企业中履行组织、领导、管理、监督等职责的人员；（二）经党组织或者国家机关，国有独资、全资公司、企业，事业单位提名、推荐、任命、批准等，在国有控股、参股公司及其分支机构中履行组织、领导、管理、监督等职责的人员；（三）经国家出资企业中负有管理、监督国有资产职责的组织批准或者研究决定，代表其在国有控股、参股公司及其分支机构中从事组织、领导、管理、监督等工作的人员。”根据《关于办理国家出资企业中职务犯罪案件具体应用法律若干问题的意见》第六条规定，经国家机关、国有公司、企业、事业单位提名、推荐、任命、批准等，在国有控股、参股公司及其分支机构中从事公务的人员，应当认定为国家工作人员，具体的任命机构和程序，不影响国家工作人员的认定，经国家出资企业中负有管理、监督国有资产职责的组织批准或者研究决定，代表其在国有控股、参股公司及其分支机构中从事组织、领导、监督、经营、管理工作的人员，应当认定为国家工作人员；国家出资企业中的国家工作人员，在国家出资企业中持有个人股份或者同时接受非国有股东委托的，不影响其国家工作人员身份的认定。据此，监察机关对“国有企业管理人员”进行监察，且“国有企业管理人员”与“国家出资企业中的国家工作人员”范围基本一致。其中，《中华人民共和国监察法实施条例》第四十条第三项中“负有管理、监督国有资产职责的组织”，是指上级或者本级国家出资企业内部的党委（党组）、党政联席会。按照党管干部、党管人才原则和分级分类管理要求，党委（党组）将其管理的部分干部委托给其组织人事部门管理的，经该组织人事部门提名、推荐、任命、批准等，代表党委（党组）在国有控股、参股公司、企业及其分支机构中从事组织、领导、管理、监督等工作的人员，属于《监察法》第十五条第三项规定的“国有企业管理人员”和《中华人民共和国刑法》第九十三条第二款规定的“国家工作人员”。

需要指出的是，一是前述《中华人民共和国监察法实施条例》第四十条中“履行组织、领导、管理、监督等职责”“从事组织、领导、管理、监督等工作”，主要表现为与职权相联系的公共事务以及监督、管理国有财产的职务活动。不具备职权内容的劳务活动、技术服务等工作，如售货员、售票员等所从事的工作，一般不属于“履行组织、领导、管理、监督等职责”“从事组织、领导、管理、监督等工作”。二是《中华人民共和国监察法实施条例》第四十条第三项关于“经国家出资企业中负有管理、监督国有资产职责的组织批准或者研究决定，代表其在国有控股、参股公司及其分支机构中从事组织、领导、管理、监督等工作的人员”，在认定时应同时具备下列3个条件：第一，“委派性”。是指经有关组织批准或研究决定，具体形式上可以不拘一格，如任命、指派、提名、推荐、认可、同意、批准等都符合要求。第二，“代表性”。是指被委派人代表有关组织的利益，并对该组织负责。有无代表性是认定委派来源的一个内含要件。虽经有关组织批准或研究决定，但任职与该组织没有必然联系，被委派人对该组织也无职责义务关系的，不应认定为公职人员。第三，“公务性”。是指在国有控股、参股公司及其分支机构中从事组织、领导、管理、监督等工作，在企业中从事的具体事务活动一般不应当认定为公务。

015

监察对象中“公办的教育、科研、文化、医疗卫生、体育等单位中从事管理的人员”的范围是什么？

《监察法》第十五条规定：“监察机关对下列公职人员和有关人员进行监察：……（四）公办的教育、科研、文化、医疗卫生、体育等单位中从事管理的人员……”《中华人民共和国监察法实施条例》第四十一条规定：“监察法第十五条第四项所称公办的教育、科研、文化、医疗卫生、体育等单位中从事管理的人员，是指国家为了社会公益目的，由国家机关举办或者其他组织利用国有资产举办的教育、科研、文化、医疗卫生、体育等事业单位中，从事组织、领导、管理、监督等工作的人员。”据此，由国家机关举办或者其他组织利用国有资产举办的，从事教育、科研、文化、卫生、体育、新闻、广播电视、社会福利、救助减灾、统计调查、技术推广与实验、公用设施管理、物资仓储、监测、勘探与勘察、测绘、法律服务、资源管理事务、质量技术监督事务、经济监督事务、知识产权事务、公证与认证、信息与咨询、人才交流、就业服务、机关后勤服务等活动的事业单位中从事管理的人员，均属于监察对象。这里的“从事管理”与《中华人民共和国刑法》第九十三条第二款关于“国有公司、企业、事业单位、人民团体中从事公务的人员和国家机关、国有公司、企业、事业单位委派到非国有公司、企业、事业单位、社会团体从事公务的人员，以及其他依照法律从事公务的人员，以国家工作人员论”中“从事公务”含义一致，主要表现为与职权相联系的公共事务以及监督、管理国有财产的职务活动。不具备职权内容的劳务活动、技术服务等工作一般不属于监察法第十五条第四项中“从事管理”和《中华人民共和国刑法》第九十三条第二款中“从事公务”。

016

监察对象中“基层群众性自治组织中从事管理的人员”的范围是什么？

《监察法》第十五条规定：“监察机关对下列公职人员和有关人员进行监察：……（五）基层群众性自治组织中从事管理的人员……”《中华人民共和国监察法实施条例》第四十二条规定：“监察法第十五条第五项所称基层群众性自治组织中从事管理的人员，是指该组织中的下列人员：（一）从事集体事务和公益事业管理的人员；（二）从事集体资金、资产、资源管理的人员；（三）协助人民政府从事行政管理工作的人员，包括从事救灾、防疫、抢险、防汛、优抚、帮扶、移民、救济款物的管理，社会捐助公益事业款物的管理，国有土地的经营和管理，土地征收、征用补偿费用的管理，代征、代缴税款，有关计划生育、户籍、征兵工作，协助人民政府等国家机关在基层群众性自治组织中从事的其他管理工作。”这里的“基层群众性自治组织”，主要是指村民委员会、居民委员会。据此，“基层群众性自治组织中从事管理的人员”，主要包括村民委员会主任、副主任和委员，社区居民委员会主任、副主任和委员。

017

监察对象中“其他依法履行公职的人员”的范围是什么？

《监察法》第十五条规定：“监察机关对下列公职人员和有关人员进行监察：……（六）其他依法履行公职的人员。”《中华人民共和国监察法实施条例》第四十三条规定：“下列人员属于监察法第十五条第六项所称其他依法履行公职的人员：（一）履行人民代表大会职责的各级人民代表大会代表，履行公职的中国人民政治协商会议各级委员会委员、人民陪审员、人民监督员；（二）虽未列入党政机关人员编制，但在党政机关中从事公务的人员；（三）在集体经济组织等单位、组织中，由党组织或者国家机关，国有独资、全资公司、企业，国家出资企业中负有管理监督国有和集体资产职责的组织，事业单位提名、推荐、任命、批准等，从事组织、领导、管理、监督等工作的人员；（四）在依法组建的评标、谈判、询价等组织中代表国家机关，国有独资、全资公司、企业，事业单位，人民团体临时履行公共事务组织、领导、管理、监督等职责的人员；（五）其他依法行使公权力的人员。”据此，监察对象中“其他依法履行公职的人员”，是指除《监察法》第十五条第一项至第五项规定的人员以外的依法行使公权力的人员，把握的判断标准关键在于其是否依法行使公权力。

018

什么是监察机关对监察事项的提级管辖？

《监察法》第十六条第二款规定："上级监察机关可以办理下一级监察机关管辖范围内的监察事项，必要时也可以办理所辖各级监察机关管辖范围内的监察事项。"《中华人民共和国监察法实施条例》第四十七条第一款、第二款分别规定："上级监察机关对于下一级监察机关管辖范围内的职务违法和职务犯罪案件，具有下列情形之一的，可以依法提级管辖：（一）在本辖区有重大影响的；（二）涉及多个下级监察机关管辖的监察对象，调查难度大的；（三）其他需要提级管辖的重大、复杂案件。上级监察机关对于所辖各级监察机关管辖范围内有重大影响的案件，必要时可以依法直接调查或者组织、指挥、参与调查。"上述提级管辖的规定，增强了监察工作的机动性、实效性，做到分级负责的原则性与提级办理的灵活性相结合，便于上级监察机关处理一些难度较大的监察事项。

019

什么是监察机关对监察事项的指定管辖？

《监察法》第十七条第一款规定："上级监察机关可以将其所管辖的监察事项指定下级监察机关管辖，也可以将下级监察机关有管辖权的监察事项指定给其他监察机关管辖。"《中华人民共和国监察法实施条例》第四十八条第三款规定："上级监察机关对于下级监察机关管辖的职务违法和职务犯罪案件，具有下列情形之一，认为由其他下级监察机关管辖更为适宜的，可以依法指定给其他下级监察机关管辖：（一）管辖有争议的；（二）指定管辖有利于案件公正处理的；（三）下级监察机关报请指定管辖的；（四）其他有必要指定管辖的。"上述指定管辖的规定，对监察事项的一般管辖原则作出了补充。

监察机关"指定管辖"，是指下级监察机关按照分级负责制原则没有管辖权的监察事项，因上级监察机关的指定而随之具有了对该监察事项的管辖权。一方面，对于原本属于自己所管辖的监察事项，上级监察机关可以将其指定给所辖的下级监察机关管辖，但设区的市级监察委员会将同级党委管理的公职人员涉嫌职务违法或者职务犯罪案件指定下级监察委员会管辖的，应当报省级监察委员会批准；省级监察委员会将同级党委管理的公职人员涉嫌职务违法或者职务犯罪案件指定下级监察委员会管辖的，应当报国家监察委员会相关监督检查部门备案。规定此类指定管辖，体现了上级监察机关对下级监察机关的领导，同时也能够增强工作灵活性。进行指定管辖的主要原因是根据工作需要，在指定时上级监察机关要予以通盘考虑。比如，上级监察机关的工作任务比较饱满，而下级监察机关的人员和能力又足以承担移交给其办理的监察事项，为尽快保质保量完成工作任务，上级监察机关可以将其所管辖的监察事项指定下级监察机关管辖。另一方面，上级监察机关可以将下级监察机关有管辖权的监察事项指定给自己所辖的其他监察机关管辖。需要指出的是，上级监察机关进行指定管辖，要根据办理监察事项的实际需要和下级监察机关的办理能力等因素确定，不能把自己管辖的监察事项一概指定下级监察机关管辖；也不能不顾实际情况进行指定，造成下级监察机关工作上的混乱，影响监察实效。

020

什么是监察机关对监察事项的报请提级管辖？

《监察法》第十七条第二款规定：“监察机关认为所管辖的监察事项重大、复杂，需要由上级监察机关管辖的，可以报请上级监察机关管辖。”《中华人民共和国监察法实施条例》第四十七条规定：“上级监察机关对于下一级监察机关管辖范围内的职务违法和职务犯罪案件，具有下列情形之一的，可以依法提级管辖：（一）在本辖区有重大影响的；（二）涉及多个下级监察机关管辖的监察对象，调查难度大的；（三）其他需要提级管辖的重大、复杂案件。上级监察机关对于所辖各级监察机关管辖范围内有重大影响的案件，必要时可以依法直接调查或者组织、指挥、参与调查。地方各级监察机关所管辖的职务违法和职务犯罪案件，具有第一款规定情形的，可以依法报请上一级监察机关管辖。”

监察机关“报请提级管辖”，是指下级监察机关因法定事由将原本属于自己管辖的监察事项报请上级监察机关管辖。监察机关一般应当按照分级负责制原则，尽全力办理好自己管辖范围内的监察事项。但是，当监察机关考虑到所在地方的实际情况，以及本机关的地位、能力，认为所管辖的监察事项实属重大、复杂，而尽自己力量不能或者不适宜管辖的，可以报请上级监察机关管辖。

021

监察机关收集证据的一般原则是什么？

《监察法》第十八条规定："监察机关行使监督、调查职权，有权依法向有关单位和个人了解情况，收集、调取证据。有关单位和个人应当如实提供。监察机关及其工作人员对监督、调查过程中知悉的国家秘密、工作秘密、商业秘密、个人隐私和个人信息，应当保密。任何单位和个人不得伪造、隐匿或者毁灭证据。"上述监察机关收集证据一般原则的规定，确保了监察机关能够依法行使监督、调查职权，有力有效对所有行使公权力的公职人员进行监察，调查职务违法和职务犯罪，开展廉政建设和反腐败工作，维护宪法和法律的尊严。监察机关收集证据一般原则包括以下 3 个方面。

一是监察机关行使监督、调查职权，有权依法向有关单位和个人了解情况，收集、调取证据，有关单位和个人应当如实提供。监察机关依法向有关单位和个人了解情况，收集、调取证据，这是根据查明事实、惩治腐败、保障被调查人合法权益的需要，法律赋予监察机关的职权和履职保障措施。"有关单位和个人应当如实提供"，是指有关单位和个人在监察机关依法向其收集、调取证据时，有义务向监察机关客观、真实地提供证据，包括交出真实的物证、书证、视听资料、电子数据，提供真实的证言等。“如实提供”，是指既不能隐瞒证物，不提供证言，又不能伪造证物，编造假的证言，而要实事求是反映与监察事项相关的内容、情节、线索等。

二是监察机关及其工作人员对监督、调查过程中知悉的国家秘密、工作秘密、商业秘密、个人隐私和个人信息，应当保密。这是对监察机关及其工作人员的要求。“国家秘密”，是指关系国家安全和利益，依照法定程序确定，在一定时间内只限一定范围的人员知悉的事项。“工作秘密”，是指除国家秘密以外的，在监察机关监督、调查过程中产生或者获取的不属于国家秘密，但泄露后会造成一定不利影响的事项。“商业秘密”，是指不为公众所知悉，能为权利人带来经济利益，具有实用性并经权利人采取保密措施的技术信息和经营信息。“个人隐私”，是指个人生活中不愿公开或不愿为他人知悉的秘密。“个人信息”是指能够单独或与其他信息结合识别特定自然人的各种信息。国家秘密关系国家安全和利益，商业秘密关系权利人的经济利益，隐私权是个人的重要人身权利。《中华人民共和国保守国家秘密法》《中华人民共和国刑法》《中华人民共和国民法典》等法律对国家秘密、商业秘密、个人隐私和个人信息的保护作了规定。监察机关及其工作人员对监督、调查过程中知悉的涉及国家秘密、工作秘密、商业秘密、个人隐私和个人信息的证据，应当妥善保管，不得遗失、泄露，不得让不该知悉的人知悉。

三是任何单位和个人不得伪造、隐匿或者毁灭证据。伪造、隐匿或者毁灭证据，既会对监察机关的监督、调查工作造成严重影响，造成监察对象、被调查人逃脱本应承担的法律责任，或者造成冤假错案，涉嫌职务犯罪的案件又可能会对人民检察院的审查起诉、人民法院的审判等活动造成严重影响。“任何单位和个人”，是指监察机关及其工作人员，以及监察对象、被调查人、证人或者其他相关单位和个人。凡是有这种行为的，都必须追究其法律责任，构成包庇罪、伪证罪、滥用职权罪等犯罪的，依法追究其刑事责任；不构成犯罪的，由其所在单位、主管部门、上级机关或者监察机关责令改正，依法给予处理。

022

监察机关如何采取谈话方式处置问题线索？

《监察法》第十九条规定："对可能发生职务违法的监察对象，监察机关按照管理权限，可以直接或者委托有关机关、人员进行谈话，或者进行函询，要求说明情况。"《中华人民共和国监察法实施条例》第七十一条规定："对一般性问题线索的处置，可以采取谈话方式进行，对监察对象给予警示、批评、教育。谈话应当在工作地点等场所进行，明确告知谈话事项，注重谈清问题、取得教育效果。"第七十二条规定："采取谈话方式处置问题线索的，经审批可以由监察人员或者委托被谈话人所在单位主要负责人等进行谈话。监察机关谈话应当形成谈话笔录或者记录。谈话结束后，可以根据需要要求被谈话人在十五个工作日以内作出书面说明。被谈话人应当在书面说明每页签名，修改的地方也应当签名。委托谈话的，受委托人应当在收到委托函后的十五个工作日以内进行谈话。谈话结束后及时形成谈话情况材料报送监察机关，必要时附被谈话人的书面说明。"监察机关采取谈话方式处置问题线索，是履行监督第一职责的重要抓手，有利于做实做细对监察对象的经常性监督，实践中需要注意以下 3 点。

一是要精准把握谈话情形。反映问题比较具体，需要向被反映人了解核实并谈话提醒、批评教育的；反映苗头性、倾向性问题较多，或者一段时间集中收到问题反映，需要向被反映人谈话了解并提醒的；反映问题难以查证且不能排除，即使问题属实也只能给予轻处分处理的，一般可以进行监督谈话。

二是要重视提高谈话质量。监察机关进行谈话前，要认真研判被反映人的履历、家庭情况、身心健康情况等，做好充分准备；根据工作需要可以通过查找公开信息、调阅有关材料、向实名举报人了解情况、监督调研等方式进行适当了解；按照规定报批后，也可以采取外围谈话、查询、调取措施验证问题的真实性。谈话过程中要深入细致做好思想政治工作，必要时可以委托被反映人所在单位主要负责人等进行谈话。

三是要做好谈话后续工作。监察机关进行谈话，应当形成谈话笔录或者记录。谈话结束后，可以根据需要要求被反映人在 15 个工作日以内作出书面说明。被反映人应当在书面说明每页签名，修改的地方也应当签名。委托谈话的，受委托人应当在收到委托函后的 15 个工作日以内进行谈话。谈话结束后及时形成谈话情况材料报送监察机关，必要时附被反映人的书面说明。监察机关承办部门应当在谈话结束后 1 个月内写出情况报告，根据不同情形提出相应处理意见，按程序报批。其中，反映不实，或者没有证据证明存在问题的，予以采信了结，并告知被反映人；问题轻微，不需要给予党纪政务等处分的，采取谈话提醒、批评教育、责令检查、予以诫勉等方式处理；反映问题比较具体，但被反映人予以否认且否认理由不充分具体的，或者说明存在明显问题的，一般应当进行抽查核实；发现被反映人涉嫌违法犯罪，需要给予党纪政务等处分的，应当提出初步核实的建议；如已掌握的事实和证据具备立案条件的，可以直接提出立案建议；不能完全排除主要问题，但难以进一步开展工作的，予以暂存待查。

023

采取谈话方式处置问题线索与初步核实阶段、立案调查后谈话的区别是什么？

《监察法》第十九条规定："对可能发生职务违法的监察对象，监察机关按照管理权限，可以直接或者委托有关机关、人员进行谈话，或者进行函询，要求说明情况。"第二十条第一款规定："在调查过程中，对涉嫌职务违法的被调查人，监察机关可以进行谈话，要求其就涉嫌违法行为作出陈述，必要时向被调查人出具书面通知。"以上分别规定了监察机关采取谈话方式处置问题线索与监察机关初步核实阶段、立案调查后谈话的要求。二者的区别主要表现在以下 3 点：一是适用情形不同。监察机关采取谈话方式处置问题线索适用于线索处置阶段，经研判决定按照谈话方式处置的情形；而监察机关初步核实阶段、立案调查后谈话适用于经研判决定按照初步核实方式处置，或者立案调查后的情形。二是是否向被谈话人出具《谈话通知书》要求不同。监察机关采取谈话方式处置问题线索不要求向被谈话人出具《谈话通知书》；而监察机关初步核实阶段、立案调查后首次谈话则要求向被核查人或者被调查人出具《谈话通知书》，之后再谈话的无需向被核查人或者被调查人再出具《谈话通知书》，但被核查人或者被调查人已被限制人身自由的，则无论是首次谈话还是之后的谈话均不需要向其出具《谈话通知书》。三是是否形成谈话笔录要求不同。监察机关采取谈话方式处置问题线索，应当形成谈话笔录或者记录，却不要求一律形成谈话笔录；而监察机关初步核实阶段、立案调查后谈话则通常当场制作谈话笔录，如被核查人或者被调查人请求自行书写说明材料的，应当准许，必要时可以要求被核查人或者被调查人自行书写说明材料。

024

监察机关如何对监察对象进行函询？

《监察法》第十九条规定："对可能发生职务违法的监察对象，监察机关按照管理权限，可以直接或者委托有关机关、人员进行谈话，或者进行函询，要求说明情况。"《中华人民共和国监察法实施条例》第一百七十四条规定："监督检查部门应当结合问题线索所涉及地区、部门、单位总体情况进行综合分析，提出处置意见并制定处置方案，经审批按照谈话、函询、初步核实、暂存待查、予以了结等方式进行处置，或者按照职责移送调查部门处置。函询应当以监察机关办公厅（室）名义发函给被反映人，并抄送其所在单位和派驻监察机构主要负责人。被函询人应当在收到函件后十五个工作日以内写出说明材料，由其所在单位主要负责人签署意见后发函回复。被函询人为所在单位主要负责人的，或者被函询人所作说明涉及所在单位主要负责人的，应当直接发函回复监察机关。被函询人已经退休的，按照第二款规定程序办理。监察机关根据工作需要，经审批可以对谈话、函询情况进行核实。"监察机关对监察对象进行函询，是监察机关对问题线索的处置方式之一，实践中需要注意以下 3 点。

一是要精准把握函询适用情形。反映问题时间久远，或者需要被反映人提供相关资料方能说明问题的；反映问题涉及被反映人亲属、身边工作人员利用被反映人职权或者职务上的影响谋取私利，有必要通过函询引起被反映人重视的；被反映人因距离较远不适宜开展谈话或者短期内无法接受谈话，经研判反映问题适宜函询的，一般可以进行函询。

二是要重视提高函询质量。监察机关进行函询前，根据工作需要可以通过查找公开信息、调阅有关材料、向实名举报人了解情况、监督调研等方式进行适当了解；按照规定报批后，也可以采取外围谈话、查询、调取措施验证问题的真实性。监察机关不能为了消化问题线索或者担心谈话存在安全风险而进行函询，同时要慎用多次函询，防止因反复函询影响干部干事创业的积极性。

三是要做好函询后续工作。监察机关承办部门应当在收到函询回复后 1 个月内写出情况报告，根据不同情形提出相应处理意见，按程序报批。其中，反映不实，或者没有证据证明存在问题的，予以采信了结，并告知被反映人；问题轻微，不需要给予党纪政务等处分的，采取谈话提醒、批评教育、责令检查、予以诫勉等方式处理；反映问题比较具体，但被反映人予以否认且否认理由不充分具体的，或者说明存在明显问题的，一般应当进行抽查核实；发现被反映人涉嫌违法犯罪，需要给予党纪政务等处分的，应当提出初步核实的建议，如已掌握的事实和证据具备立案条件的，可以直接提出立案建议；不能完全排除主要问题，但难以进一步开展工作的，予以暂存待查。

025

如何采取强制到案措施?

《监察法》第二十一条规定:“监察机关根据案件情况,经依法审批,可以强制涉嫌严重职务违法或者职务犯罪的被调查人到案接受调查。”第四十六条第一款、第二款规定:“采取强制到案、责令候查或者管护措施,应当按照规定的权限和程序,经监察机关主要负责人批准。强制到案持续的时间不得超过十二小时;需要采取管护或者留置措施的,强制到案持续的时间不得超过二十四小时。不得以连续强制到案的方式变相拘禁被调查人。”第四十九条第一款规定:“监察机关采取强制到案、责令候查、管护、留置措施,可以根据工作需要提请公安机关配合。公安机关应当依法予以协助。”增加强制到案措施,解决监察实践中存在部分被调查人经通知不到案的问题,增强监察执法权威性。以上规定了监察机关可以以及如何采取强制到案措施,实践中需要注意以下3个方面。

一是准确把握适用对象。强制到案适用于立案后的被调查人,对案件中的证人不能适用此措施。

二是准确把握适用情形。强制到案适用于被调查人涉嫌严重职务违法或者职务犯罪的特定情形，如被调查人只是涉嫌非职务违法（如嫖娼等），或者涉嫌违纪但不构成违法（如违规发展党员等）的则不能适用此措施。

三是准确把握适用程序。根据工作需要可以提请公安机关配合，且强制到案持续的时间不得超过 12 小时；需要采取管护或者留置措施的，持续的时间不得超过 24 小时；不得以连续强制到案的方式变相拘禁被调查人。

026

如何采取询问措施？

《监察法》第二十二条规定：“在调查过程中，监察机关可以询问证人等人员。”《中华人民共和国监察法实施条例》第八十五条规定：“监察机关按规定报批后，可以依法对证人、被害人等人员进行询问，了解核实有关问题或者案件情况。”第八十六条规定：“证人未被限制人身自由的，可以在其工作地点、住所或者其提出的地点进行询问，也可以通知其到指定地点接受询问。到证人提出的地点或者调查人员指定的地点进行询问的，应当在笔录中记明。调查人员认为有必要或者证人提出需要由所在单位派员或者其家属陪同到询问地点的，应当办理交接手续并填写《陪送交接单》。”据此，监察机关采取询问措施，在询问时机上，既可以在立案调查前，也可以在立案调查后；在询问对象上，既包括证人，也包括被害人；在询问地点上，已被限制人身自由的通常在该限制人身自由场所进行询问，未被限制人身自由的，既可以在其工作地点、住所或者其提出的地点进行询问，也可以通知其到指定地点接受询问。

依照《监察法》第二十二条、第三十六条第二款和《中华人民共和国监察法实施条例》第七十六条至第七十九条、第八十七条、第八十八条等规定，监察机关询问证人还应当注意以下9点：一是询问证人应当个别进行，首次询问时，应当向证人出示《证人权利义务告知书》，由其签名、捺指印。证人拒绝签名、捺指印的，调查人员应当在文书上记明；证人未被限制人身自由的，应当在首次询问时向其出具《询问通知书》。二是询问时，应当核实证人身份，问明证人的基本情况，告知证人应当如实提供证据、证言，以及作伪证或者隐匿证据应当承担的法律责任。不得向证人泄露案情，不得采用非法方法获取证言。询问重大或者有社会影响案件的重要证人，应当对询问过程全程同步录音录像，并告知证人；告知情况应当在录音录像中予以反映，并在笔录中记明。三是询问未成年人，应当通知其法定代理人到场；无法通知或者法定代理人不能到场的，应当通知未成年人的其他成年亲属或者所在学校、居住地基层组织的代表等有关人员到场；询问结束后，由法定代理人或者有关人员在笔录中签名；调查人员应当将到场情况记录在案。四是询问聋、哑人，应当有通晓聋、哑手势的人员参加，调查人员应当在笔录中记明证人的聋、哑情况，以及翻译人员的姓名、工作单位和职业。五是询问不通晓当地通用语言、文字的证人，应当有翻译人员；询问结束后，由翻译人员在笔录中签名。六是询问证人，应当合理安排时间、控制时长，保证其饮食和必要的休息时间。询问笔录应当在询问现场制作。笔录应当详细具体，如实反映询问情况。笔录制作完成后，应当交给证人核对。证人没有阅读能力的，应当向其宣读。笔录记载有遗漏或者差错的，应当补充或者更正，由证人在补充或者更正处捺指印。证人核对无误后，应当在笔录中逐页签名、捺指印。证人拒绝签名、捺指印的，调查人员应当在笔录中记明。调查人员也应当在笔录中签名。七是监察机关在初步核实过程中和立案调查后询问证人时，证人请求自行书写证词的，监察机关应当准许；必要的时候，监察机关调查人员也可以要求证人亲笔书写证词。实践中对关键证人通常要求其亲笔写出证词，以进一步固定证据。八是证人向监察机关调查人员提交亲笔证词的，应当由该证人自行书写，并逐页签名、捺指印和在末页写明日期，其中亲笔证词修改处应当由该证人捺指印确认。若证人有患病等特殊情况，确实难以自行书写的，也可以由证人采取打印件形式提交亲笔证词，并由该证人逐页签名、捺指印，其中涉及时间、地点、数额等关键情节处通常可以要求该证人捺指印予以确认。需要指出的是，若证人系文盲等没有书写能力的，监察机关调查人员不宜要求该证人亲笔写出证词。九是依照《中国共产党纪律检查机关监督执纪工作规则》第三条、《监察法》第二条和参照《中华人民共和国刑事诉讼法》第六条、第五十二条等规定，纪检监察工作中必须依靠群众，必须以事实为根据，以党章党规党纪和国家法律法规为准绳，纪检监察机关应当保证一切与案件有关或者了解案情的人有客观充分地提供证据的条件，并为他们保守秘密。

027

询问过程中如何全程同步录音录像？

《监察法》第四十四条第二款规定："调查人员进行讯问以及搜查、查封、扣押等重要取证工作，应当对全过程进行录音录像，留存备查。"《中华人民共和国监察法实施条例》第八十七条第四款规定："询问重大或者有社会影响案件的重要证人，应当对询问过程全程同步录音录像，并告知证人。告知情况应当在录音录像中予以反映，并在笔录中记明。"据此，监察机关在询问重大或者有社会影响案件的重要证人时，应当对询问过程全程同步录音录像；其他情形下是否全程同步录音录像视情况确定，这与《人民检察院刑事诉讼规则》第一百九十四条第二款关于"询问重大或者有社会影响的案件的重要证人，应当对询问过程实行全程录音、录像，并在询问笔录中注明"的规定一致。实践中，"重大或者有社会影响案件"一般是指具有下列情形的案件：被调查人涉嫌的违法犯罪行为对国家利益或者公共利益造成重大损害的；案情复杂、涉案人员多、金额大、涉及范围广的；被调查人可能被判处较重刑罚的；违法犯罪案件受到社会广泛关注的；等等。

028

如何理解和把握采取留置措施的情形？

《监察法》第二十四条第一款规定："被调查人涉嫌贪污贿赂、失职渎职等严重职务违法或者职务犯罪，监察机关已经掌握其部分违法犯罪事实及证据，仍有重要问题需要进一步调查，并有下列情形之一的，经监察机关依法审批，可以将其留置在特定场所：（一）涉及案情重大、复杂的；（二）可能逃跑、自杀的；（三）可能串供或者伪造、隐匿、毁灭证据的；（四）可能有其他妨碍调查行为的。"这里的"严重职务违法"，是指根据监察机关已经掌握的事实及证据，被调查人涉嫌的职务违法行为情节严重，可能被给予撤职以上政务处分。这里的"重要问题"，是指对被调查人涉嫌的职务违法或者职务犯罪，在定性处置、定罪量刑等方面有重要影响的事实、情节及证据。这里的"已经掌握其部分违法犯罪事实及证据"，是指同时具备下列情形，即有证据证明发生了违法犯罪事实；有证据证明该违法犯罪事实是被调查人实施；证明被调查人实施违法犯罪行为的证据已经查证属实。这里的"部分违法犯罪事实"，既可以是单一违法犯罪行为的事实，也可以是数个违法犯罪行为中任何一个违法犯罪行为的事实。这里的“可能逃跑、自杀”，是指被调查人具有下列情形之一，即着手准备自杀、自残或者逃跑的；曾经有自杀、自残或者逃跑行为的；有自杀、自残或者逃跑意图的；其他可能逃跑、自杀的情形。这里的“可能串供或者伪造、隐匿、毁灭证据”，是指被调查人具有下列情形之一：曾经或者企图串供，伪造、隐匿、毁灭、转移证据的；曾经或者企图威逼、恐吓、利诱、收买证人，干扰证人作证的；有同案人或者与被调查人存在密切关联违法犯罪的涉案人员在逃，重要证据尚未收集完成的；其他可能串供或者伪造、隐匿、毁灭证据的情形。这里的“可能有其他妨碍调查行为”，是指被调查人具有下列情形之一，即可能继续实施违法犯罪行为的；有危害国家安全、公共安全等现实危险的；可能对举报人、控告人、被害人、证人、鉴定人等相关人员实施打击报复的；无正当理由拒不到案，严重影响调查的；其他可能妨碍调查的行为。

总的来看，采取留置措施，必须同时具备以下 3 个条件：一是事实要件。被调查人必须涉嫌严重职务违法或者职务犯罪。留置适用的违法犯罪行为主要是职务违法犯罪，其他的非职务犯罪行为或者非职务违法行为不得采取留置措施。二是证据要件。即监察机关已经掌握被调查人部分违法犯罪事实及证据，且仍有重要问题需要进一步调查。三是现实必要性要件。需具备下列法定的情形之一，即涉及案情重大、复杂的；可能逃跑、自杀的；可能串供或者伪造、隐匿、毁灭证据的；可能有其他妨碍调查行为的。留置的上述 3 个要件相互联系、缺一不可，必须严格掌握，只有同时具备这 3 个要件，才能对被调查人实施留置。

029 如何采取管护措施？

《监察法》第二十五条第一款规定："对于未被留置的下列人员，监察机关发现存在逃跑、自杀等重大安全风险的，经依法审批，可以进行管护：（一）涉嫌严重职务违法或者职务犯罪的自动投案人员；（二）在接受谈话、函询、询问过程中，交代涉嫌严重职务违法或者职务犯罪问题的人员；（三）在接受讯问过程中，主动交代涉嫌重大职务犯罪问题的人员。"这里的"管护"，是指监察机关对涉嫌严重职务违法或者职务犯罪的尚未被留置的人员，发现其存在逃跑、自杀等重大安全风险的，经依法审批后，将其送至留置场所而采取的一项限制其人身自由的监察强制措施。增加管护措施，是针对紧急情况而设计的应急制度，既有利于降低办案安全风险，也有利于保障相关人员人身安全。不能将其错误理解为"短期留置"。采取管护措施，必须同时具备以下 3 个条件：一是事实要件。被管护人必须涉嫌严重职务违法或者职务犯罪。二是到案要件。被管护人员须已到案但未被留置，包括自动投案人员，或者在接受谈话、函询、询问过程中，交代涉嫌严重职务违法或者职务犯罪问题的人员，或者在接受讯问过程中，主动交代涉嫌重大职务犯罪问题的人员。对于尚未到案的人员即使其涉嫌严重职务违法或者职务犯罪，亦不得对其采取管护措施，这与采取留置措施不以被调查人已到案为必备条件明显不同。三是现实必要性要件。即发现被管护人员存在逃跑、自杀等重大安全风险。只有同时具备这 3 个要件，才能对有关人员实施管护。

030

如何准确理解和把握《监察法》第二十五条第一款第一项和第三十四条第一项中的“自动投案”？

《监察法》第二十五条第一款第一项规定，对于未被留置的“涉嫌严重职务违法或者职务犯罪的自动投案人员”，监察机关发现存在逃跑、自杀等重大安全风险的，经依法审批，可以进行管护。第三十四条第一项规定，涉嫌职务犯罪的被调查人主动认罪认罚，“自动投案，真诚悔罪悔过的”，监察机关经领导人员集体研究，并报上一级监察机关批准，可以在移送人民检察院时提出从宽处罚的建议。

上述规定中的“自动投案”包括职务违法犯罪问题未被监察机关掌握，向监察机关投案的；在监察机关谈话、函询过程中，如实交代监察机关未掌握的涉嫌职务违法犯罪问题的；在初步核实阶段，尚未受到监察机关谈话时投案的；职务违法犯罪问题虽被监察机关立案，但尚未受到谈话、讯问或者采取监察强制措施，向监察机关投案的；因伤病等客观原因无法前往投案，先委托他人代为表达投案意愿，或者以书信、网络、电话、传真等方式表达投案意愿，后到监察机关接受处理的；涉嫌职务违法犯罪潜逃后又投案，包括在被通缉、抓捕过程中投案的；经查实确已准备去投案，或者正在投案途中被有关机关抓获的；经他人规劝或者在他人陪同下投案的；虽未向监察机关投案，但向其所在党组织、单位或者有关负责人员投案，向有关巡视巡察机构投案，以及向公安机关、检察机关、审判机关投案的；具有其他应当视为自动投案的情形的。被调查人自动投案后不能如实交代自己的主要违法犯罪事实，或者自动投案并如实供述自己的违法犯罪事实后又翻供的，不能认定为《监察法》第二十五条第一款第一项和第三十四条第一项中的“自动投案”。

031
如何查询涉案财产？

《监察法》第二十六条第一款规定："监察机关调查涉嫌贪污贿赂、失职渎职等严重职务违法或者职务犯罪，根据工作需要，可以依照规定查询、冻结涉案单位和个人的存款、汇款、债券、股票、基金份额等财产。有关单位和个人应当配合。"《中华人民共和国监察法实施条例》第一百零四条规定："监察机关调查严重职务违法或者职务犯罪，根据工作需要，按规定报批后，可以依法查询、冻结涉案单位和个人的存款、汇款、债券、股票、基金份额等财产。"第一百零五条规定："查询、冻结财产时，调查人员不得少于二人。调查人员应当出具《协助查询财产通知书》或者《协助冻结财产通知书》，送交银行或者其他金融机构、邮政部门等单位执行。有关单位和个人应当予以配合，并严格保密。查询财产应当在《协助查询财产通知书》中填写查询账号、查询内容等信息。没有具体账号的，应当填写足以确定账户或者权利人的自然人姓名、身份证件号码或者企业法人名称、统一社会信用代码等信息。冻结财产应当在《协助冻结财产通知书》中填写冻结账户名称、冻结账号、冻结数额、冻结期限起止时间等信息。冻结数额应当具体、明确，暂时无法确定具体数额的，应当在《协助冻结财产通知书》上明确写明‘只收不付’。冻结证券和交易结算资金时，应当明确冻结的范围是否及于孳息。冻结财产，应当为被调查人及其所扶养的亲属保留必需的生活费用。”第一百零六条规定：“调查人员可以根据需要对查询结果进行打印、抄录、复制、拍照，要求相关单位在有关材料上加盖证明印章。对查询结果有疑问的，可以要求相关单位进行书面解释并加盖印章。”第一百零七条规定：“监察机关对查询信息应当加强管理，规范信息交接、调阅、使用程序和手续，防止滥用和泄露。调查人员不得查询与案件调查工作无关的信息。”根据以上规定，监察机关查询涉案财产需要注意以下 3 个方面。

一是关于查询范围。监察机关查询涉案财产的范围包括涉案单位和个人的存款、汇款、债券、股票、基金份额、保险产品、信托产品、理财产品、非上市公司股份、债权、期货等财产，主要是金融财产以及债权、非上市公司股份股权、合伙企业的合伙人认缴或者实际缴付的出资数额等。上述财产信息分别由金融机构、市场主体和市场监督管理机关等以电子或者置备股东名册等其他方式予以记录，监察机关可以持《协助查询财产通知书》到金融机构、市场主体和市场监督管理机关等进行查核。至于涉案单位和个人的不动产、机动车，以及支付宝、微信支付账户（财付通）等非银行支付机构持有的支付账户信息，则不属于《监察法》第二十六条第一款规定的监察机关查询涉案财产的范围，需要查核前述不动产、机动车，以及非银行支付机构持有的支付账户信息的，监察机关可以持《调取证据通知书》到不动产登记机构、机动车登记机构以及非银行支付机构进行调取。

二是关于当地现场查询。监察机关不少于 2 名调查人员持工作证件和《协助查询财产通知书》第三联（送达金融机构或者财产登记、监管机构等单位）、第四联（金融机构或者财产登记、监管机构等单位回执联，退回后附卷）到协助查询的单位现场办理，《协助查询财产通知书》上查询理由部分写明系因“工作需要”或者“调查工作需要”，必要时可提供电子版查询清单。《协助查询财产通知书》第三联由协助查询单位留存，作为协助查询涉案单位和个人财产的依据。《协助查询财产通知书》第四联和有关查询材料由协助查询单位填写并加盖公章或者查询专用章后退回监察机关。为便于对查询材料进行分析筛选，通常可要求协助查询单位提供电子版查询结果。

三是关于异地查询。监察机关不少于 2 名调查人员既可以持工作证件和《协助查询财产通知书》第三联、第四联到异地协助查询的单位现场办理，也可以出具《委托调查函》和《协助查询财产通知书》第三联、第四联商请相应监察机关协助查询，由该监察机关不少于 2 名调查人员持《委托调查函》和《协助查询财产通知书》第三联、第四联到协助查询的单位现场办理。

032

监察执法中的查询和调取在查核涉案财产中有何差异?

《监察法》第二十六条第一款规定:“监察机关调查涉嫌贪污贿赂、失职渎职等严重职务违法或者职务犯罪,根据工作需要,可以依照规定查询、冻结涉案单位和个人的存款、汇款、债券、股票、基金份额等财产。有关单位和个人应当配合。”第二十八条第一款规定:“监察机关在调查过程中,可以调取、查封、扣押用以证明被调查人涉嫌违法犯罪的财物、文件和电子数据等信息。采取调取、查封、扣押措施,应当收集原物原件,会同持有人或者保管人、见证人,当面逐一拍照、登记、编号,开列清单,由在场人员当场核对、签名,并将清单副本交财物、文件的持有人或者保管人。”以上分别规定了监察机关在查核涉案财产时的查询和调取措施。

二者的区别主要表现在于:监察机关采取查询措施查核的涉案财产主要是涉案单位和个人的存款、汇款、债券、股票、基金份额、保险产品、信托产品、理财产品、非上市公司股份、债权、期货等财产,即主要是金融财产以及债权、非上市公司股份股权、合伙企业的合伙人认缴或者实际缴付的出资数额等。上述财产信息分别由金融机构、市场主体和市场监督管理机关等以电子或者置备股东名册等其他方式予以记录，监察机关可以持《协助查询财产通知书》到金融机构、市场主体和市场监督管理机关等进行查核。而监察机关采取调取措施查核的涉案财产则主要是非金融财产，重点是不动产、机动车以及非银行支付机构持有的支付宝、微信支付账户（财付通）等支付账户信息，监察机关可以持《调取证据通知书》到不动产登记机构、机动车登记机构以及非银行支付机构等进行调取。

需要说明的是，如法律、行政法规规定查核某项财产信息需要法律、行政法规授权的，通常情况下纪律检查机关无权查询此类信息，只能以监察机关名义进行查询。比如，依照《中华人民共和国商业银行法》第二十九条第二款关于“对个人储蓄存款，商业银行有权拒绝任何单位或者个人查询、冻结、扣划，但法律另有规定的除外”和第三十条关于“对单位存款，商业银行有权拒绝任何单位或者个人查询，但法律、行政法规另有规定的除外”的规定，如需要查询银行存款、汇款，只能使用监察机关的《协助查询财产通知书》，并不宜使用纪委监委名义出具的《协助查询财产通知书》。又如，依照《不动产登记暂行条例》第二十七条第二款关于“有关国家机关可以依照法律、行政法规的规定查询、复制与调查处理事项有关的不动产登记资料”和《非银行支付机构监督管理条例》第三十一条关于“非银行支付机构应当妥善保存用户资料和交易记录。有关机关依照法律、行政法规的规定，查询用户资料、交易记录及其持有的支付账户余额或者预付资金余额，或者冻结、扣划用户资金的，非银行支付机构应当予以配合”等规定，纪律检查机关无权查询不动产以及非银行支付机构持有的支付宝、微信支付账户（财付通）等支付账户信息，需要查询的只能使用监察机关的《调取证据通知书》，并不宜使用纪委监委名义出具的《调取证据通知书》。

033
冻结措施与查询措施针对的对象有何差异？

《监察法》第二十六条第一款规定："监察机关调查涉嫌贪污贿赂、失职渎职等严重职务违法或者职务犯罪，根据工作需要，可以依照规定查询、冻结涉案单位和个人的存款、汇款、债券、股票、基金份额等财产。有关单位和个人应当配合。"以上规定了监察机关查询和冻结措施。从规定来看，似乎监察机关查询和冻结措施针对的对象是相同的，但实际上查询针对的对象是涉案单位和个人的存款、汇款、债券、股票、基金份额、保险产品、信托产品、理财产品、非上市公司股份、债权、期货等财产，即主要是金融财产以及债权、非上市公司股份股权、合伙企业的合伙人认缴或者实际缴付的出资数额等；而冻结针对的对象除前述查询针对的所有对象之外，还包括监察机关适用调取措施即使用《调取证据通知书》查核的非银行支付机构持有的支付宝、微信支付账户（财付通）等支付账户信息，实质上是指协助冻结单位根据监察机关的《协助冻结财产通知书》阻止相应金融资产、非银行支付机构持有的支付宝、微信支付账户（财付通）等支付账户，以及非上市公司股份股权等发生变动。关于冻结，实践中需要注意以下3点。

一是关于冻结期限与续冻、轮候冻结。依照《中华人民共和国监察法实施条例》第一百零八条、第一百零九条等规定，冻结财产的期限不得超过六个月；冻结期限到期未办理续冻手续的，冻结自动解除；有特殊原因需要延长冻结期限的，应当在到期前按原程序报批，办理续冻手续，每次续冻期限不得超过六个月；已被冻结的财产可以轮候冻结，不得重复冻结；轮候冻结的，监察机关应当要求有关银行或者其他金融机构等单位在解除冻结或者作出处理前予以通知；监察机关接受司法机关、其他监察机关等国家机关移送的涉案财物后，该国家机关采取的冻结期限届满，监察机关续行冻结的顺位与该国家机关冻结的顺位相同。监察机关在冻结期限届满前办理续冻手续的，申请轮候冻结的其他国家机关不得以送达通知书在先为由，对抗监察机关办理续冻手续的效力，也就是说续冻的效力优先于轮候冻结。

二是关于冻结财产告知。冻结市场价格波动较大的债券、股票、基金份额等财产的，应当告知权利人或者其法定代理人、委托代理人有权申请出售。对于被冻结的股票、债券、基金份额等财产，权利人或者其法定代理人、委托代理人申请出售，不损害国家利益、被害人利益，不影响调查正常进行的，经审批可以在案件办结前由相关机构依法出售或者变现。对于被冻结的汇票、本票、支票即将到期的，经审批可以在案件办结前由相关机构依法出售或者变现。出售上述财产的，应当出具《许可出售冻结财产通知书》。出售或者变现所得价款应当继续冻结在其对应的银行账户中；没有对应的银行账户的，应当存入监察机关指定的专用账户保管，并将存款凭证送监察机关登记。监察机关应当及时向权利人或者其法定代理人、委托代理人出具《出售冻结财产通知书》，并要求其签名。拒绝签名的，调查人员应当在文书上记明。

三是关于冻结非上市公司股份股权以及非银行支付机构持有的支付宝、微信支付账户（财付通）等支付账户。监察机关冻结涉案个人的微信支付账户（财付通账户）时，应当由 2 名以上调查人员持本人有效工作证件和《协助冻结财产通知书》到财付通支付科技有限公司办理；监察机关提供手续齐全，将《协助冻结财产通知书》第三联送达财付通支付科技有限公司的，财付通支付科技有限公司应当立即办理冻结手续，并在监察机关提供的《协助冻结财产通知书》第四联（回执）中注明办理冻结的情况后退回监察机关，其中应当注明微信支付账户注册信息、交易记录、余额及绑定的银行卡等信息，以及涉案个人的微信支付账户是否已被其他监察机关、司法机关冻结等信息，并提供相关材料或者出具情况说明。需要说明的是，若涉案个人的微信支付账户被冻结的，一般也需要冻结该微信支付账户绑定的银行卡账户。监察机关冻结涉案单位和个人的支付宝账户时，应当由 2 名以上调查人员持本人有效工作证件和《协助冻结财产通知书》到支付宝（中国）网络技术有限公司办理；监察机关提供手续齐全，将《协助冻结财产通知书》第三联送达支付宝（中国）网络技术有限公司的，支付宝（中国）网络技术有限公司应当立即办理冻结手续，并在监察机关提供的《协助冻结财产通知书》第四联（回执）中注明办理冻结的情况后退回监察机关，其中应当注明支付宝账户注册信息、交易记录、余额及绑定的银行卡等信息，以及涉案单位和个人的支付宝账户是否已被其他监察机关、司法机关冻结等信息，并提供相关材料或者出具情况说明。需要说明的是，若涉案单位和个人的支付宝账户被冻结的，一般也需要冻结该支付宝账户绑定的银行卡账户。监察机关冻结涉案单位和个人持有的非上市公司股份、股权前，要通过国家企业信用信息公示系统和市场监督管理机关业务系统以及公司章程来查明该股份、股权的权属情况。冻结时，首先要查明涉案单位和个人持有的非上市公司股份、股权是否被股权托管机构托管。若涉案单位和个人持有的非上市公司股份、股权被股权托管机构托管的，监察机关应当由 2 名以上调查人员持本人有效工作证件和《协助冻结财产通知书》分别到该股权托管机构、该股份、股权所在企业办理冻结，并由该股权托管机构在办理冻结手续后在回执上或者单独出具书面材料，确认持有该股份、股权的事实，提供持有人登记资料，说明该股份、股权是否已被质押、有无限制处分等情况；由该股份、股权所在企业予以登记并根据监察机关要求相应冻结该股份、股权所涉股息、分红等投资权益。若涉案单位和个人持有的非上市公司股份、股权未被股权托管机构托管的，监察机关应当由 2 名以上调查人员持本人有效工作证件和《协助冻结财产通知书》分别到市场监督管理机关和该股份、股权所在企业办理冻结，并由该股份、股权所在企业在办理冻结手续后在回执上或者单独出具书面材料，确认涉案单位和个人持有该股份、股权的事实，提供持有人登记资料，根据监察机关要求相应冻结该股份、股权所涉股息、分红等投资权益；由市场监督管理机关在办理冻结手续后在回执上或者单独出具书面材料，提供该股份、股权是否已被质押、有无限制处分等情况。冻结有限责任公司股权的，无论该股权是否被股权托管机构托管，均需通知市场监督管理机关协助冻结，在该股权被冻结期间，市场监督管理机关不予办理该股东的变更登记、该股东向公司其他股东转让股权被冻结部分的公司章程备案，以及被冻结部分股权的出质登记。监察机关冻结涉案单位和个人持有的非上市公司股份、股权的，应当在《协助冻结财产通知书》第三联中明确注明冻结涉案单位和个人持有的非上市公司股份、股权，并明确冻结范围是否及于该股份、股权所涉股息、分红等投资权益。同时，监察机关还应当在《协助冻结财产通知书》第三联中明确注明请协助冻结单位，在《协助冻结财产通知书》第四联（回执）中注明冻结情况，并附相关材料或者作出情况说明。

034

如何准确理解和把握《监察法》第二十六条第二款和第二十八条第三款关于“经查明与案件无关”“予以退还”的规定？

《监察法》第二十六条第二款规定：“冻结的财产经查明与案件无关的，应当在查明后三日内解除冻结，予以退还。”第二十八条第三款规定：“查封、扣押的财物、文件经查明与案件无关的，应当在查明后三日内解除查封、扣押，予以退还。”这里的“经查明与案件无关”，是指监察机关经调查，查明查封、扣押、冻结的财物、文件不属于违法所得，也不具有证明被调查人有无违法犯罪以及情节轻重的作用，与违法犯罪行为没有任何牵连，不能作为证据使用。这里的“予以退还”，是指将查封、扣押、冻结的财物、文件交还包括被调查人在内的财物、文件所有人，将扣押的邮件退还原邮电企业，由邮电企业按照邮件投寄要求办理。其中，对已查封的财物、文件来说，“予以退还”就是指在解除查封措施后，已查封的财物、文件办理权属关系变更、转移登记手续等不再受监察机关原采取的查封措施的影响；对已扣押的财物、文件来说，“予以退还”就是指在解除扣押措施后，已扣押的财物、文件返还原持有人；对已冻结的财产来说，“予以退还”就是指在解除冻结措施后，已冻结的财产如发生变动将不再受监察机关原采取的冻结措施的影响。

035

搜查人身与对人身进行检查有何差异？

《监察法》第二十七条规定："监察机关可以对涉嫌职务犯罪的被调查人以及可能隐藏被调查人或者犯罪证据的人的身体、物品、住处和其他有关地方进行搜查。在搜查时，应当出示搜查证，并有被搜查人或者其家属等见证人在场。搜查女性身体，应当由女性工作人员进行。监察机关进行搜查时，可以根据工作需要提请公安机关配合。公安机关应当依法予以协助。"第二十九条第一款规定："监察机关在调查过程中，可以直接或者指派、聘请具有专门知识的人在调查人员主持下进行勘验检查。勘验检查情况应当制作笔录，由参加勘验检查的人员和见证人签名或者盖章。"《中华人民共和国监察法实施条例》第一百三十六条规定："监察机关按规定报批后，可以依法对与违法犯罪有关的场所、物品、人身、尸体、电子数据等进行勘验检查。"第一百三十九条规定："为了确定被调查人或者相关人员的某些特征、伤害情况或者生理状态，可以依法对其人身进行检查。必要时可以聘请法医或者医师进行人身检查。检查女性身体，应当由女性工作人员或者医师进行。被调查人拒绝检查的，可以依法强制检查。人身检查不得采用损害被检查人生命、健康或者贬低其名誉、人格的方法。对人身检查过程中知悉的个人隐私，应当严格保密。对人身检查的情况应当制作笔录，由参加检查的调查人员、检查人员、被检查人员和见证人签名。被检查人员拒绝签名的，调查人员应当在笔录中记明。”

以上规定分别明确了监察机关可以对人的身体进行搜查以收集犯罪证据，和对人的身体进行检查以确定被调查人或者相关人员的某些特征、伤害情况或者生理状态。据此，监察机关搜查人身与检查人身的区别主要在于以下4点：一是适用阶段不同。搜查人身须在监察机关立案调查后方可进行；而检查人身则既可以在监察机关立案调查前进行，也可以在立案调查后进行。二是适用目的不同。搜查人身目的在于起获犯罪证据；而检查人身目的在于确定被调查人或者相关人员的某些特征、伤害情况或者生理状态，同时也可以防止其在身体某个部位藏匿涉案证据。三是是否需要聘请法医或者医师予以协助要求不同。搜查人身由监察机关不少于2名调查人员进行，搜查女性的身体由监察机关女性工作人员进行，不需要聘请法医或者医师予以协助；而检查人身由监察机关不少于2名调查人员进行，必要时可以聘请法医或者医师进行人身检查，检查女性身体应当由女性工作人员或者医师进行。四是是否全程同步录音录像的要求不同。搜查人身须向其出示《搜查证》，搜查过程须全程同步录音录像，搜查结束形成《搜查笔录》记明搜查情况；而检查人身则须向其出示《勘验检查证》，检查过程是否全程同步录音录像没有硬性要求，检查结束形成《现场勘验检查笔录》记明检查情况。

036

采取搜查措施时是否必须出具书面通知？

《监察法》第四十四条第一款规定：“调查人员采取讯问、询问、强制到案、责令候查、管护、留置、搜查、调取、查封、扣押、勘验检查等调查措施，均应当依照规定出示证件，出具书面通知，由二人以上进行，形成笔录、报告等书面材料，并由相关人员签名、盖章。”据此，监察机关采取搜查措施均应当出具书面通知，其中的“书面通知”是指监察机关的《搜查证》，这就明确规定了监察机关采取搜查措施必须出具《搜查证》，不得无证搜查。

037

如何采取查封措施？

《监察法》第二十八条第一款规定："监察机关在调查过程中，可以调取、查封、扣押用以证明被调查人涉嫌违法犯罪的财物、文件和电子数据等信息。采取调取、查封、扣押措施，应当收集原物原件，会同持有人或者保管人、见证人，当面逐一拍照、登记、编号，开列清单，由在场人员当场核对、签名，并将清单副本交财物、文件的持有人或者保管人。"《中华人民共和国监察法实施条例》第一百二十六条规定："查封、扣押时，应当出具《查封/扣押通知书》，调查人员不得少于二人。持有人拒绝交出应当查封、扣押的财物和文件的，可以依法强制查封、扣押。调查人员对于查封、扣押的财物和文件，应当会同在场见证人和被查封、扣押财物持有人进行清点核对，开列《查封/扣押财物、文件清单》，由调查人员、见证人和持有人签名或者盖章。持有人不在场或者拒绝签名、盖章的，调查人员应当在清单上记明。查封、扣押财物，应当为被调查人及其所扶养的亲属保留必需的生活费用和物品。"以上规定了监察机关可以以及如何采取查封措施，实践中需要注意以下 8 个方面。

一是关于查封措施的内涵。查封是监察机关立案后可以采取的限制涉案单位、人员财产权利的一种调查措施，是指对发现的可用以证明被调查人是否存在违法犯罪以及情节轻重的土地、房屋等不动产或者不宜移动的车辆、船舶、航空器以及其他大型机器、设备等特定动产进行检查后予以封存。采取查封措施的，必要时可以一并扣押证明其财产所有权或者相关权益的法律文件和文书。需要指出的是，查封主要适用于不动产，但有时也适用于动产、文件或数据信息。置于不动产上的设施、家具和其他相关物品，需要作为证据使用的，应当扣押；不宜移动的可以一并查封。查封与纪律检查机关可以采取的封存措施在程序和要求方面基本相同，但查封是监察机关立案调查后方可采取的一种调查措施，必须以监察机关名义采取；而封存则是纪律检查机关立案审查后方可采取的一种审查措施，必须以纪律检查机关名义采取。

二是关于查封笔录。监察机关调查人员在查封不动产、车辆、船舶、航空器等财物时，在有关由法律、法规授权或者受国家机关依法委托行使物权的设立、变更、转让和消灭登记职责的登记、管理部门办理查封手续的，一般无需制作查封笔录。查封外币、金银珠宝、文物、名贵字画以及其他不易辨别真伪的贵重物品，不具备当场密封条件的，或者查封易损毁、灭失、变质等不宜长期保存的物品以及有消费期限的卡、券的，应当制作查封笔录予以记明，但对于情况简单可以在《查封财物、文件清单》中予以记明的则不需要制作查封笔录。若涉案财物、文件持有人不在场、拒不配合，或者无法确定持有人的，除见证人在场见证和在《查封财物、文件清单》中记明外，还可视情况制作形成查封笔录，记明查封财物的过程和结果，以及在场人员对查封活动有无异议，以客观反映查封时的情况。

三是关于查封时见证人在场见证。通常情况下，监察机关查封涉案财物、文件时需有见证人在场见证，以确保监察机关依法采取查封措施，不侵犯相关单位或者人员的财产权等合法权益。监察机关调查人员在不动产、车辆、船舶、航空器等财物的登记、管理部门办理查封手续的，一般无须邀请见证人在场见证。

四是关于查封时全程同步录音录像。《监察法》第四十四条第二款规定："调查人员进行讯问以及搜查、查封、扣押等重要取证工作，应当对全过程进行录音录像，留存备查。"查封时涉案财物、文件持有人不在场，或者拒不配合，或者无法确定持有人的，必须邀请见证人在场见证并全程同步录音录像。查封不动产和置于该不动产上不宜移动的设施、家具和其他相关财物，以及车辆、船舶、航空器和大型机械、设备等财物时，应当拍照或者录像。查封易损毁、灭失、变质以及其他不宜长期保存的物品，应当用笔录、拍照、录像等方法加以保全。对被害人的合法财产，权属明确的，应当依法及时返还，并需拍照、鉴定、估价，并在案卷中注明返还的理由，将原物照片、清单和被害人的领取手续附卷备查。

五是关于查封已办理权属登记或者预告登记的涉案不动

产。监察机关在调查过程中发现涉案不动产需要查封的，调查人员应当会同涉案不动产持有人、见证人，经拍照或者录像后原地封存，并开列《查封财物、文件清单》一式四份，由该涉案不动产持有人、见证人在该清单上签名、捺指印，同时由2名调查人员签名后，交给该持有人或者保管人1份。调查人员需将《查封通知书》第三联送达该持有人或者保管人，若涉案不动产已经办理权属登记或者预告登记的，调查人员还需将第四联送达不动产登记机构，告知不动产登记机构在监察机关查封期间禁止办理抵押、转让、出售等权属变更、转移登记手续，第五联（回执）由不动产登记机构办理协助查封手续后退回监察机关，同时由不动产登记机构出具说明并附被查封不动产的自然状况信息，是否存在共有情形，是否存在抵押权登记、预告登记或者异议登记情形，是否存在查封登记或者其他限制处分情形，明确产权性质、登记产权人等情况。需要说明的是，监察机关调查人员在查封涉案不动产时，应当在《查封财物、文件清单》“特征”栏内记明涉案不动产详细地址，记明不动产权属证书或者不动产登记证明（预告登记）是否已被扣押等情况。查封不动产的，应当在保证调查活动正常进行的同时尽量不影响持有人的正常生活和生产经营活动。对能“活封”的不动产，尽量不进行“死封”，使查封的不动产能够物尽其用，避免社会资源浪费。若查封后不允许涉案不动产持有人继续使用，实行“死封”的，需张贴封条予以公示；若涉案不动产交持有人或者其近亲属继续合理使用或者保管的应当在《查封财物、文件清单》“特征”栏内记明保管主体，并书面告知该保管人对被查封的涉案不动产应当以保值为原则，不得转移、出租、抵押、赠与等。实践中，告知该保管人的方式既可以制作告知书交由其阅看后签名附卷，也可以在告知后由该保管人在《查封通知书》第二联（附卷联）内写明已告知的情况并签名、捺指印。

六是关于查封未办理权属登记的涉案房产。监察机关在调查过程中发现涉案房产需要查封的，调查人员应当会同涉案房产持有人、见证人，经拍照或者录像后原地封存，并开列《查封财物、文件清单》一式四份，由该涉案房产持有人、见证人在该清单上签名、捺指印，同时由 2 名调查人员签名后，交给该持有人 1 份。调查人员需将《查封通知书》第三联送达该涉案房产持有人或者保管人，若涉案房产系涉案的房地产开发企业已经办理商品房预售许可证但尚未出售的房屋，或者被调查人购买的已经由房地产开发企业办理房屋权属初始登记的房屋，或者被调查人购买的已经办理商品房预售合同登记备案手续的房屋等尚未办理权属登记的房产的，调查人员还需将第四联送达不动产登记机构，告知不动产登记机构在监察机关查封期间禁止办理抵押、转让、出售等权属变更、转移登记手续；第五联（回执）由不动产登记机构办理协助查封手续后退回监察机关，同时由不动产登记机构出具说明并附被查封房产的自然状况信息，是否存在共有情形，是否存在抵押权登记、预告登记或者异议登记情形，是否存在查封登记或者其他限制处分情形，明确产权性质、登记产权人等情况。需要说明的是，监察机关调查人员在查封涉案房产时，应当在《查封财物、文件清单》“特征”栏内记明涉案房产详细地址，记明不动产权属证书是否已被扣押等情况。若查封后不允许涉案房产持有人继续使用，实行“死封”的，需张贴封条予以公示；若涉案房产交持有人或者其近亲属继续合理使用或者保管实行“活封”的亦应当在《查封财物、文件清单》“特征”栏内记明保管主体，并书面告知该保管人对被查封的涉案不动产应当以保值为原则，不得转移、出租、抵押、赠与等。实践中，告知该保管人的方式既可以制作告知书交由其阅看后签名附卷，也可以由该保管人在《查封通知书》第二联（附卷联）内写明告知情况并签名、捺指印；若涉案房产尚未建成的，可在《查封财物、文件清单》“特征”栏内记明。若该涉案房产持有人能够交出价值相当的涉案财物的，可相应对该涉案财物采取查封、扣押或者冻结措施，不再对该涉案房产进行查封。

七是关于共有房产的查封。依照《中华人民共和国民法典》规定，房产可以由两个以上单位、个人共有，共有包括按份共有和共同共有，其中按份共有人对共有的房产按照其份额享有所有权，共同共有人对共有的房产共同享有所有权，与此相应，监察机关调查过程中发现涉案共有房产的，应当查明是按份共有还是共同共有，其中是按份共有且可以分割查封的房产应当分割查封，并在《查封财物、文件清单》中明确查封房产的具体部位；不可分割的房产可以整体查封。需要注意的是，监察机关查封涉案共有房产时，除将《查封通知书》第三联送达享有所有权的被调查人或者涉案人员，第四联送达不动产登记机构，第五联（回执）由不动产登记机构办理协助查封手续后退回监察机关外，通常可以通知对共有房产享有所有权的案外人到场，留存其身份信息材料，由其在《查封财物、文件清单》中“被查封财物、文件持有人”处签名、捺指印，并告知其在监察机关查封期间不得转移、变卖、毁损、出租、抵押、赠与等；若对共有房产享有所有权的案外人未到场的，既可以书面告知该案外人共有房产被查封的情况以及其配合义务，也可以通过询问该案外人形成询问笔录予以告知和记明相关情况。

八是关于涉案车辆查封。监察机关在勘验、检查、搜查以及其他调查活动中发现的涉案车辆需要查封的，调查人员应当会同该车辆持有人或者保管人、见证人一起当场核对后，开列《查封财物、文件清单》一式四份，由该涉案车辆持有人、见证人在该清单上签名、捺指印，同时由 2 名调查人员签名后，交给该持有人或者保管人 1 份。调查人员需将《查封通知书》第三联送达该涉案车辆持有人。其中，查封已经办理权属登记的涉案车辆，或者采取“活封”方式查封未办理权属登记的涉案车辆并交该涉案车辆持有人或者其近亲属保管的，调查人员还需将《查封通知书》第四联送达车辆登记地公安机关交通管理部门，告知公安机关交通管理部门在监察机关查封期间禁止办理抵押、转让、出售等权属变更、转移手续，第五联（回执）由车辆登记地公安机关交通管理部门办理协助查封手续后退回监察机关，若该涉案车辆被抵押的应当注明并提供相关材料。采取“死封”方式查封未办理权属登记的涉案车辆的，鉴于依照《中华人民共和国道路交通安全法实施条例》第五条第一款等规定，申请机动车注册登记，应当交验机动车，并提交机动车所有人的身份证明、购车发票等机动车来历证明、机动车整车出厂合格证明或者进口机动车进口凭证、车辆购置税完税证明或者免税凭证、机动车第三者责任强制保险凭证以及法律、行政法规规定应当在机动车注册登记时提交的其他证明、凭证，而该涉案车辆被监察机关采取“死封”方式就地封存，故涉案车辆持有人无法向公安机关交通管理部门交验涉案车辆、无法办理机动车注册登记，相应监察机关采取“死封”方式查封该涉案车辆时无需通知公安机关交通管理部门，但该涉案车辆在查封期间权利人要求办理权属登记手续的，监察机关应当准许并及时将第四联送达车辆登记地公安机关交通管理部门，告知公安机关交通管理部门在监察机关查封期间禁止办理抵押、转让、出售等权属变更、转移手续，第五联（回执）由车辆登记地公安机关交通管理部门办理协助查封手续后退回监察机关。查封涉案车辆时，应当查验车辆特征，清点车内物品，并拍照或者录像固定，同时在《查封财物、文件清单》物品“特征”一栏按照车辆厂牌型号、识别代码、牌照号码、行驶里程、车身颜色、车辆状况以及权利人的基本情况等要素描述。对车辆内的物品，监察机关调查人员应当仔细清点，对与案件有关，需要作为证据使用的，应当依法扣押；与案件无关的，通知涉案车辆的权利人或者其家属、委托的人领取。

038

如何准确理解和把握必要时进行调查实验的规定?

《监察法》第二十九条规定:“监察机关在调查过程中,可以直接或者指派、聘请具有专门知识的人在调查人员主持下进行勘验检查。勘验检查情况应当制作笔录,由参加勘验检查的人员和见证人签名或者盖章。必要时,监察机关可以进行调查实验。调查实验情况应当制作笔录,由参加实验的人员签名或者盖章。”《中华人民共和国监察法实施条例》第一百四十条规定:“为查明案情,在必要的时候,经审批可以依法进行调查实验。调查实验,可以聘请有关专业人员参加,也可以要求被调查人、被害人、证人参加。进行调查实验,应当全程同步录音录像,制作调查实验笔录,由参加实验的人签名。进行调查实验,禁止一切足以造成危险、侮辱人格的行为。”以上规定了监察机关可以以及如何采取调查实验措施,实践中需要注意以下 5 个方面。

一是关于调查实验的内涵。调查实验,是指监察机关在调查过程中,为了查明案情,在相同或相近的条件下,按照科学的方法论或者原则，运用一些先进的技术设备和新型的调查手段，对与职务违法犯罪有关的某些事物、现象或行为发生、变化过程进行的模拟性重演或再现，旨在确定某事实、现象或行为能否发生或者怎样发生的一种调查措施。也就是说，调查实验是采取模拟重演的方法，证实在某种条件下行为与结果之间因果关系的方法，其目的是确定相关行为是否发生、发生的条件，以及会发生何种结果的一项调查措施，其作用是用以检验相关证据的客观性。

二是关于调查实验的任务。调查实验的任务主要包括：验证在现场条件下能否听到某种声音或者看到某种情形；验证在一定时间内能否完成某一行为；验证在现场条件下某种行为或者作用与遗留痕迹、物品的状态是否吻合；确定某种条件下某种工具能否形成某种痕迹；研究痕迹、物品在现场条件下的变化规律；分析判断某一情节的发生过程和原因；其他需要通过调查实验作出进一步研究、分析、判断的情况。调查实验，禁止一切足以造成危险、侮辱人格或者有伤风化的行为。

三是关于调查实验参加人员。调查实验由监察机关调查人员主持，可以聘请有关专业人员参加，也可以要求被调查人、被害人、证人参加。必要时，还可以邀请见证人在场见证。

四是关于调查实验时全程同步录音录像。进行调查实验，应当全程同步录音录像。

五是关于制作调查实验笔录。对调查实验的过程和结果，应当制作《调查实验笔录》，由参加实验的人签名。《调查实验笔录》适用通用笔录格式，包括首部、正文、尾部3部分。其中，首部包括时间、地点，进行实验的人员及职务职称，调查实验的目的等；正文详细叙述实验内容、条件及实施过程情况，客观描述实验所获得的结果；尾部由参加实验的人员签名。

039
如何采取鉴定措施？

《监察法》第三十条规定："监察机关在调查过程中，对于案件中的专门性问题，可以指派、聘请有专门知识的人进行鉴定。鉴定人进行鉴定后，应当出具鉴定意见，并且签名。"《中华人民共和国监察法实施条例》第一百四十五条规定："监察机关为解决案件中的专门性问题，按规定报批后，可以依法进行鉴定。鉴定时应当出具《委托鉴定书》，由二名以上调查人员送交具有鉴定资格的鉴定机构、鉴定人进行鉴定。"以上规定了监察机关可以以及如何采取鉴定措施，实践中需要注意以下 6 个方面。

一是关于鉴定措施的内涵。鉴定，是指监察机关为了查明案情，对案件中某些专门性的问题，指派、聘请鉴定机构（人员）或者有专门知识的人运用专业知识和经验，科学鉴别判断并出具分析意见的一种调查措施。

二是关于鉴定事项。《中华人民共和国监察法实施条例》第一百四十六条规定："监察机关可以依法开展下列鉴定：（一）对笔迹、印刷文件、污损文件、制成时间不明的文件和以其他形式表现的文件等进行鉴定；（二）对案件中涉及的财务会计资料及相关财物进行会计鉴定；（三）对被调查人、证人的行为能力进行精神病鉴定；（四）对人体造成的损害或者死因进行人身伤亡医学鉴定；（五）对录音录像资料进行鉴定；（六）对因电子信息技术应用而出现的材料及其派生物进行电子证据鉴定；（七）其他可以依法进行的专业鉴定。”

三是关于适格鉴定机构的选择。监察机关在调查过程中，对于案件中的专门性问题，可以指派、聘请有专门知识的人进行鉴定，即委托具有鉴定资格的单位（人员）进行鉴定。其中，属于法医类鉴定、物证类鉴定、声像资料鉴定以及根据诉讼需要由司法部商最高人民法院、最高人民检察院确定的其他应当对鉴定人和鉴定机构实行登记管理的鉴定事项的，监察机关调查人员可以从《国家司法鉴定人和司法鉴定机构名册》中选择适格的鉴定机构，若公安机关、检察机关有相应鉴定机构的，可以委托公安机关、检察机关的鉴定机构进行鉴定；属于其他鉴定事项的，若有法定鉴定机构的则选择法定鉴定机构。

四是关于有专门知识的人就案件的专门性问题出具报告。因无鉴定机构，或者根据法律法规等规定，监察机关可以指派、聘请具有专门知识的人就案件的专门性问题出具报告，有专门知识的人就案件的专门性问题出具的报告在监察执法和刑事诉讼中可以作为证据使用。监察机关调查过程中指派、聘请具有专门知识的人就案件的专门性问题出具报告的，可以使用《委托鉴定书》。

五是关于涉案物品真伪甄别等检验机构的选择。价格认定过程中，对金银珠宝、文物、字画、艺术品等特殊的涉案财物，监察机关商请价格认定机构进行价格认定的，应当提供有效的真伪、质量、材质、纯度、技术等检测、鉴定报告。工作中，一般区分情形选择相应的检验机构进行检测、鉴定，一种是根据产品质量法、标准化法、计量法和认证认可条例以及《检验检测机构资质认定管理办法》等规定选择法定检验检测机构。涉案财物需进行真伪、质量、技术检测检验的，监察机关可在国家市场监督管理总局和省级市场监督管理局批准的产品质量检测机构名录中，按照金银首饰、珠宝玉石、钟表等类别，分别选定若干产品质量检测机构。检验检测机构出具检验、检测报告的，应当同时在检验、检测报告后附具《检验检测机构资质认定证书》，该证书附具《授权签字人及其授权签字领域》附表的，不需要再附具检验、检测人员资质证明。另一种是根据文物保护法的规定选择法定鉴定机构。《最高人民法院、最高人民检察院关于办理妨害文物管理等刑事案件适用法律若干问题的解释》明确涉案文物认定和价值认定，可由国务院文物行政部门指定的涉案文物鉴定评估机构出具报告。《国家文物局关于指定北京市文物进出境鉴定所等 13 家机构开展涉案文物鉴定评估工作的通知》《国家文物局关于指定第二批涉案文物鉴定评估机构的通知》《国家文物局关于指定第三批涉案文物鉴定评估机构的通知》分三批在全国范围内遴选指定 64 家涉案文物鉴定评估机构。还有一种是字画等艺术品应择优选择鉴定机构。对不属于文物范围的字画等艺术品的真伪鉴定，一直以来是价格认定的最大障碍，也是社会大众极为关注的热点问题。鉴于其在市场上和生活中不经常出现，价格认定的方法和程序更为模糊，缺少必要的参照物和鉴定标准，在操作上较为困难，得出的结论也易引起质疑。我们认为，对书画作品等艺术品，可以先委托相关部门进行真伪鉴定，再进行价格认定。若该字画等涉案艺术品作者健在且符合证人条件的，可以由该涉案艺术品的作者对其创作的艺术品进行辨认，辨认以实物辨认为原则，并制作辨认笔录，被辨认的涉案艺术品因特殊原因不宜移动的，原则上不宜以辨认照片的方式进行真伪甄别，监察机关调查人员可以安排相关人员赴该涉案艺术品保管场所进行辨认。对涉案艺术品的作者虽然在世，但作者因身体原因等无法进行辨认的，除直接参加创作的人员外，不建议由涉案艺术品作者委托其家属、学生等其他人进行辨认并作为认定的依据，在此情形下，监察机关可以征求当地文化行政主管部门意见后，选择现有实力强、管理规范、声誉良好的从事艺术品鉴定业务的艺术品经营单位进行真伪鉴定。

六是关于鉴定意见告知。用作证据的鉴定意见应当告知被调查人及相关单位、人员。监察机关调查人员告知被调查人及相关单位、人员鉴定意见，应当出具《鉴定意见告知书》并注意以下事项：其一是要规范告知内容。既要告知被调查人及相关单位、人员真伪鉴定情况，也要告知被调查人及相关单位、人员价格认定情况；不但要告知被调查人及相关单位、人员鉴定意见的结论部分，而且要将整个鉴定意见告知被调查人及相关单位、人员。调查中对被调查人或者相关单位、人员告知时，可能涉及一个鉴定意见中对多个物品的多个鉴定结论，对于此种情况可以采取附表形式列明告知的详细物品特征及鉴定意见。同时，对于一份检材涉及多份鉴定意见的情况，如对某件物品既进行了真伪鉴定又进行了价格认定，可以在一份《鉴定意见告知书》中说明鉴定的详细情况。被告知人应当签写是否同意鉴定的意见，如果对鉴定意见存在异议，应当载明被告知人是否申请补充鉴定或者重新鉴定。其二是规范《鉴定意见告知书》的使用。按照要求，《鉴定意见告知书》应当送达被调查人及相关单位、人员。监察机关调查人员需要告知被调查人及相关单位、人员鉴定意见时，可以将《鉴定意见告知书》第二联（附卷）中“被害人或其家属”调整为“相关单位、人员”并由被告知人签写意见、签名、捺指印后附卷，或者在告知被调查人并由其在《鉴定意见告知书》第二联（附卷）签写意见、签名、捺指印后复印若干份，分别在告知相关单位、人员时由该被告知人签写意见、签名、捺指印后一并附卷。同时，《鉴定意见告知书》第四联（送达相关单位和人员）若涉及两个以上告知对象的，既可以相应增加《鉴定意见告知书》的联次，也可以在《鉴定意见告知书》第四联（送达相关单位和人员）处列明全部被告知的相关单位、人员，并复印若干份分别送达被告知的相关单位、人员。其三是规范告知程序。考虑到《鉴定意见告知书》本身反映的内容有限，为充分保障相关单位和人员的知情权等合法权益，可以视情制作鉴定意见告知笔录，载明告知权利义务、鉴定内容和结论的过程等内容，以及被告知对象的意见，配合《鉴定意见告知书》体现告知的真实性和完整性。其四是规范告知范围。用作证据的鉴定意见，除了告知被调查人之外，监察机关调查人员也要告知其他与鉴定意见有利害关系的单位、人员。比如，涉嫌受贿问题的鉴定意见一般应告知被调查人、行贿人，结合个案情况对确有必要的还应告知其他利害关系人。

040

如何采取通缉措施？

《监察法》第三十二条规定："依法应当留置的被调查人如果在逃，监察机关可以决定在本行政区域内通缉，由公安机关发布通缉令，追捕归案。通缉范围超出本行政区域的，应当报请有权决定的上级监察机关决定。"《中华人民共和国监察法实施条例》第一百五十八条规定："县级以上监察机关对在逃的应当被留置人员，依法决定在本行政区域内通缉的，应当按规定报批，送交同级公安机关执行。送交执行时，应当出具《通缉决定书》，附《留置决定书》等法律文书和被通缉人员信息，以及承办单位、承办人员等有关情况。通缉范围超出本行政区域的，应当报有决定权的上级监察机关出具《通缉决定书》，并附《留置决定书》及相关材料，送交同级公安机关执行。"以上规定了监察机关可以以及如何采取通缉措施，实践中需要注意以下 4 个方面。

一是关于通缉措施的内涵。通缉是监察机关提请公安机关发布《通缉令》并采取有效措施，将应当被留置人员追捕归案的调查措施。

二是关于通缉的同时是否必须采取限制出境措施。监察机关对在逃的依法应当留置的被调查人可以决定采取通缉措施。同时，为防止该被调查人逃匿境外，经省级以上监察机关批准，可以及时对被调查人采取限制出境措施，由公安机关依法执行。若监察机关经综合评估后认为该被调查人不可能向境外逃匿的，也可以不对该被调查人采取限制出境措施。

三是关于采取通缉措施与申请国际刑事警察组织发布红色通报适用条件是否一致。监察机关采取通缉措施与申请国际刑事警察组织发布红色国际通报适用条件有所不同，主要在于以下 4 点：第一是针对对象不同。采取通缉措施针对的对象是涉嫌严重职务违法或者职务犯罪，依法应当留置的被调查人；而申请国际刑事警察组织发布红色通报针对的对象是潜逃出境的涉嫌职务犯罪的被调查人，不包括涉嫌严重职务违法的被调查人。第二是决定机关不同。采取通缉措施由监察机关决定后交由公安机关发布通缉令并予执行；而申请国际刑事警察组织发布红色通报是监察机关层报国家监委审核，并由国家监委协调公安部向国际刑事警察组织提出申请，具体是由国际刑事警察组织中国国家中心局（设在公安部国际合作局）局长和国际刑事警察组织总秘书处秘书长共同决定和签发红色通报。第三是有效期限不同。采取通缉措施的只要监察机关未通知公安机关撤销的即一直有效；而国际刑事警察组织发布的红色通报有效期为 5 年，需延期的要向国际刑事警察组织提出延期申请。第四是通缉范围不同。采取通缉措施的，通缉范围不超过决定通缉的监察机关所在行政区域；而国际刑事警察组织发布的红色通报则是在国际刑事警察组织全球成员范围内。需要指出的是，涉嫌职务犯罪的被调查人潜逃出境的，监察机关应当及时开展追逃工作，并可按程序逐级呈报国家监委审核后，由国家监委协调公安部向国际刑事警察组织提出申请。在此过程中，若经了解发现涉嫌职务犯罪的被调查人有可能潜入境内的，监察机关可以及时采取通缉措施和（或）网上追逃措施，并同步采取限制出境措施；若确认涉嫌职务犯罪的被调查人仍在境外的，监察机关可以不再采取通缉措施、网上追逃措施。

四是关于采取通缉措施程序。县级以上监察机关对在逃的应当被留置人员，依法决定在本行政区域内通缉的，应当按规定报批，送交同级公安机关执行。送交执行时，应当出具《通缉决定书》并附《留置决定书》等法律文书和被通缉人员信息，以及承办单位、承办人员等有关情况。通缉范围超出本行政区域的，应当报有决定权的上级监察机关出具《通缉决定书》并附《留置决定书》及相关材料，送交同级公安机关执行。国家监察委员会依法需要提请公安部对在逃人员发布公安部通缉令的，应当先提请公安部采取网上追逃措施；如情况紧急，可以向公安部同时出具《通缉决定书》和《提请采取网上追逃措施函》。省级以下监察机关报请国家监察委员会提请公安部发布公安部通缉令的，应当先提请本地公安机关采取网上追逃措施。监察机关接到公安机关抓获被通缉人员的通知后，应当立即核实被抓获人员身份，并在接到通知后 24 小时以内派员办理交接手续。边远或者交通不便地区，至迟不得超过3日。公安机关在移交前，将被抓获人员送往当地监察机关留置场所临时看管的，当地监察机关应当接收，并保障临时看管期间的安全，对工作信息严格保密。监察机关需要提请公安机关协助将被抓获人员带回的，应当按规定报批，请本地同级公安机关依法予以协助。提请协助时，应当出具《提请协助采取留置措施函》并附《留置决定书》复印件及相关材料。监察机关对于被通缉人员已经归案、死亡，或者依法撤销留置决定以及发现有其他不需要继续采取通缉措施情形的，应当经审批出具《撤销通缉通知书》，送交协助采取原措施的公安机关执行。

041

如何采取限制出境措施？

《监察法》第三十三条规定：“监察机关为防止被调查人及相关人员逃匿境外，经省级以上监察机关批准，可以对被调查人及相关人员采取限制出境措施，由公安机关依法执行。对于不需要继续采取限制出境措施的，应当及时解除。”《中华人民共和国监察法实施条例》第一百六十二条规定：“监察机关为防止被调查人及相关人员逃匿境外，按规定报批后，可以依法决定采取限制出境措施，交由移民管理机构依法执行。”第一百六十三条规定：“监察机关采取限制出境措施应当出具有关函件，与《采取限制出境措施决定书》一并送交移民管理机构执行。其中，采取边控措施的，应当附《边控对象通知书》；采取法定不批准出境措施的，应当附《法定不准出境人员报备表》。”以上规定了监察机关可以以及如何采取限制出境措施，实践中需要注意以下 3 个方面。

一是关于限制出境措施的内涵。限制出境是监察机关为防止被调查人及相关人员逃匿境外，经省级以上监察机关批准后，交由移民管理机构对该被调查人及相关人员实施出境入境控制的调查措施，包括边控措施和法定不批准出境措施。决定采取限制出境措施的，监察机关应当出具《采取限制出境措施委托函》，与《采取限制出境措施决定书》一并送交移民管理机构执行。

二是关于采取边控措施。边控是针对持有效出入境护照通行证件人员的限制出境措施。若被限制出境人员持有护照或者其他出入境证件，需要临时控制出境的，应当相应采取边控措施的，一并附具《边控对象通知书》。

三是关于采取法定不批准出境措施。法定不批准出境措施是针对无有效出入境护照通行证件人员的限制出境措施。被限制出境人员未持有护照或者其他出入境证件，或者虽持有护照等出入境证件，但公安机关（国家移民管理机构）应当依法收缴或者宣布作废的，监察机关应当相应采取法定不批准出境措施，一并附具《法定不准出境人员报备表》。

需要指出的是，限制出境措施有效期不超过 3 个月，到期自动解除。到期后仍有必要继续采取措施的，应当按原程序报批。承办部门应当出具有关函件，在到期前与《延长限制出境措施期限决定书》一并送交移民管理机构执行。延长期限每次不得超过 3 个月。监察机关接到口岸移民管理机构查获被决定采取留置措施的边控对象的通知后，应当于 24 小时以内到达口岸办理移交手续。无法及时到达的，应当委托当地监察机关及时前往口岸办理移交手续。当地监察机关应当予以协助。对于不需要继续采取限制出境措施的，应当按规定报批，及时予以解除。承办部门应当出具《解除限制出境措施的函》，与《解除限制出境措施决定书》一并送交移民管理机构执行。县级以上监察机关在重要紧急情况下，经审批可以依法直接向口岸所在地口岸移民管理机构提请办理临时限制出境措施，措施范围仅限于接控机关管辖口岸，期限不得超过 7 日且不能延期。

042

如何准确理解和把握《监察法》第三十四条关于被调查人主动认罪认罚的规定?

《监察法》第三十四条规定:"涉嫌职务犯罪的被调查人主动认罪认罚,有下列情形之一的,监察机关经领导人员集体研究,并报上一级监察机关批准,可以在移送人民检察院时提出从宽处罚的建议:(一)自动投案,真诚悔罪悔过的;(二)积极配合调查工作,如实供述监察机关还未掌握的违法犯罪行为的;(三)积极退赃,减少损失的;(四)具有重大立功表现或者案件涉及国家重大利益等情形的。"这里的"主动",主要表现为自愿,对于经过组织教育后才认罪认罚的,只要是出于自愿,且认罪认罚态度好,供述内容稳定,可以认定为"主动";这里的"认罪",是指被调查人自愿如实供述自己的罪行,对调查认定的犯罪事实没有异议,通常是在违法事实材料与被调查人见面核对后,结合其忏悔反思材料或者反省材料(非监察对象)以及审理谈话等情况综合判断;这里的"认罚",是指被调查人真诚悔罪,愿意接受处罚,考察的重点是被调查人的悔罪态度和悔罪表现,应当结合退赃退赔、赔偿损失、赔礼道歉等因素来考量。被调查人虽表示“认罚”，却暗中串供、干扰证人作证、毁灭、伪造证据或隐匿、转移财产，有赔偿能力而不赔偿，则不能认定为“认罚”。需要指出的是，对被调查人既涉嫌职务犯罪，又涉嫌公安机关管辖的其他犯罪的案件，被调查人须对全案认罪认罚，方可以认定为《监察法》第三十四条规定的“认罪认罚”。

043

如何准确理解和把握《监察法》第三十四条第二项关于“积极配合调查工作，如实供述监察机关还未掌握的违法犯罪行为”的规定?

《监察法》第三十四条规定：“涉嫌职务犯罪的被调查人主动认罪认罚，有下列情形之一的，监察机关经领导人员集体研究，并报上一级监察机关批准，可以在移送人民检察院时提出从宽处罚的建议：（一）自动投案，真诚悔罪悔过的；（二）积极配合调查工作，如实供述监察机关还未掌握的违法犯罪行为的；（三）积极退赃，减少损失的；（四）具有重大立功表现或者案件涉及国家重大利益等情形的。”涉嫌职务犯罪的被调查人有下列情形之一的，可以认定为《监察法》第三十四条第二项规定的“积极配合调查工作，如实供述监察机关还未掌握的违法犯罪行为”，即监察机关所掌握线索针对的犯罪事实不成立，在此范围外被调查人主动交代其他罪行的；主动交代监察机关尚未掌握的犯罪事实，与监察机关已掌握的犯罪事实属不同种罪行的；主动交代监察机关尚未掌握的犯罪事实，与监察机关已掌握的犯罪事实属同种罪行的；监察机关掌握的证据不充分，被调查人如实交代有助于收集定案证据的。前述同种罪行和不同种罪行，一般以罪名区分。被调查人如实供述其他罪行的罪名与监察机关已掌握犯罪的罪名不同，但属选择性罪名或者在法律、事实上密切关联的，应当认定为同种罪行。

044 哪些情形可以认定为“积极退赃，减少损失”？

《监察法》第三十四条规定：“涉嫌职务犯罪的被调查人主动认罪认罚，有下列情形之一的，监察机关经领导人员集体研究，并报上一级监察机关批准，可以在移送人民检察院时提出从宽处罚的建议：(一) 自动投案，真诚悔罪悔过的；(二) 积极配合调查工作，如实供述监察机关还未掌握的违法犯罪行为的；(三) 积极退赃，减少损失的；(四) 具有重大立功表现或者案件涉及国家重大利益等情形的。”涉嫌职务犯罪的被调查人有下列情形之一的，可以认定为《监察法》第三十四条第三项规定的“积极退赃，减少损失”：一是全额退赃的；二是退赃能力不足，但被调查人及其亲友在监察机关追缴赃款赃物过程中积极配合，且大部分已追缴到位的；三是犯罪后主动采取措施避免损失发生，或者积极采取有效措施减少、挽回大部分损失的。

045
哪些情形可以认定为“具有重大立功表现”?

《监察法》第三十四条规定:“涉嫌职务犯罪的被调查人主动认罪认罚,有下列情形之一的,监察机关经领导人员集体研究,并报上一级监察机关批准,可以在移送人民检察院时提出从宽处罚的建议:(一)自动投案,真诚悔罪悔过的;(二)积极配合调查工作,如实供述监察机关还未掌握的违法犯罪行为的;(三)积极退赃,减少损失的;(四)具有重大立功表现或者案件涉及国家重大利益等情形的。”涉嫌职务犯罪的被调查人有下列情形之一的,可以认定为《监察法》第三十四条第四项规定的“具有重大立功表现”:一是检举揭发他人重大犯罪行为且经查证属实的;二是提供其他重大案件的重要线索且经查证属实的;三是阻止他人重大犯罪活动的;四是协助抓捕其他重大职务犯罪案件被调查人、重大犯罪嫌疑人(包括同案犯)的;五是为国家挽回重大损失等对国家和社会有其他重大贡献的。“重大犯罪”,一般是指依法可能被判处无期徒刑以上刑罚的犯罪行为。其中,“可能被判处无期徒刑以上刑罚”,是指根据犯罪行为的事实、情节可能判处无期徒刑以上刑罚；案件已经判决的，以实际判处的刑罚为准。但是，根据犯罪行为的事实、情节应当判处无期徒刑以上刑罚，因被判刑人有法定情节经依法从轻、减轻处罚后判处有期徒刑的，应当认定为重大立功。“重大案件”，一般是指在本省、自治区、直辖市或者全国范围内有较大影响的案件。“查证属实”，一般是指有关案件已被监察机关或者司法机关立案调查、侦查，被调查人、犯罪嫌疑人被监察机关采取责令候查、禁闭、管护、留置措施或者被司法机关采取强制措施，或者被告人被人民法院作出有罪判决，并结合案件事实、证据进行判断。

需要说明的是，《监察法》第三十四条第四项规定的具有重大立功表现，与《中华人民共和国刑法》第六十八条和《关于处理自首和立功若干具体问题的意见》《关于处理自首和立功具体应用法律若干问题的解释》《关于办理职务犯罪案件认定自首、立功等量刑情节若干问题的意见》关于重大立功的规定一致。涉嫌职务犯罪的被调查人据以立功的线索、材料来源有下列情形之一的，不能认定为立功：本人通过贿买、暴力、胁迫等非法手段或者非法途径获取的；将本人以往查办犯罪职务活动中掌握的，或者从负有查办犯罪、监管职责的国家工作人员处获取的；他人违反留置场所管理或者禁闭期间管理等监管规定向被调查人提供的；负有查禁犯罪活动职责的国家机关工作人员或者其他国家工作人员利用职务便利提供的。此外，重大立功应当是被调查人本人实施，被调查人亲友为使被调查人“立功”，向监察机关提供他人犯罪线索、协助抓捕犯罪嫌疑人的，不能认定为被调查人有立功表现。根据被调查人检举揭发破获的他人犯罪案件，如果已有审判结果，应当依据判决确认的事实认定是否查证属实；如果被检举揭发的他人犯罪案件尚未进入审判程序，可以依据监察机关提供的书面查证情况认定是否查证属实。被调查人检举揭发或者协助抓获的人的行为构成犯罪，但因法定事由不追究刑事责任、不起诉、终止审理的，不影响对被调查人立功表现的认定；被调查人检举揭发或者协助抓获的人的行为应判处无期徒刑以上刑罚，但因具有法定、酌定从宽情节，宣告刑为有期徒刑或者更轻刑罚的，不影响对被调查人重大立功表现的认定。

046

哪些情形可以认定为“案件涉及国家重大利益”?

《监察法》第三十四条规定:“涉嫌职务犯罪的被调查人主动认罪认罚，有下列情形之一的，监察机关经领导人员集体研究，并报上一级监察机关批准，可以在移送人民检察院时提出从宽处罚的建议:（一）自动投案，真诚悔罪悔过的;（二）积极配合调查工作，如实供述监察机关还未掌握的违法犯罪行为的;（三）积极退赃，减少损失的;（四）具有重大立功表现或者案件涉及国家重大利益等情形的。”这里的“案件涉及国家重大利益”，是指案件涉及国家主权和领土完整、国家安全、外交、社会稳定、经济发展等情形，与《中华人民共和国刑事诉讼法》第一百八十二条第一款关于“犯罪嫌疑人自愿如实供述涉嫌犯罪的事实，有重大立功或者案件涉及国家重大利益的，经最高人民检察院核准，公安机关可以撤销案件，人民检察院可以作出不起诉决定，也可以对涉嫌数罪中的一项或者多项不起诉”规定中的“案件涉及国家重大利益”涵义一致。

需要指出的是，“案件涉及国家重大利益”，通常是指人民检察院、人民法院对案件的审查、审理，将会直接或间接地影响国家政治、外交、国防、科技、经济等领域特别重大的利益。因此，具体判断和把握“案件涉及国家重大利益”的标准应当非常严格。

047

哪些情形可以认定为“提供重要线索，有助于调查其他案件”？

《监察法》第三十五条规定：“职务违法犯罪的涉案人员揭发有关被调查人职务违法犯罪行为，查证属实的，或者提供重要线索，有助于调查其他案件的，监察机关经领导人员集体研究，并报上一级监察机关批准，可以在移送人民检察院时提出从宽处罚的建议。”这里的“其他案件”，通常是指职务犯罪案件。涉嫌行贿等犯罪的涉案人员提供的重要线索指向具体的职务犯罪事实，对调查其他案件起到实质性推动作用的，或者提供的重要线索有助于加快其他案件办理进度，或者对其他案件固定关键证据、挽回损失、追逃追赃等起到积极作用的，可以认定为《监察法》第三十五条规定的“提供重要线索，有助于调查其他案件”。

048

如何准确理解和把握《监察法》第三十六条第一款关于证据资格的规定?

《监察法》第三十六条第一款规定:“监察机关依照本法规定收集的物证、书证、证人证言、被调查人供述和辩解、视听资料、电子数据等证据材料,在刑事诉讼中可以作为证据使用。”这是《监察法》以国家法律的形式明确规定监察机关收集的证据材料在刑事诉讼中可以作为证据使用。这里的“可以作为证据使用”,是指这些证据具有进入刑事诉讼的资格,不需要司法机关再次履行取证手续,进行证据转化;但这些证据能否作为定案的根据,还需要根据《中华人民共和国刑事诉讼法》规定由司法机关进行审查判断,经审查如果属于应当排除的或者不真实的,不能作为定案的根据。这里的“监察机关依照本法规定收集的物证、书证、证人证言、被调查人供述和辩解、视听资料、电子数据等证据材料”,是指监察机关依照国家监察法律法规收集的包括言词证据在内的各类证据材料,在刑事诉讼中均可以作为证据使用,这与《中华人民共和国刑事诉讼法》第五十四条第二款关于“行政机关在行政执法和查办案件过程中收集的物证、书证、视听资料、电子数据等证据材料，在刑事诉讼中可以作为证据使用”的规定中仅限于行政机关收集的客观性证据，不包括言词证据不同。

049

如何准确理解和把握《监察法》第三十六条第三款关于非法证据排除的规定？

《监察法》第三十六条第三款规定：“以非法方法收集的证据应当依法予以排除，不得作为案件处置的依据。”《中华人民共和国监察法实施条例》第六十四条规定：“严禁以暴力、威胁、引诱、欺骗以及非法限制人身自由等非法方法收集证据，严禁侮辱、打骂、虐待、体罚或者变相体罚被调查人、涉案人员和证人。”第六十五条规定：“对于调查人员采用暴力、威胁以及非法限制人身自由等非法方法收集的被调查人供述、证人证言、被害人陈述，应当依法予以排除。前款所称暴力的方法，是指采用殴打、违法使用戒具等方法或者变相肉刑的恶劣手段，使人遭受难以忍受的痛苦而违背意愿作出供述、证言、陈述；威胁的方法，是指采用以暴力或者严重损害本人及其近亲属合法权益等进行威胁的方法，使人遭受难以忍受的痛苦而违背意愿作出供述、证言、陈述。收集物证、书证不符合法定程序，可能严重影响案件公正处理的，应当予以补正或者作出合理解释；不能补正或者作出合理解释的，对该证据应当予以排除。”第六十六条规定：“监察机关监督检查、调查、案件审理、案件监督管理等部门发现监察人员在办理案件中，可能存在以非法方法收集证据情形的，应当依据职责进行调查核实。对于被调查人控告、举报调查人员采用非法方法收集证据，并提供涉嫌非法取证的人员、时间、地点、方式和内容等材料或者线索的，应当受理并进行审核。根据现有材料无法证明证据收集合法性的，应当进行调查核实。经调查核实，确认或者不能排除以非法方法收集证据的，对有关证据依法予以排除，不得作为案件定性处置、移送审查起诉的依据。认定调查人员非法取证的，应当依法处理，另行指派调查人员重新调查取证。监察机关接到对下级监察机关调查人员采用非法方法收集证据的控告、举报，可以直接进行调查核实，也可以交由下级监察机关调查核实。交由下级监察机关调查核实的，下级监察机关应当及时将调查结果报告上级监察机关。”以上规定了监察机关排除非法证据的要求。这与《中华人民共和国刑事诉讼法》《最高人民法院、最高人民检察院、公安部、国家安全部、司法部关于办理刑事案件严格排除非法证据若干问题的规定》《最高人民法院、最高人民检察院、公安部、国家安全部、司法部办理刑事案件排除非法证据规程》等关于排除非法证据的规定一致。也就是说，《监察法》和《中华人民共和国刑事诉讼法》关于非法证据排除的要求和标准一致，实践中不存在监察机关依照国家监察法律法规和国家监委发布的规范性文件规定的程序取得的证据被司法机关依照《中华人民共和国刑事诉讼法》规定认定为非法证据或者瑕疵证据的情形。

《监察法》第三十六条第三款规定中的“不得作为案件处置的依据”，是指不得作为案件定性处置、移送审查起诉的依据。《监察法》第三十六条第三款规定中的“以非法方法收集的证据应当依法予以排除”，是指下列3种情形：第一种情形是采用下列非法方法收集的被调查人供述，应当予以排除，即采用殴打、违法使用戒具等暴力方法或者变相肉刑的恶劣手段，使被调查人遭受难以忍受的痛苦而违背意愿作出的供述；采用以暴力或者严重损害本人及其近亲属合法权益等进行威胁的方法，使被调查人遭受难以忍受的痛苦而违背意愿作出的供述；采用非法拘禁等非法限制人身自由的方法收集的被调查人供述。采用刑讯逼供方法使被调查人作出供述，之后被调查人受该刑讯逼供行为影响而作出的与该供述相同的重复性供述，应当一并排除，但调查期间，监察机关根据控告、举报或者自己发现等，确认或者不能排除以非法方法收集证据而更换调查人员，其他调查人员再次讯问时告知权利义务和认罪的法律后果，被调查人自愿供述的除外。第二种情形是采用暴力、威胁以及非法限制人身自由等非法方法收集的证人证言、被害人陈述，应当予以排除。第三种情形是采用非法搜查、扣押等违反法定程序的方法收集物证、书证，可能严重影响案件公正处理的，应当予以补正或者作出合理解释；不能补正或者作出合理解释的，对该证据应当予以排除。其中前两种情形属于绝对排除，即凡是属于以非法方法收集的被调查人供述、证人证言、被害人陈述等言词证据一律予以排除，不得作为案件定性处置、移送审查起诉的依据；第三种情形则属于裁量排除，即如果以非法方法收集的物证、书证等客观性证据经补正符合法定程序，或能够作出合理解释的可以作为案件定性处置、移送审查起诉的依据，不能补正或者作出合理解释的则对该证据予以排除，不得作为案件定性处置、移送审查起诉的依据。

050

如何准确理解和把握《监察法》第三十七条第一款关于人民法院等国家机关“在工作中发现公职人员涉嫌贪污贿赂、失职渎职等职务违法或者职务犯罪的问题线索，应当移送监察机关”的规定?

《监察法》第三十七条第一款规定：“人民法院、人民检察院、公安机关、审计机关等国家机关在工作中发现公职人员涉嫌贪污贿赂、失职渎职等职务违法或者职务犯罪的问题线索，应当移送监察机关，由监察机关依法调查处置。”以上规定了公职人员涉嫌职务违法或者职务犯罪问题线索移送制度。这里的“公职人员”与《监察法》第十五条规定的六类监察对象范围一致。实践中需要注意以下 2 个方面。

一是关于建立公职人员涉嫌职务违法或者职务犯罪问题线索移送制度的重要性必要性。《监察法》第三条规定：“各级监察委员会是行使国家监察职能的专责机关，依照本法对所有行使公权力的公职人员（以下称公职人员）进行监察，调查职务违法和职务犯罪，开展廉政建设和反腐败工作，维护宪法和法律的尊严。”第十一条第二项规定，监察机关

“对涉嫌贪污贿赂、滥用职权、玩忽职守、权力寻租、利益输送、徇私舞弊以及浪费国家资财等职务违法和职务犯罪进行调查”。建立公职人员涉嫌职务违法或者职务犯罪问题线索移送制度，有利于监察机关更好履行监督调查处置职责，更好落实监察机关与司法机关、执法机关相互配合、相互制约的工作机制要求。

二是关于移送问题线索的范围。结合《中华人民共和国公职人员政务处分法》第三条第二款关于“公职人员任免机关、单位应当按照管理权限，加强对公职人员的教育、管理、监督，依法给予违法的公职人员处分”和《中华人民共和国公务员法》第五十七条第三款关于“对公务员涉嫌职务违法和职务犯罪的，应当依法移送监察机关处理”的规定，《监察法》第三十七条第一款中“公职人员涉嫌贪污贿赂、失职渎职等职务违法或者职务犯罪的问题线索”，是指公职人员涉嫌贪污贿赂、失职渎职等职务违法和（或者）职务犯罪的问题线索，具体包括《监察法》第十五条规定的公职人员只要有涉嫌职务犯罪问题线索的，人民法院、人民检察院、公安机关、审计机关等国家机关即应当移送监察机关依法处理，如《监察法》第十五条规定的公职人员仅有涉嫌职务违法的问题线索的，则人民法院、人民检察院、公安机关、审计机关等国家机关既可以将该问题线索移送监察机关依法处理，也可以移送该公职人员任免机关（单位）依法处理。

051

《监察法》第三十七条第一款中“国家机关”的涵义是什么？

《监察法》第三十七条第一款规定：“人民法院、人民检察院、公安机关、审计机关等国家机关在工作中发现公职人员涉嫌贪污贿赂、失职渎职等职务违法或者职务犯罪的问题线索，应当移送监察机关，由监察机关依法调查处置。”这里的“国家机关”，既包括人民法院、人民检察院、公安机关、审计机关等执法、司法机关，也包括各级人民代表大会及其常务委员会机关等其他国家机关。

052

如何准确理解和把握《监察法》第三十七条第二款关于“被调查人既涉嫌严重职务违法或者职务犯罪，又涉嫌其他违法犯罪的，一般应当由监察机关为主调查，其他机关予以协助”的规定?

《监察法》第三十七条第二款规定：“被调查人既涉嫌严重职务违法或者职务犯罪，又涉嫌其他违法犯罪的，一般应当由监察机关为主调查，其他机关予以协助。”《中华人民共和国监察法实施条例》第五十一条规定：“公职人员既涉嫌贪污贿赂、失职渎职等严重职务违法和职务犯罪，又涉嫌公安机关、人民检察院等机关管辖的犯罪，依法由监察机关为主调查的，应当由监察机关和其他机关分别依职权立案，监察机关承担组织协调职责，协调调查和侦查工作进度、重要调查和侦查措施使用等重要事项。”以上规定了互涉案件办理中的监察优先原则，明确了监察机关与公安机关、人民检察院等侦查机关之间的工作衔接要求。实践中需要注意以下 2 点。

一是关于《监察法》第三十七条第二款中“一般应当由监察机关为主调查”的内涵。之所以规定“一般应当由监察机关为主调查”，是基于监察机关调查的职务犯罪不同于公安机关等其他机关管辖的普通犯罪，主体身份特殊、犯罪手段隐蔽，且案情可能会涉及其他公职人员以及国家秘密、国家安全和国家利益，由监察机关为主调查，有利于通过深入细致的思想政治工作感化、敦促被调查人讲清问题、认识错误，体现“惩前毖后、治病救人”精神；有利于加强党对反腐败斗争的统一领导，深化标本兼治，用好治标利器，严厉惩治腐败，夯实治本基础，一体推进不敢腐、不能腐、不想腐；有利于加强对所有行使公权力的公职人员的监督，有效制约和监督权力，真正实现国家监察全面覆盖。这里的“由监察机关为主调查”，是指为主调查的监察机关承担组织协调职责，包括协调调查和侦查工作进度、协商重要调查和侦查措施使用等重要事项。

二是关于《监察法》第三十七条第二款中“其他机关予以协助”的内涵。这里的“其他机关予以协助”，是指在分案办理模式下，公安机关等侦查机关依照《中华人民共和国刑事诉讼法》规定收集证据，查明案情，但工作中必须接受监察机关的组织协调，确保形成合力。侦查机关协助的主要工作包括：协助查明普通犯罪事实；协助发现职务犯罪线索；根据工作需要对被调查人采取强制措施；协助查明普通犯罪共犯以及其他牵连犯罪事实；协助监察机关采取搜查、通缉、网上追逃、查封、扣押、电子数据收集提取等调查措施。

053

监察机关对于报案或者举报应当如何处理？

《监察法》第三十八条规定：“监察机关对于报案或者举报，应当接受并按照有关规定处理。对于不属于本机关管辖的，应当移送主管机关处理。”《中华人民共和国监察法实施条例》第一百六十九条规定：“监察机关对于报案或者举报应当依法接受。属于本级监察机关管辖的，依法予以受理；属于其他监察机关管辖的，应当在五个工作日以内予以转送。监察机关可以向下级监察机关发函交办检举控告，并进行督办，下级监察机关应当按期回复办理结果。”第一百七十条规定：“对于涉嫌职务违法或者职务犯罪的公职人员主动投案的，应当依法接待和办理。”第一百七十一条规定：“监察机关对于执法机关、司法机关等其他机关移送的问题线索，应当及时审核，并按照下列方式办理：（一）本单位有管辖权的，及时研究提出处置意见；（二）本单位没有管辖权但其他监察机关有管辖权的，在五个工作日以内转送有管辖权的监察机关；（三）本单位对部分问题线索有管辖权的，对有管辖权的部分提出处置意见，并及时将其他问题线索转送有管辖权的机关；（四）监察机关没有管辖权的，及时退回移送机关。”以上规定明确了监察机关接受报案或者举报的义务，实践中需要注意以下3个方面。

一是关于“报案”的含义。这里的“报案”，是指有关单位和个人（包括被害人等案件当事人）向监察机关报告其知道的公职人员涉嫌职务违法犯罪事实或者线索的行为。据此，被害人控告、涉嫌职务违法或者职务犯罪的公职人员主动投案以及执法机关、司法机关等其他机关向监察机关移送问题线索的，均属于《监察法》第三十八条中的“报案”。

二是关于“举报”的含义。这里的“举报”，是指当事人以外的其他知情人向监察机关检举、揭发公职人员涉嫌的职务违法犯罪事实或者线索的行为。

三是关于监察机关接受报案或者举报。监察机关对于报案或者举报，均应当先行予以接受，绝不能以任何理由拒绝、推诿；接受以后应当及时进行初步审查，对于不属于自己管辖的，应当移送主管机关处理。

054

监察机关对不属于自己管辖的报案或者举报应当如何处理?

《监察法》第三十八条规定:“监察机关对于报案或者举报,应当接受并按照有关规定处理。对于不属于本机关管辖的,应当移送主管机关处理。”《中华人民共和国监察法实施条例》第一百六十九条规定:“监察机关对于报案或者举报应当依法接受。属于本级监察机关管辖的,依法予以受理;属于其他监察机关管辖的,应当在五个工作日以内予以转送。监察机关可以向下级监察机关发函交办检举控告,并进行督办,下级监察机关应当按期回复办理结果。”第一百七十条规定:“对于涉嫌职务违法或者职务犯罪的公职人员主动投案的,应当依法接待和办理。”第一百七十一条规定:“监察机关对于执法机关、司法机关等其他机关移送的问题线索,应当及时审核,并按照下列方式办理:(一)本单位有管辖权的,及时研究提出处置意见;(二)本单位没有管辖权但其他监察机关有管辖权的,在五个工作日以内转送有管辖权的监察机关;(三)本单位对部分问题线索有管辖权的,对有管辖权的部分提出处置意见，并及时将其他问题线索转送有管辖权的机关；（四）监察机关没有管辖权的，及时退回移送机关。”以上规定明确了监察机关接受报案或者举报后，对不属于本机关管辖的应当移送主管机关处理，实践中需要注意以下3个方面。

一是关于《监察法》第三十八条中“本机关”的涵义。这里的“本机关”，是指接受报案或者举报的监察机关。

二是关于《监察法》第三十八条中“主管机关”的涵义。这里的“主管机关”，是指行政执法机关、司法机关，以及接受报案或者举报的监察机关以外的其他监察机关。

三是关于报案或者举报的移送。接受报案或者举报后，经研判，认为属于其他监察机关管辖的，接受报案或者举报的监察机关应当在5个工作日以内予以转送；认为监察机关没有管辖权的，及时移送有权管辖的行政执法机关、司法机关处理。

055

问题线索处置、调查、审理各部门如何相互协调、相互制约？

《监察法》第三十九条第一款规定："监察机关应当严格按照程序开展工作，建立问题线索处置、调查、审理各部门相互协调、相互制约的工作机制。"以上规定明确了监察机关要严格按照程序开展工作，各部门之间建立相互协调制约的工作机制。之所以作上述规定，主要目的是强化监察机关自我监督和制约，把监察机关的权力关进制度的笼子。习近平总书记多次强调，信任不能代替监督，监察机关监督范围扩大了、权限丰富了，对监察机关自身的要求必须严之又严、慎之又慎。监察机关作为依法开展国家监察的专责机关，其履行监察职能的过程也是行使公权力的过程。故《监察法》与《中国共产党纪律检查机关监督执纪工作规则》相衔接，针对纪检监察工作中可能发生问题的关键点、风险点，将实践中行之有效的自我监督做法上升为法律规范，规定了严格的内部监督制约制度，有利于防止因权力过于集中而引发的私存线索、串通包庇、跑风漏气、以案谋私等问题。这是监察机关加强内部监督的必然要求，体现了打铁必须自身硬的精神。监察机关严格按照程序开展工作，是以法治思维和法治方式惩治腐败的必然要求。

关于建立问题线索处置、调查、审理各部门相互协调、相互制约的工作机制，实践中需要注意以下 4 个方面：一是问题线索处置、调查、审理各部门要各司其职，由监察机关领导班子成员分别分管；坚持调查与审理相分离的原则，案件调查人员不得参与审理。二是由信访举报部门归口受理本机关管辖监察对象涉嫌职务违法和职务犯罪问题的检举控告，统一接收有关监察机关以及其他单位移送的相关检举控告，移交本机关监督检查部门或者相关部门，并将移交情况通报案件监督管理部门。案件监督管理部门统一接收巡视巡察机构和审计机关、执法机关、司法机关等其他机关移送的涉嫌职务违法和职务犯罪问题线索，按程序移交本机关监督检查部门或者相关部门办理。监督检查部门、调查部门在工作中发现的相关问题线索，属于本部门受理范围的，应当报送案件监督管理部门备案；属于本机关其他部门受理范围的，经审批后移交案件监督管理部门分办。监督检查部门应当结合问题线索所涉及地区、部门、单位总体情况进行综合分析，提出处置意见并制定处置方案，经审批按照谈话函询、初步核实、暂存待查、予以了结等方式进行处置，或者按照职责移送调查部门处置。三是由案件监督管理部门对问题线索实行集中管理、动态更新，定期汇总、核对问题线索及处置情况，向监察机关主要负责人报告，并向相关部门通报。问题线索承办部门应当指定专人负责管理线索，逐件编号登记、建立管理台账。线索管理处置各环节应当由经手人员签名，全程登记备查，及时与案件监督管理部门核对。四是案件审理部门收到移送审理的案件后，应当审核材料是否齐全、手续是否完备。对被调查人涉嫌职务犯罪的，还应当审核相关案卷材料是否符合职务犯罪案件立卷要求，是否在调查报告中单独表述已查明的涉嫌职务犯罪问题，是否形成《起诉建议书》。经审核符合移送条件的，应当予以受理；不符合移送条件的，经审批可以暂缓受理或者不予受理，并要求调查部门补充完善材料。受理后，案件审理部门应当以《监察法》《中华人民共和国公职人员政务处分法》《中华人民共和国刑法》《中华人民共和国刑事诉讼法》等法律法规为准绳，对案件事实证据、性质认定、程序手续、涉案财物等进行全面审理，形成审理报告，提请集体审议。

056
监察机关如何立案调查？

《监察法》第四十二条第一款规定：“经过初步核实，对监察对象涉嫌职务违法犯罪，需要追究法律责任的，监察机关应当按照规定的权限和程序办理立案手续。”《中华人民共和国监察法实施条例》第一百八十条规定：“监察机关经过初步核实，对于已经掌握监察对象涉嫌职务违法或者职务犯罪的部分事实和证据，认为需要追究其法律责任的，应当按规定报批后，依法立案调查。”以上规定了监察机关对监察对象立案调查的条件和程序，实践中需要注意以下 2 个方面。

一是关于立案条件。监察机关拟对监察对象立案调查的，应当已经掌握该监察对象涉嫌职务违法或者职务犯罪的部分事实和证据，经研判认为需要追究其法律责任。这里的“已经掌握该监察对象涉嫌职务违法或者职务犯罪的部分事实和证据”，是指有证据证明该监察对象有职务违法犯罪事实，且证明该监察对象实施职务违法犯罪行为的证据已经查证属实。职务违法犯罪事实既可以是单一的职务违法犯罪行为的事实，也可以是数个职务违法犯罪行为中任何一个职务违法犯罪行为的事实。也就是说，监察机关立案调查所需的监察对象涉嫌职务违法或者职务犯罪的事实，仅指初步确认的部分职务违法或者职务犯罪的事实，而不是全部职务违法或者职务犯罪的事实，全部事实要到调查结束之后才能得以查清，而且还要经过案件审理部门审理之后才能认定。

二是关于立案依据。《监察法》第四十二条第一款仅适用于对监察对象涉嫌职务违法犯罪行为进行立案调查，对监察对象涉嫌非职务违法行为、非职务犯罪行为以及非监察对象的涉嫌单位行贿罪等职务犯罪进行立案调查的不能将《监察法》第四十二条第一款规定作为立案依据。此外，对事故（事件）中存在职务违法或者职务犯罪问题，需要追究法律责任，但相关责任人员尚不明确的，监察机关可以以事立案；以事立案后，经调查确定相关责任人员的，按照管理权限报批确定被调查人。监察机关根据人民法院生效刑事判决、裁定和人民检察院不起诉决定认定的事实，需要对监察对象给予政务处分的，可以由相关监督检查部门依据司法机关的生效判决、裁定、决定及其认定的事实、性质和情节，提出给予政务处分的意见，按程序移送审理。对依法被追究行政法律责任的监察对象，需要给予政务处分的，应当依法办理立案手续。对案情简单、经过初步核实已查清主要职务违法事实，应当追究监察对象法律责任，不再需要开展调查的，立案和移送审理可以一并报批，履行立案程序后再移送审理；对立案和移送审理一并报批的案件，在报批前，调查组应当将调查认定的涉嫌违法犯罪事实形成书面材料，交给被调查人核对，听取其意见，被调查人应当在书面材料上签署意见，对被调查人签署不同意见或者拒不签署意见的，调查组应当作出说明或者注明情况。

057

监察机关调查职务违法行为应当遵照什么证据标准？

《监察法》第四十三条第一款规定："监察机关对职务违法和职务犯罪案件，应当进行调查，收集被调查人有无违法犯罪以及情节轻重的证据，查明违法犯罪事实，形成相互印证、完整稳定的证据链。"《中华人民共和国监察法实施条例》第六十二条规定："监察机关调查终结的职务违法案件，应当事实清楚、证据确凿。证据确凿，应当符合下列条件：（一）定性处置的事实都有证据证实；（二）定案证据真实、合法；（三）据以定案的证据之间不存在无法排除的矛盾；（四）综合全案证据，所认定事实清晰且令人信服。"以上规定明确了监察机关对监察对象涉嫌职务违法行为进行调查的证据标准。

《中华人民共和国监察法实施条例》第六十二条将职务违法的证据标准明确为以"清晰且令人信服"为主要特征，表明案件事实的证明虽然没有达到刑事犯罪的证明要求，但也已经达到了非常高的可靠性程度，职务违法事实已经有足够的证据予以认定，并以此为根据作出处置。这一证据标准，既可以保证全体公职人员在行使公权力时的违法行为都会受到相应的处置，也可以通过接近“排除合理怀疑”的标准和要求，防止政务处分适用的随意性。同时，《中华人民共和国监察法实施条例》第六十二条关于“证据确凿”的四项条件呈现出收集、固定、审查、运用证据的递进逻辑层次，即“定性处置的事实都有证据证实”是对证据数量的要求，“定案证据真实、合法”和“据以定案的证据之间不存在无法排除的矛盾”是对证据质量的要求，“综合全案证据，所认定事实清晰且令人信服”则是对运用证据认定职务违法事实所要达到的具体程度要求。其中，判断所认定事实是否“清晰且令人信服”，应以前三项要件为基础梯次展开：“清晰”是针对证明对象和范围问题，即调查认定的与定性处置有关的主要职务违法事实，包括定性事实和情节事实有充分、足够的证据证实，如违法行为发生的时间、地点、手段、情节、后果等应清楚明确，但并不强求对细枝末节的印证；“令人信服”是针对证明责任已经完成的心理状态，代表一种很高的确信程度，必须通过具有客观性、关联性、合法性的证据进行主观推理、判断，从而在调查人员内心形成这种确信。因此，“清晰且令人信服”，是指调查人员在对全案证据进行综合考量后，通过逻辑和经验规则的判断，认为已有足够的证据认定案件事实，这种主观确信程度虽然不必达到“排除合理怀疑”的标准，但已然达到了一种很高程度的可能性。在具体认定方法上，主要包括正反 2 个方向的判断，正向判断是调查人员依据经验法则内心认为定案证据和认定事实“具有说服力”；反向判断是依据矛盾法则认为证据间不存在矛盾或者可以对矛盾作出合理解释。

058

监察机关调查职务犯罪行为应当遵照什么证据标准?

《监察法》第四十三条第一款规定:“监察机关对职务违法和职务犯罪案件,应当进行调查,收集被调查人有无违法犯罪以及情节轻重的证据,查明违法犯罪事实,形成相互印证、完整稳定的证据链。”《中华人民共和国监察法实施条例》第六十三条规定:“监察机关调查终结的职务犯罪案件,应当事实清楚,证据确实、充分。证据确实、充分,应当符合下列条件:(一)定罪量刑的事实都有证据证明;(二)据以定案的证据均经法定程序查证属实;(三)综合全案证据,对所认定事实已排除合理怀疑。证据不足的,不得移送人民检察院审查起诉。”以上规定明确了监察机关对监察对象涉嫌职务犯罪行为进行调查的证据标准。

依照《监察法》第三十六条第二款关于“监察机关在收集、固定、审查、运用证据时,应当与刑事审判关于证据的要求和标准相一致”的规定,职务犯罪案件的证据标准应当与刑事诉讼的证据标准保持一致,故《中华人民共和国监察法实施条例》第六十三条第一款关于证据确实、充分的条件与《中华人民共和国刑事诉讼法》第五十五条第二款关于“证据确实、充分，应当符合以下条件：（一）定罪量刑的事实都有证据证明；（二）据以定案的证据均经法定程序查证属实；（三）综合全案证据，对所认定事实已排除合理怀疑”的规定完全一致。

《中华人民共和国监察法实施条例》第六十三条第一款通过对监察调查程序中“证据确实、充分”这一标准的细化，为监察机关准确把握职务犯罪证明标准提供了具体的、可操作性的衡量方法，为认定职务犯罪案件构建了完备的证据要求和程序保障。结合《中华人民共和国监察法实施条例》第六十三条第一款规定，对于职务犯罪证据标准的理解和把握应当注意以下 3 个方面的内容：一是“定罪量刑的事实都有证据证明”，是指作为认定被调查人罪与非罪、此罪与彼罪，决定是否移送人民检察院审查起诉，包括构成职务犯罪的各项要件和影响量刑的各种情节，都有监察机关经法定程序收集的证据证明，这是认定“证据确实、充分”的基础。二是“据以定案的证据均经法定程序查证属实”，是指监察机关在按照国家监察法律法规和国家监委发布的规范性文件规定的程序，对证据查证属实后才能作为定案根据。三是“综合全案证据，对所认定事实已排除合理怀疑”是刑事诉讼证明标准在职务犯罪调查程序中的体现，反映了监察调查与刑事司法程序衔接的证据规则要求。这里的“排除合理怀疑”，是指办案机关在全案证据查证属实的基础上，经过对证据的综合审查，以及运用法律知识和情理逻辑、经验进行推理判断后，对于事实的认定已经没有符合常理的、有根据的怀疑，实际上达到确信的程度。

实践中，“排除合理怀疑”并不是要排除所有的怀疑，而是要排除那些有正当理由的怀疑。这就要求调查人员基于法律素养和内在理性，在综合全案证据基础上仔细思考是否存在“合理的怀疑”。面对具体案件时，判断所认定的整体犯罪事实是否已达到排除合理怀疑的程度，调查人员可以通过“三看”的方法：一看定罪量刑的事实是否都有证据证明，如果发现有关事实应当纳入而没有纳入应当证明的定罪事实之中，或者虽然已纳入定罪事实中但没有相关证据加以证明，所提出的质疑就是“合理怀疑”。二看据以定案的证据是否均经法定程序查证属实，如果发现有证据未经法定程序调查，或者虽经法定程序进行调查但没有查证属实，据此提出的质疑也属于“合理怀疑”。三看是否能在调查人员内心形成确信，这里主要包括三层含义：一是考察的直接对象是之前已经法定程序查证属实的“全案证据”，包括调查人员收集、固定的能够证明被调查人有无违法犯罪以及情节轻重的所有证据；二是考察的目标对象是依据“全案证据”所认定的事实，即所认定的是作为一个整体的犯罪事实；三是考察的方法是在“定罪量刑的事实都有证据证明”“据以定案的证据均经法定程序查证属实”这 2 项要件的基础上，综合全案证据进行判断是否能够“排除合理怀疑”，这种判断必须符合调查人员内心的道德良知，并符合逻辑和经验规则。

059

如何准确理解和把握《监察法》第四十七条关于采取留置措施审批权限的规定？

《监察法》第四十七条规定："监察机关采取留置措施，应当由监察机关领导人员集体研究决定。设区的市级以下监察机关采取留置措施，应当报上一级监察机关批准。省级监察机关采取留置措施，应当报国家监察委员会备案。"上述规定明确了监察机关采取留置的审批权限，实践中需要注意以下 3 个方面。

一是关于留置审批权限。设区的市级监察机关、县级监察机关采取留置措施，应当报上一级监察机关批准，其中"设区的市级监察机关"包括直辖市以外的设区的市、自治州、地区、盟以及未设区的地级市监察机关；"县级监察机关"是指县、不设区的县级市、区、旗监察机关。省级监察机关采取留置措施，应当报国家监察委员会备案。

二是关于留置决策机制。各级监察机关采取留置措施，都应当经本机关领导人员集体研究决定，不能以个人意志代替集体决策、以少数人意见代替多数人意见。

三是关于留置期限计算。留置期限以月计算，依照《中华人民共和国监察法实施条例》第二百八十五条的规定，到期月的对应日为期间的最后一日；没有对应日的，月末日为期间的最后一日。

060

如何准确理解和把握《监察法》第四十八条第一款关于延长留置时间审批权限的规定？

《监察法》第四十八条第一款规定：“留置时间不得超过三个月。在特殊情况下，可以延长一次，延长时间不得超过三个月。省级以下监察机关采取留置措施的，延长留置时间应当报上一级监察机关批准。监察机关发现采取留置措施不当或者不需要继续采取留置措施的，应当及时解除或者变更为责令候查措施。”据此，国家监察委员会自行决定采取留置措施，或者延长留置时间；除国家监察委员会之外，地方监察机关根据调查工作需要，拟延长留置时间的，均须分别呈报上一级监察机关批准；发现采取留置措施不当或者不需要继续采取留置措施的，监察机关应当及时解除或者变更为责令候查措施。

061

如何准确理解和把握《监察法》第五十条第一款关于采取、解除管护或者留置措施后“通知被管护人员、被留置人员所在单位和家属”的规定？

《监察法》第五十条第一款规定：“采取管护或者留置措施后，应当在二十四小时以内，通知被管护人员、被留置人员所在单位和家属，但有可能伪造、隐匿、毁灭证据，干扰证人作证或者串供等有碍调查情形的除外。有碍调查的情形消失后，应当立即通知被管护人员、被留置人员所在单位和家属。解除管护或者留置的，应当及时通知被管护人员、被留置人员所在单位和家属。”《中华人民共和国监察法实施条例》第一百零二条第三款规定：“解除留置措施的，应当及时通知被留置人员所在单位或者家属。调查人员应当与交接人办理交接手续，并由其在《解除留置通知书》上签名。无法通知或者有关人员拒绝签名的，调查人员应当在文书上记明。”以上规定明确了监察机关采取、解除管护或者留置措施后通知被管护人员、被留置人员所在单位、家属的工作要求，实践中需要注意以下 3 个方面。

一是关于采取管护或者留置措施时的通知。监察机关对被调查人采取管护措施的，应当在向被管护人员宣布管护决定时起二十四小时以内，通知被管护人员所在单位和家属。监察机关对被调查人采取留置措施的，应当向被留置人员宣布留置决定时起二十四小时以内，通知被留置人员所在单位和家属。通知是原则，不通知是例外。如通知后可能发生伪造、隐匿、毁灭证据，干扰证人作证或者串供等有碍调查情形的，监察机关可以暂不通知被管护人员、被留置人员所在单位和家属，但有碍调查的情形消失后，应当立即通知被管护人员、被留置人员所在单位和家属。需要指出的是，如被管护人员、被留置人员系自动投案人员的，监察机关均应当在二十四小时以内通知被管护人员、被留置人员家属。

二是关于有碍调查情形的实践把握。有碍调查情形主要是指监察机关通知被管护人员、被留置人员所在单位和家属后，有可能发生伪造、隐匿、毁灭证据，干扰证人作证或者串供等情形。比如，被管护人员、被留置人员被管护、留置的消息传出去后，可能会引起其他同案犯逃跑、自杀或者伪造、隐匿、毁灭证据；被管护人员、被留置人员的家属与其犯罪有牵连的，通知后其家属可能逃跑或者伪造、隐匿、毁灭证据。

三是关于解除管护或者留置措施时的通知。解除管护或者留置的，监察机关应当及时通知被管护人员、被留置人员所在单位和家属，这里强调的是通知“被管护人员、被留置人员所在单位和家属”，而非“被管护人员、被留置人员所在单位或者家属”，也就是说监察机关在解除管护或者留置时，既应当通知被管护人员、被留置人员所在单位，也应当通知被管护人员、被留置人员家属，这改变了《中华人民共和国监察法实施条例》第一百零二条第三款关于“解除留置措施的，应当及时通知被留置人员所在单位或者家属”的选择性规定。

062

如何准确理解和把握《监察法》第五十一条关于调查工作结束后对案件进行审理的规定？

《监察法》第五十一条规定："监察机关在调查工作结束后，应当依法对案件事实和证据、性质认定、程序手续、涉案财物等进行全面审理，形成审理报告，提请集体审议。"《中华人民共和国监察法实施条例》第五章第五节专门对审理工作作出明确规定。实践中需要注意以下 4 个方面。

一是要准确理解把握案件审理工作的基本原则。案件审理工作是监察工作的一项重要的经常性工作，是调查处理违法案件的必经程序。做好案件审理工作，对于正确地处理职务违法犯罪案件，维护法律的严肃性，净化政治生态，保证党的路线、方针、政策、决议的贯彻执行，具有十分重要的意义。审理工作应当遵循全面审理、实事求是、独立审理、查审分离、集体审议这 5 个基本原则，这是我们在案件审理实践中要遵守的基本要求和基本准则，是我们做好案件审理工作的"纲"和"魂"，也是确保案件质量的重要保障。

全面审理原则。《监察法》第五十一条和《中华人民共和国监察法实施条例》第一百九十二条第一款、第二款对此予以明确和重申。所谓的“全面”就是要求在广度和深度上都实现全面审核把关，努力做到“应审尽审”“应核尽核”。一方面是形式上的全面。《中华人民共和国监察法实施条例》第一百九十条、第一百九十一条对此作出明确规定，意思就是指审核案卷材料是否齐全、手续是否完备。这里需要提示的是，要注意区分“全案证据”与“全案材料”的不同，审核“材料是否齐全”并不是要求案件承办部门移送案件的全部材料，而是指其中涉及案件事实证据、定性处理、程序手续等有关情况的全部案卷材料，对涉及案件背景等情况的问题线索、案件材料，如果没有作为定案证据使用，无须移送审理；同时，也不能因为是形式上的要求而降低标准。根据《中华人民共和国监察法实施条例》规定，不符合移送条件的，经审批可以暂缓受理或者不予受理，并要求案件承办部门补充完善材料。特别是在装订案卷时要注意梳理归类，力争做到一次性移送全部证据材料。实践中，在时间要求紧急等特殊情况下，案件审理部门也可先行审核已有案卷材料，但这只能是极其特殊的情况，而不应成为常态。此外，与以往相比，《中华人民共和国监察法实施条例》在移送的案件材料中新增了同步录音录像自查报告，工作中要特别予以注意。另一方面是实质上的全面。《中华人民共和国监察法实施条例》第一百九十二条第一款、第二款明确要求案件审理部门根据相关法律法规，对事实证据、性质认定、程序手续、涉案财物等进行全面审理。这就是实质上的审核。要严格依照法律法规开展案件审理工作，既要审理事实和性质认定是不是准确，也要审理支撑事实的每一份证据是不是真实、合法、有证明力；既要审理实体性问题，也要审理程序性问题；既要审理被调查人、涉案人的处理等“人”的问题，也要审理对涉案财物是否提出处置意见、处置意见是否全面准确等“物”的问题，不能忽视任何一处可能影响案件质量的地方，始终确保“事实清楚、证据确凿、定性准确、处理恰当、手续完备、程序合规”二十四字基本要求落实到位。

实事求是原则。实事求是是我们党的思想路线，也是贯穿监察机关执法各个环节的基本理念。要坚持一切从实际出发，是就是是、非就是非，一是一、二是二，事实为上、证据为王。在案件审理工作中，简单来讲，就是要坚持以事实为依据，靠证据来定案，具体问题具体分析。特别是在运用“四种形态”处理案件时，要坚持是什么问题就是什么问题，是什么性质就是什么性质。

独立审理原则。设置案件审理部门、建立案件审理制度的初衷，就是要在纪检监察机关内部加强自我监督。通过独立开展案件审理工作，对前端审查调查工作施以有效的监督制约，有利于保障和提高案件质量。《关于加强和改进案件审理工作的意见》《党的纪律检查机关案件审理工作条例》等有关规定进行了补充细化，规定了“独立审理原则”。《中华人民共和国监察法实施条例》第一百九十二条第三款对此予以重申和强调。“独立审理原则”关键在“独立”二字。独立，就意味着在案件审理过程中不受其他部门和个人的干扰、影响。案件审理部门既要加强与案件承办部门的沟通配合，完善机制，形成合力，共同解决案件审查调查处理过程中遇到的问题，又要坚守职能定位，强化监督制约，敢于说“不”，该提出的问题一定要提出，决不能简单地“走程序”“补手续”。案件审理部门发现确有问题的，应当依纪依法提出意见建议。做到独立审理，就是要敢于善于说“不”，切实履行好审核把关和监督制约职责。同时，独立审理也是相对而言的，案件审理部门要始终坚持党的全面领导，必须把党的领导贯彻到案件审理工作全过程和各方面，严格按照权限履行请示报告程序。

查审分离原则。案件审理工作是在调查结束后对违法案件所进行的审核工作，既是调查工作的继续，也是对调查工作审核把关的重要环节。因此，调查人员不得参与审理，是由案件审理工作的任务和性质所决定的，是为了避免因先入为主等主客观因素影响对案件的审核，确保参加审理的人员秉公执法，客观公正地审核案件，确保案件审理的权威性。《中华人民共和国监察法实施条例》第一百九十二条第三款规定，“坚持调查与审理相分离的原则，案件调查人员不得参与审理”，其意义就是在于要强化自身严格约束，防止出现既当“运动员”又当“裁判员”的现象。可见，从制度设计的初衷来看，这一基本原则充分体现了分工负责、相互制约的要求，有利于强化内控机制，确保案件质量。关于查审分离有 2 个问题需要明确：第一是审理干部参与办案的问题。实践中，案件承办部门经常会抽调或借调案件审理部门有关人员参与调查工作，这样做不是不可以，但是要坚决落实“查审分离”，明确要求这些人员在案件移送审理后不得参与该案的审理工作。第二是提前介入审理的问题。实践中，案件审理部门提前介入是在案件调查取证工作基本结束、正式移送审理之前。有的案件承办部门在案件事实尚未“收口”、证据尚未梳理、定性和处理尚未提出倾向性意见的情况下，就商请案件审理部门派员提前介入审理，这实际是让审理人员做了调查的工作，也是违背“查审分离”原则的。

集体审议原则。这个原则是在案件审理工作中落实民主集中制原则的具体体现，也是监督制约权力，防止权力滥用的有效保障。《中华人民共和国监察法实施条例》第一百九十三条明确规定，在案件审理工作中应当坚持民主集中制原则，经集体审议形成审理意见。从实践看，案件审理工作中的集体审议主要包括审理组讨论和部门室务会讨论 2 种形式，其实质都是在民主讨论的基础上通过集体研究形成审核处理意见。特别是在室务会讨论中，如果在重大问题上不能取得一致意见，不能简单否定不同意见，要讨论充分、做好记录，必要时应及时按程序请示报告。

二是要准确理解把握《监察法》和《中华人民共和国监察法实施条例》关于案件审理工作程序的新要求。《监察法》和《中华人民共和国监察法实施条例》适应国家监察体制改革发展需要，对案件审理工作程序作出了许多重要调整，提出了许多新的要求，特别是在审理谈话、退回补充调查、指定管辖案件审理等方面，明显改进了原有的工作方式方法，具有很强的针对性和可操作性，对做好今后的案件审理工作具有重要的指导作用。

关于审理谈话工作的新要求。审理谈话是案件审理工作一般应履行的工作程序，为被调查人充分行使申辩权，依法维护自己的合法权利提供了有效途径，对案件审理部门克服“书面审”的局限性，也具有十分重要的现实意义。但审理谈话并非必经程序，不是“逢案必谈”“每案必谈”，应根据案件的具体情况来决定是否进行以及如何进行，不宜一概而论。《中华人民共和国监察法实施条例》第一百九十五条明确规定了案件审理部门开展审理谈话工作的程序、目的及具体情形，首次细化了一般应当开展审理谈话的5种情形，即对被调查人采取留置措施，拟移送起诉的；可能存在以非法方法收集证据情形的；被调查人对涉嫌违法犯罪事实材料签署不同意见或者拒不签署意见的；被调查人要求向案件审理人员当面陈述的；其他有必要与被调查人进行谈话的情形。

关于退回重新调查或补充调查工作的新要求。由于各种原因，调查中有时会发生取证不足或证据难以证明主要违法犯罪事实等情况，这就需要进行重新调查或补充调查，从而进一步查清违法犯罪事实、弥补证据不足、追查漏罪漏犯、纠正非法取证。《中华人民共和国监察法实施条例》第一百九十六条对需要退回补充调查的具体情形作了进一步细化规定，将实践中存在不同认识的“需要补充完善证据”细化为3种情形，即部分事实不清、证据不足的；遗漏违法犯罪事实的；其他需要进一步查清案件事实的情形。同时，《中华人民共和国监察法实施条例》对退回重新调查或补充调查的具体流程、内容和要求、审理期限计算等作出了明确规定，为实践操作提供了切实可行的依据，避免因过于纠缠案件的细枝末节、盲目追求“尽善尽美”而退回补充调查。此外，《中华人民共和国监察法实施条例》还规定了退回重新调查或补充调查的具体工作程序，即案件审理部门将案件退回重新调查或者补充调查的，应当出具审核意见，写明调查事项、理由、调查方向、需要补充收集的证据及其证明作用等。案件审理部门履行审核把关职责，要努力做到“严之有据、严之有理、严之有度”，提出的审核意见要具有必要性和可行性。所谓“必要性”，就是讲清楚为什么要这样做，不这样做会带来什么后果，缺其不可，体现我们对案件质量负责的鲜明态度；所谓“可行性”，就是讲清楚具体应该怎么办，指出方向路径方式方法，既给出明确意见也给出可行对策，不能只出题、不指引。

关于提级管辖和指定管辖案件审理工作的新要求。通常情况下，管辖权的移转并不必然意味着处分权的移转，特别是在指定管辖案件中，被指定机关不能直接作出处分决定，应当将经其纪委常委会会议审议通过的审理报告、起诉意见书及案卷等材料移送有管理权限的监察机关。《中华人民共和国监察法实施条例》第一百九十八条、第一百九十九条明确了提级管辖和指定管辖案件的审理问题，对“管辖权自下而上转移”“管辖权自上而下转移”“管辖权平行转移”3种变更管辖案件如何进行审理分别作出规定。具体而言，分为3种情形：第一种是对于管辖权自下而上转移的案件，即上级监察机关办理下级监察机关管辖案件的，《中华人民共和国监察法实施条例》第一百九十八条明确上级监察机关可以经审理后按程序直接进行处置，也可以经审理形成处置意见后，交由下级监察机关办理。第二种是对于管辖权自上而下转移的案件，即上级监察机关将其所管辖的案件指定下级监察机关管辖的，《中华人民共和国监察法实施条例》第一百九十九条第一款、第二款明确由下级监察机关审理并集体审议后报上级监察机关，并由上级监察机关再次进行审理后依法作出政务处分决定，这种情况要进行“双审理”。第三种是对于管辖权平行转移的案件，即上级监察机关将下级监察机关管辖的案件指定其他下级监察机关管辖的，《中华人民共和国监察法实施条例》第一百九十九条第三款明确由被指定管辖的监察机关审理并集体审议后交有管理权限的监察机关，经审理后依法作出政务处分决定，即“双审理”。同时，《中华人民共和国监察法实施条例》第一百九十九条第三款还规定了平行监察机关在审理意见不一致时，双方应当首先沟通，经沟通不能取得一致意见的，报请有权决定的上级监察机关决定。经协商，有管理权限的监察机关在被指定管辖的监察机关审理阶段可以提前阅卷，沟通了解情况。特殊情况下，对于重大、复杂的管辖权平行转移案件，被指定管辖的监察机关经集体审议后将处理意见报有权决定的上级监察机关审核同意的，有管理权限的监察机关可以经集体审议后依法处置。

关于在移送审理时提供同步录音录像自查报告的新要求。《监察法》规定，监察机关进行讯问以及搜查、查封、扣押等重要取证工作，应对全过程进行录音录像，从而全面客观再现取证过程，这既是对取证工作的严格规范，对调查人员的有力监督约束，更是对涉案人员权益的保护。《中华人民共和国监察法实施条例》第一百九十条第二款对于涉嫌职务犯罪案件，增加了移送“同步录音录像”“自查报告”的规定，目的就是通过案件承办部门自行对录音录像资料的核查，自我加压、自我监督，不断压实前端责任，推动监察机关严格依法调查，保障被调查人的合法权利，确保案件处置实现政治效果、纪法效果和社会效果最大化。当然，审理部门在审核处理案件过程中，还要严格落实把关责任，依托同步录音录像资料和自查报告，加强调查取证工作合法性的审核把关；发现可能存在以非法方法收集证据情形的或者根据现有材料无法证明证据收集合法性的，应当依照《中华人民共和国监察法实施条例》第六十六条的规定启动调查核实程序。

关于立案并移送审理案件的事实见面程序的新要求。违法犯罪事实材料必须与被调查人本人见面，听取本人说明情况和申辩。这一要求，在《中华人民共和国公职人员政务处分法》中有明确规定，是保障被调查人权利的重要体现，也是保障案件质量的重要措施。在案件审理工作中，违法犯罪事实材料也是案件审理部门认定违法犯罪事实的重要依据。对立案和移送审理一并报批的案件，鉴于这类案件案情较为简单，在初步核实阶段已经收集了确实充分的证据，查清了违法犯罪事实，案件本身已经符合移送审理的实质要求，因此不需要再进一步开展调查工作。但是，这不意味着可以将违法犯罪事实见面程序予以省略。为此，按照《中华人民共和国监察法实施条例》第一百八十七条、第一百九十条规定，对立案和移送审理一并报批的案件，调查组应当在报批前履行事实见面程序，将调查认定的违法犯罪事实形成书面材料，交给被调查人核对，听取其意见。需要注意的是，虽然“立案和移送审理可以一并报批”，但是这两项工作不是同时进行的，应当在履行立案程序后再移送审理，且立案调查时间应当据实写明，不能将立案时间倒签至违法犯罪事实见面之前。

三是要准确理解把握关于审理阶段提出撤销案件建议的新要求。监察机关在调查过程中，发现立案依据失实，或者没有证据证明存在违法犯罪行为，不应对被调查人追究法律责任的，应当及时终止调查并撤销案件，这是监察工作坚持实事求是原则的鲜明体现。《监察法》第五十二条第二款和《中华人民共和国公职人员政务处分法》第四十四条第二项都对撤销案件作出了相关规定；《中华人民共和国监察法实施条例》第一百九十七条第三款和第二百零六条又对此进行了细化。其中，《中华人民共和国监察法实施条例》第二百零六条主要对监察机关撤销案件程序要求作出了规定，《中华人民共和国监察法实施条例》第一百九十七条第三款则对案件审理阶段审理部门提出撤销案件建议作出了明确规定，即“案件审理部门经审理认为现有证据不足以证明被调查人存在违法犯罪行为，且通过退回补充调查仍无法达到证明标准的，应当提出撤销案件的建议”。可以说，从立法上确立了案件审理部门可以提出撤销案件建议这一重要制度。

四是要准确理解把握关于法法衔接工作的新要求。《关于加强和完善监察执法与刑事司法衔接机制的意见（试行)》专门就国家监察体制改革后监察执法与刑事司法衔接问题作出较为全面的规范。《中华人民共和国监察法实施条例》在此基础之上，进一步细化了监察机关与司法机关、执法部门在办理职务犯罪案件中的互相配合、互相制约的工作程序，建立了衔接顺畅、权威高效的工作机制，为推动职务犯罪案件办理工作高质量发展提供了机制保障。

关于移送审查起诉工作程序的新要求。有关移送审查起诉方面的要求，《中华人民共和国监察法实施条例》共有4条，即第二百一十二条、第二百二十条、第二百二十三条、第二百二十四条，主要涉及移送审查起诉工作衔接部门、预告移送审查起诉事宜、漏罪漏犯处置、关联案件移送审查起诉等4个方面的变化。其中，对关于移送审查起诉工作衔接部门，《中华人民共和国监察法实施条例》第二百一十二条作出了新的规定。考虑到在工作实践中案件审理部门具体负责、深度参与到与移送审查起诉相关的工作中，包括起草和移送《起诉意见书》等文书材料，邀请司法机关对案件进行讨论会商，商请检察机关提前介入和指定管辖等工作都是由案件审理部门来具体负责，案件移送审查起诉后的补充提供证据材料、退回补充调查等工作也是由案件审理部门负责对接，由案件审理部门来协调办理移送司法机关事宜更为合适、更为便利；而案件监督管理部门主要是程序性监督，基本未涉及对案件实体问题的把关。因此，《中华人民共和国监察法实施条例》第二百一十二条第二款规定“监察机关案件审理部门负责与人民检察院审查起诉的衔接工作，调查、案件监督管理等部门应当予以协助”。需要注意的是，《中华人民共和国监察法实施条例》第二百一十二条第一款规定“监察机关决定对涉嫌职务犯罪的被调查人移送起诉的，应当出具《起诉意见书》，连同案卷材料、证据等，一并移送同级人民检察院”，明确了监察机关移送审查起诉时无需向检察机关出具移送函，这与公安机关移送案件时也不向检察机关出具移送函做法一致。对于预告移送审查起诉事宜，《中华人民共和国监察法实施条例》第二百二十条明确规定，监察机关一般应当在正式移送起诉十日前，采取书面通知等方式向拟移送的人民检察院预告移送事宜。这样做主要是便于检察机关有充分时间做好接收移送案件和采取强制措施的准备。实践中，在时间紧急等特殊情况下，监察机关也可以通过电话通知等方式向拟移送案件的人民检察院预告移送事宜。同时，《中华人民共和国监察法实施条例》第二百二十条区分了监察机关采取留置措施和未采取留置措施 2 种情形，对措施使用方面的衔接进行了细化规定。第一种是监察机关采取留置措施的，如发现被调查人因身体等原因存在不适宜羁押等可能影响刑事强制措施执行情形的，应当通报人民检察院，以便人民检察院提前做好相关工作。第二种是监察机关未采取留置措施的，监察机关可以根据案件具体情况提出对被调查人采取刑事强制措施的建议，人民检察院受理后，在审查起诉过程中根据案件情况，可以依法决定是否采取逮捕、取保候审或者监视居住措施。对于漏罪漏犯处置程序，《中华人民共和国监察法实施条例》第二百二十三条根据实践需要，对监察机关补充移送审查起诉的审议审批程序和管辖等问题作出了规定，完善了监察法关于移送审查起诉的有关制度。监察机关对已经移送审查起诉的职务犯罪案件，发现遗漏被调查人罪行需要补充移送审查起诉的，由案件审理部门按程序报批后出具《补充起诉意见书》，连同相关案卷材料、证据等一并移送同级人民检察院。此外，对于指定审查起诉、审判管辖的职务犯罪案件，在审查起诉、审判过程中，监察机关需要补充移送审查起诉犯罪事实的，可以直接移送原受理移送审查起诉的人民检察院，也即不需要重新办理商请指定管辖手续；监察机关对已经移送审查起诉的职务犯罪案件，需要追加犯罪嫌疑人、被告人的，对于指定管辖案件，《中华人民共和国监察法实施条例》第二百二十三条第二款明确应当再次商请人民检察院办理指定管辖手续，如拟与前案并案处理的，可以使用《补充起诉意见书》，如不作并案处理的，可以使用《起诉意见书》。对于关联案件移送审查起诉工作程序，《中华人民共和国监察法实施条例》第二百二十四条在总结实践经验基础上，明确了关联案件随主案确定管辖的原则，即“对于涉嫌行贿犯罪、介绍贿赂犯罪或者共同职务犯罪等关联案件的涉案人员，移送起诉时一般应当随主案确定管辖。主案与关联案件由不同监察机关立案调查的，调查关联案件的监察机关在移送起诉前，应当报告或者通报调查主案的监察机关，由其统一协调案件管辖事宜”。实践中，也存在一些特殊情形，如关联案件存在案情重大复杂敏感、涉及国家安全利益、需要配合其他重大案件调查等特殊原因，不宜随主案确定管辖。对此，《中华人民共和国监察法实施条例》第二百二十四条第二款规定，对于上述特殊情形，调查主案的监察机关应当向相关单位及时进行通报并负责统筹协调。需要注意的是，主案和关联案件的管辖手续应当一并办理或者分别办理，不能相互替代。

关于提出从宽处罚建议的新要求。《监察法》第三十四条、第三十五条规定了监察机关在将被调查人和涉案人员移送人民检察院时，结合其案发前的一贯表现、违法犯罪行为的情节、后果和影响等因素，经综合研判和集体审议，报上一级监察机关批准，可以在移送人民检察院时依法提出从宽处罚建议。对此，《中华人民共和国监察法实施条例》第二百一十三条至第二百一十九条对《监察法》上述规定进行细化完善，明确规定了监察机关提出从宽处罚建议的报批程序、时限及适用条件等问题，特别是为进一步规范监察机关提出从宽处罚建议工作，《中华人民共和国监察法实施条例》对适用从宽处罚的具体情形进行了细化规定，明确提出了新的要求。

关于对作出不起诉决定或无罪判决的案件，以及经退补后不再移送审查起诉案件的政务处分决定审核工作的新要求。《中华人民共和国监察法实施条例》第二百二十七条、第二百三十一条规定，对人民检察院作出不起诉决定、人民法院作出无罪判决的案件，或者监察机关经人民检察院退回补充调查后不再移送审查起诉案件的政务处分决定应当进行审核。

这是一个典型的纪法贯通、法法衔接的问题。首先需要指出的是，作出不起诉决定或无罪判决的案件，并不必然引起已作出的政务处分决定的调整。两者之间具有联系，但不是完全一致的关系。主要原因在于，两者处理的处罚依据、事实根据、证据标准都存在一定的差异，必须具体情况具体分析。按照《中华人民共和国监察法实施条例》规定，此时监察机关有必要对原有的认定和处理意见进行审核，以确定原政务处分决定是否受到这些变化的影响，是否需要作出相应的调整。在前述 3 种情形中，有的属于司法机关认定意见与监察机关不一致或者监察机关鉴于事实、证据发生重大变化，而不追究刑事责任的，比如，没有犯罪事实的，或者情节显著轻微，不认为是犯罪的，或者证据不足，不符合起诉条件或者指控的犯罪不能成立的，这些情形对监察机关原有认定和处理意见可能存在影响；有的则基于刑事诉讼制度的原因，但实际上司法机关与监察机关对事实和性质并无实质的分歧，比如，犯罪情节轻微，依法不需要判处刑罚或者免除刑罚的，这些情形对监察机关原有认定和处理意见影响较小或者没有影响。因此，我们必须坚持具体情况具体分析，如涉及对被调查人已生效政务处分事实认定的，监察机关应当根据《中华人民共和国公职人员政务处分法》第五十五条和《中华人民共和国监察法实施条例》等相关规定，依职权主动及时对原政务处分决定进行审核。如经审核认为原政务处分决定认定事实清楚、适用法律正确、处理恰当的，不再改变；如经审核认为原政务处分决定确有错误或者不当的，依法予以撤销或者变更。

063

对有职务违法行为但情节较轻的公职人员应当如何处理？

《监察法》第五十二条第一款第一项规定，监察机关根据监督、调查结果，“对有职务违法行为但情节较轻的公职人员，按照管理权限，直接或者委托有关机关、人员，进行谈话提醒、批评教育、责令检查，或者予以诫勉”。《中华人民共和国监察法实施条例》第二百零一条规定：“监察机关对于公职人员有职务违法行为但情节较轻的，可以依法进行谈话提醒、批评教育、责令检查，或者予以诫勉。上述方式可以单独使用，也可以依据规定合并使用。谈话提醒、批评教育应当由监察机关相关负责人或者承办部门负责人进行，可以由被谈话提醒、批评教育人所在单位有关负责人陪同；经批准也可以委托其所在单位主要负责人进行。对谈话提醒、批评教育情况应当制作记录。被责令检查的公职人员应当作出书面检查并进行整改。整改情况在一定范围内通报。诫勉由监察机关以谈话或者书面方式进行。以谈话方式进行的，应当制作记录。”以上规定明确了监察机关对有职务违法行为但情节较轻的公职人员，可以按照管理权限进行谈话提醒、批评教育、责令检查，或者予以诫勉。实践中应当注意以下4个方面。

一是关于“有职务违法行为但情节较轻”的研判。监察机关应当既注重考虑职务违法行为、结果等客观方面，也注重考虑公职人员的违法动机、目的、态度、认识等主观方面，并结合公职人员的一贯表现、职务违法行为性质和情节轻重作出综合判断。

二是关于《监察法》中“有职务违法行为但情节较轻”和《中华人民共和国公职人员政务处分法》第十二条第一款中“违法行为情节轻微”的比较。《中华人民共和国公职人员政务处分法》第十二条第一款规定：“公职人员违法行为情节轻微，且具有本法第十一条规定的情形之一的，可以对其进行谈话提醒、批评教育、责令检查或者予以诫勉，免予或者不予政务处分。”其中的“违法行为情节轻微”从文字表述上似乎较《监察法》中的“情节较轻”要轻一些，但考虑到前者属于作出免予政务处分决定或者作出不予政务处分决定后相应给予公职人员谈话提醒、批评教育、责令检查或者予以诫勉处理，而后者属于不需要作出免予政务处分决定和不予政务处分决定情形下直接给予公职人员谈话提醒、批评教育、责令检查或者予以诫勉处理，从处理角度看，显然《中华人民共和国公职人员政务处分法》第十二条第一款中的“违法行为情节轻微”要比《监察法》前述“情节较轻”重一些，出现这种情况是由于不同法律之间用语表述差异造成的。

三是关于监察机关对有职务违法行为但情节较轻的公职人员予以谈话提醒、批评教育、责令检查，或者予以诫勉是否需要以免予政务处分或者不予政务处分为前提。从《监察法》第五十二条第一款第一项和《中华人民共和国公职人员政务处分法》第十二条第一款规定看，监察机关对有职务违法行为但情节较轻的公职人员予以谈话提醒、批评教育、责令检查，或者予以诫勉的，不需要以监察机关作出免予政务处分或者不予政务处分决定为前提。

四是关于监察机关可否对有非职务违法行为但情节较轻的公职人员直接予以谈话提醒、批评教育、责令检查，或者予以诫勉。根据相关规定，监察机关对有非职务违法行为但情节较轻的公职人员可以直接予以谈话提醒、批评教育、责令检查，或者予以诫勉。

064

对违法的公职人员给予的政务处分种类包括哪些？

《监察法》第五十二条第一款第二项规定，监察机关根据监督、调查结果，“对违法的公职人员依照法定程序作出警告、记过、记大过、降级、撤职、开除等政务处分决定”。《中华人民共和国监察法实施条例》第二百零二条规定：“对违法的公职人员依法需要给予政务处分的，应当根据情节轻重作出警告、记过、记大过、降级、撤职、开除的政务处分决定，制作政务处分决定书。”《中华人民共和国公职人员政务处分法》第七条规定：“政务处分的种类为：（一）警告；（二）记过；（三）记大过；（四）降级；（五）撤职；（六）开除。”以上规定明确了监察机关可以给予违法的公职人员政务处分以及政务处分的种类，实践中需要注意以下 2 个方面。

一是关于政务处分种类。监察机关给予公职人员政务处分的种类为警告、记过、记大过、降级、撤职、开除 6 种。

二是关于政务处分种类适用。对违法的公职人员，监察机关可以依法给予警告、记过、记大过、降级、撤职、开除的政务处分决定，并不意味着所有公职人员均适用这6种政务处分种类，而是要根据公职人员的具体身份确定可以适用的政务处分种类，公务员以及参照《中华人民共和国公务员法》管理的人员，上述6种政务处分种类均适用。法律、法规授权或者受国家机关依法委托管理公共事务的组织中从事公务的人员，上述6种政务处分种类均适用，但前述人员未担任公务员、参照《中华人民共和国公务员法》管理的人员、事业单位工作人员或者国有企业人员职务的，则上述6种政务处分种类中仅警告、记过、记大过3种适用；情节严重的，不给予政务处分，但可以由所在单位直接给予或者监察机关建议有关机关、单位给予降低薪酬待遇、调离岗位、解除人事关系或者劳动关系等处理。公办的教育、科研、文化、医疗卫生、体育等单位中从事管理的人员，上述6种政务处分种类均适用。需要注意的是，前述单位中除前述公职人员以外的工作人员不适用政务处分，可依照《事业单位工作人员处分规定》第四条规定，适用警告、记过、降低岗位等级、开除等4种。国有企业管理人员，上述6种政务处分种类均适用。基层群众性自治组织中从事管理的人员，上述6种政务处分种类中仅警告、记过、记大过3种适用。《监察法》第十五条第六项规定“其他依法履行公职的人员”的人员，上述6种政务处分种类中仅警告、记过、记大过3种适用；情节严重的，不给予政务处分，但可以由所在单位直接给予或者监察机关建议有关机关、单位给予降低薪酬待遇、调离岗位、解除人事关系或者劳动关系等处理。

065

如何准确理解和把握《监察法》第五十二条第一款第三项关于监察问责的规定？

《监察法》第五十二条第一款第三项规定，监察机关根据监督、调查结果，“对不履行或者不正确履行职责负有责任的领导人员，按照管理权限对其直接作出问责决定，或者向有权作出问责决定的机关提出问责建议”。《中华人民共和国监察法实施条例》第二百零四条规定：“监察机关对不履行或者不正确履行职责造成严重后果或者恶劣影响的领导人员，可以按照管理权限采取通报、诫勉、政务处分等方式进行问责；提出组织处理的建议。”以上规定明确了监察机关可以对不履行或者不正确履行职责负有责任的领导人员予以问责。实践中需要注意以下 2 个方面。

一是关于问责程序。监察机关应当根据监督、调查结果进行问责，其中可以依照《监察法》第十一条第一项和《中华人民共和国监察法实施条例》第二章第二节开展监督，其中涉及可能需要启动问责的主要是监察机关对于问题线索按照谈话、函询、初步核实方式进行处置过程中，发现领导人员不履行或者不正确履行职责造成严重后果或者恶劣影响，从而启动问责；依照《监察法》第十一条第二项和《中华人民共和国监察法实施条例》第二章第三节开展调查，其中涉及可能需要启动问责的主要是监察机关对于问题线索按照初步核实方式进行处置，以及立案调查，从中发现领导人员不履行或者不正确履行职责造成严重后果或者恶劣影响，从而启动问责。

二是关于问责方式。监察机关对不履行或者不正确履行职责造成严重后果或者恶劣影响的领导人员实施问责，问责方式主要包括通报、诫勉、政务处分、建议给予组织处理等方式，以及《推进领导干部能上能下规定》第九条明确的转任职级公务员、办理提前退休等惩戒性调整方式。

066

如何准确理解和把握《监察法》第五十二条第一款第四项关于涉嫌职务犯罪案件移送人民检察院审查起诉的规定？

《监察法》第五十二条第一款第四项规定，监察机关根据监督、调查结果，“对涉嫌职务犯罪的，监察机关经调查认为犯罪事实清楚，证据确实、充分的，制作起诉意见书，连同案卷材料、证据一并移送人民检察院依法审查、提起公诉”。《中华人民共和国监察法实施条例》第二百一十二条规定：“监察机关决定对涉嫌职务犯罪的被调查人移送起诉的，应当出具《起诉意见书》，连同案卷材料、证据等，一并移送同级人民检察院。监察机关案件审理部门负责与人民检察院审查起诉的衔接工作，调查、案件监督管理等部门应当予以协助。国家监察委员会派驻或者派出的监察机构、监察专员调查的职务犯罪案件，应当依法移送省级人民检察院审查起诉。”以上规定明确了监察机关对涉嫌职务犯罪的被调查人移送起诉制度，实践中需要注意以下 4 个方面。

一是关于移送审查起诉的衔接程序。监察机关调查终结后需要移送起诉的，在依法确定起诉、审判管辖后，应当移送同级人民检察院，并区分以下情况处理：由本地人民检察院审查起诉的，监察机关应当将案件移送本地同级人民检察院，其受理后直接或者移送有管辖权的人民检察院办理；由异地人民检察院审查起诉的，监察机关应当将案件移送异地同级人民检察院，其受理后直接或者移送有管辖权的人民检察院办理，其中，由异地上级人民检察院审查起诉的，监察机关应当将案件通过上级监察机关移送异地同级人民检察院办理。

二是关于移送审查起诉工作相关材料分工。案件审理部门负责以监察机关名义起草《起诉意见书》和《从宽处罚建议书》。案件调查过程中查封、扣押、冻结涉案财物的同时制作《涉案财物清单》作为《起诉意见书》的附件，在移送人民检察院时提出从宽处罚建议的应当在移送起诉时作为《起诉意见书》内容一并提出，特殊情况下也可以在案件移送后、人民检察院提起公诉前，以监察机关名义单独形成《从宽处罚建议书》移送人民检察院。对于从宽处罚建议所依据的证据材料，应当一并移送人民检察院。监察机关对于被调查人在调查阶段认罪认罚，但不符合《监察法》规定的提出从宽处罚建议条件，在移送起诉时没有提出从宽处罚建议的，应当在《起诉意见书》中写明其自愿认罪认罚的情况。调查部门负责以调查部门名义起草的《补证情况说明》，连同补充收集、调取的证据材料一并移送案件审理部门审核，并根据案件审理部门的意见形成《补证情况说明》，加盖调查部门公章后移送案件审理部门，由案件审理部门作为单行材料移送人民检察院掌握情况。

三是关于监察机关补充移送起诉。监察机关对已经移送起诉的职务犯罪案件，发现遗漏被调查人罪行需要补充移送起诉的，应当经审批出具《补充起诉意见书》，连同相关案卷材料、证据等一并移送同级人民检察院。对于经人民检察院指定管辖的案件需要补充移送起诉的，可以直接移送原受理移送起诉的人民检察院；需要追加犯罪嫌疑人、被告人的，应当再次商请人民检察院办理指定管辖手续。

四是关于监察机关与人民检察院在审查起诉时的配合。监察机关对于人民检察院在审查起诉中书面提出的要求应当予以配合：认为可能存在以非法方法收集证据情形，要求监察机关对证据收集的合法性作出说明或者提供相关证明材料的；排除非法证据后，要求监察机关另行指派调查人员重新取证的；对物证、书证、视听资料、电子数据及勘验检查、辨认、调查实验等笔录存在疑问，要求调查人员提供获取、制作的有关情况的；要求监察机关对案件中某些专门性问题进行鉴定，或者对勘验检查进行复验、复查的；认为主要犯罪事实已经查清，仍有部分证据需要补充完善，要求监察机关补充提供证据的；人民检察院依法提出的其他工作要求。此外，人民检察院在审查起诉过程中发现新的职务违法或者职务犯罪问题线索并移送监察机关的，监察机关应当依法处置。

067

如何准确理解和把握《监察法》第五十二条第一款第五项关于提出监察建议的规定？

《监察法》第十一条第三项规定，监察委员会“对违法的公职人员依法作出政务处分决定；对履行职责不力、失职失责的领导人员进行问责；对涉嫌职务犯罪的，将调查结果移送人民检察院依法审查、提起公诉；向监察对象所在单位提出监察建议”。第五十二条第一款第五项规定，监察机关根据监督、调查结果，“对监察对象所在单位廉政建设和履行职责存在的问题等提出监察建议”。第七十一条规定：“有关单位拒不执行监察机关作出的处理决定，或者无正当理由拒不采纳监察建议的，由其主管部门、上级机关责令改正，对单位给予通报批评；对负有责任的领导人员和直接责任人员依法给予处理。”《中华人民共和国监察法实施条例》第三十六条规定：“监察机关根据监督、调查结果，发现监察对象所在单位在廉政建设、权力制约、监督管理、制度执行以及履行职责等方面存在问题需要整改纠正的，依法提出监察建议。监察机关应当跟踪了解监察建议的采纳情况，指导、督促有关单位限期整改，推动监察建议落实到位。”第二百零五条规定："监察机关依法向监察对象所在单位提出监察建议的，应当经审批制作监察建议书。监察建议书一般应当包括下列内容：（一）监督调查情况；（二）调查中发现的主要问题及其产生的原因；（三）整改建议、要求和期限；（四）向监察机关反馈整改情况的要求。"以上规定从以案促改促治方面明确了监察机关提出监察建议的情形和推动监察建议落实到位的工作要求，实践中需要注意以下 4 个方面。

一是关于监察机关提出监察建议的法定情形。监察对象所在单位存在廉政建设方面突出问题、权力运行制约监督方面较大风险、监察对象教育管理监督方面突出问题、执行法律法规制度不到位、不履行或者不正确履行法定职责，以及其他需要提出监察建议的情形，需要整改纠正的，监察机关可以提出监察建议。对属于偶发性问题，不涉及体制机制问题、制度短板或者监管漏洞；问题程度较轻，可以通过约谈提醒、情况通报、提出改进工作的意见等方式督促整改；对同一单位的同一问题，已经提出整改意见，正在整改落实；有关单位已发现相关问题，并采取有针对性的措施开展整改等情形的，不需要提出监察建议。监察机关按照职责分工，将问题线索移送有关机关处理，或者向有管理权限的单位提出组织处理、处分等建议的，不适用监察建议。

二是关于监察机关提出监察建议的审批程序。监察机关应当按照权限，向监察对象所在单位提出监察建议。监察机关承办部门研究提出监察建议过程中，应当坚持问题导向、系统观念，加强分析研判，保证建议质量，防止泛化、简单化；在提出监察建议前，可以采取专题调研、部门会商、征求特约监察员等有关人员意见，以及与被建议单位或其他有关方面沟通等方式，提高建议的针对性、可行性；经研判认为有必要提出监察建议的，层报本机关主要负责人审批，其中承办部门不联系被建议单位的，一般应当先行征求相关监督检查部门及分管该部门的领导意见。上级监察机关办理提级管辖案件，认为需要提出监察建议的，经本机关主要负责人审批，可以直接向被调查人所在单位提出监察建议，或者按程序交由有管辖权的下级监察机关办理。监察机关办理指定管辖案件，认为需要向被调查人所在单位提出监察建议的，应当将发现的问题及其成因、整改建议等有关情况报送指定管辖的上级监察机关，由上级监察机关提出监察建议，或者由其移交有管辖权的监察机关依法办理。地方各级监委办理工作单位在地方、管理权限在主管部门的公职人员涉嫌职务违法和职务犯罪案件，认为需要向公职人员所在单位提出监察建议的，应当将发现的问题及其成因、整改建议等按程序移送有权限的监察机构依法办理。派驻机构提出监察建议的，应当经本机构主要负责人审批，其中地方各级监委派驻机构向驻在单位提出监察建议的，应当报派出机关分管领导审批。

三是关于对监察建议提出异议时的解决途径。被建议单位对监察建议有异议的，可以自收到建议书之日起 15 个工作日内，书面向提出建议的监察机关提出异议。监察机关应当自收到异议之日起 1 个月内作出复核决定。监察建议原承办部门负责异议复核工作，或者经本机关主要负责人批准，由相关监督检查部门负责。监察建议原承办人员不得参与异议复核。复核意见应当报本机关主要负责人审批。经复核认为异议成立的，对监察建议作出修改或者撤回；认为异议不成立的，书面反馈被建议单位并说明理由。异议复核期间，不停止监察建议的落实。

四是关于监察机关提出监察建议的后续整改。具体提出监察建议的监察机关承办部门不联系被建议单位的，在送达监察建议书之前，应当将有关文书及材料移送相关监督检查部门，并介绍有关情况，由相关监督检查部门负责后续督办工作。监督检查部门应当对监察建议实行台账管理，跟踪监督、定期对账，对达到整改要求的予以销号，对整改不到位的提出进一步整改意见。在督办回访工作中，可以采取调研走访、听取汇报、专项检查、列席专题民主生活会，以及会同被建议单位同级监委或者有关派驻机构联动监督等方式，督促相关单位落实整改责任。监察机关一般应当要求被建议单位在收到监察建议书之日起 3 个月内书面反馈整改落实情况。对于长期性整改工作，一般应当要求其 2 个月内报送整改落实方案，6 个月内书面反馈整改进展情况。监督检查部门应当加强对负责督办的监察建议整改落实情况的汇总分析，适时形成综合情况报告，报送本机关主要负责人。发现整改落实工作中的重要情况，及时进行专项报告。被建议单位无正当理由拒不采纳监察建议，或者在整改中消极应付、经督促仍整改不及时不到位的，对该单位以及负有责任的领导人员和直接责任人员依法严肃处理。

068

如何撤销案件？

《监察法》第五十二条第二款规定：“监察机关经调查，对没有证据证明被调查人存在违法犯罪行为的，应当撤销案件，并通知被调查人所在单位。”《中华人民共和国监察法实施条例》第一百九十七条第三款规定：“案件审理部门经审理认为现有证据不足以证明被调查人存在违法犯罪行为，且通过退回补充调查仍无法达到证明标准的，应当提出撤销案件的建议。”第二百零六条规定：“监察机关经调查，对没有证据证明或者现有证据不足以证明被调查人存在违法犯罪行为的，应当依法撤销案件。省级以下监察机关撤销案件后，应当在七个工作日以内向上一级监察机关报送备案报告。上一级监察机关监督检查部门负责备案工作。省级以下监察机关拟撤销上级监察机关指定管辖或者交办案件的，应当将《撤销案件意见书》连同案卷材料，在法定调查期限到期七个工作日前报指定管辖或者交办案件的监察机关审查。对于重大、复杂案件，在法定调查期限到期十个工作日前报指定管辖或者交办案件的监察机关审查。指定管辖或者交办案件的监察机关由监督检查部门负责审查工作。指定管辖或者交办案件的监察机关同意撤销案件的，下级监察机关应当作出撤销案件决定，制作《撤销案件决定书》；指定管辖或者交办案件的监察机关不同意撤销案件的，下级监察机关应当执行该决定。监察机关对于撤销案件的决定应当向被调查人宣布，由其在《撤销案件决定书》上签名、捺指印，立即解除留置措施，并通知其所在机关、单位。撤销案件后又发现重要事实或者有充分证据，认为被调查人有违法犯罪事实需要追究法律责任的，应当重新立案调查。”以上规定明确了监察机关撤销案件的条件和程序，实践中需要注意以下 3 个方面。

一是关于监察机关撤销案件的条件。对监察机关立案调查的案件，监察机关经调查，对没有证据证明或者现有证据不足以证明被调查人存在违法犯罪行为的，应当依法撤销案件。经调查，只要被调查人存在违法犯罪行为，无论该违法犯罪行为是否属于监察机关立案依据，即使监察机关立案依据经调查不属实、但立案后查实被调查人存在其他违法犯罪行为的，均不得撤销案件。

二是关于监察机关撤销案件的程序。监察机关调查部门拟撤销案件的，层报本机关主要负责人批准后，制作《撤销案件决定书》向被调查人宣布，由被调查人在《撤销案件决定书》上签名、捺指印，已采取留置措施的立即予以解除，并通知其所在机关、单位，同时相应承担国家赔偿责任。如系省级以下监察机关撤销案件的，应当在 7 个工作日以内向上一级监察机关报送备案报告；上一级监察机关监督检查部门负责备案工作。如系省级以下监察机关拟撤销上级监察机关指定管辖或者交办案件的，应当将《撤销案件意见书》连同案卷材料，在法定调查期限到期7个工作日前报指定管辖或者交办案件的监察机关审查；对于重大、复杂案件，在法定调查期限到期10个工作日前报指定管辖或者交办案件的监察机关审查。指定管辖或者交办案件的监察机关监督检查部门审查同意撤销案件并报请分管领导批准的，下级监察机关应当作出撤销案件决定，制作《撤销案件决定书》；指定管辖或者交办案件的监察机关不同意撤销案件的，下级监察机关应当执行该决定。监察机关案件审理部门认为现有证据不足以证明被调查人存在违法犯罪行为，且通过退回补充调查仍无法达到证明标准的，应当提出撤销案件的建议，层报本机关主要负责人批准后撤销案件，并由相应调查部门制作《撤销案件决定书》向被调查人宣布，由被调查人在《撤销案件决定书》上签名、捺指印，已采取留置措施的立即予以解除，并通知其所在机关、单位，同时相应承担国家赔偿责任。其他程序和要求与调查部门建议撤销案件相同。

三是关于监察机关撤销案件后的特殊情况。撤销案件后，对之前因监察机关立案调查而在薪酬待遇方面受到损失的被调查人，应当按照规定予以补偿；采取留置措施后，决定撤销案件的，被调查人可以向撤销案件的监察机关申请国家赔偿；撤销案件后又发现重要事实或者有充分证据，认为被调查人有违法犯罪事实需要追究法律责任的，应当重新立案调查。

069
涉案财物应当如何处理？

《监察法》第五十三条规定：“监察机关经调查，对违法取得的财物，依法予以没收、追缴或者责令退赔；对涉嫌犯罪取得的财物，应当随案移送人民检察院。”《中华人民共和国监察法实施条例》第二百零八条规定：“对查封、扣押、冻结的涉嫌职务犯罪所得财物及孳息应当妥善保管，并制作《移送司法机关涉案财物清单》随案移送人民检察院。对作为证据使用的实物应当随案移送；对不宜移送的，应当将清单、照片和其他证明文件随案移送。对于移送人民检察院的涉案财物，价值不明的，应当在移送起诉前委托进行价格认定。在价格认定过程中，需要对涉案财物先行作出真伪鉴定或者出具技术、质量检测报告的，应当委托有关鉴定机构或者检测机构进行真伪鉴定或者技术、质量检测。对不属于犯罪所得但属于违法取得的财物及孳息，应当依法予以没收、追缴或者责令退赔，并出具有关法律文书。对经认定不属于违法所得的财物及孳息，应当及时予以返还，并办理签收手续。”第二百零九条规定：“监察机关经调查，对违法取得的财物及孳息决定追缴或者责令退赔的，可以依法要求公安、自然资源、住房城乡建设、市场监管、金融监管等部门以及银行等机构、单位予以协助。追缴涉案财物以追缴原物为原则，原物已经转化为其他财物的，应当追缴转化后的财物；有证据证明依法应当追缴、没收的涉案财物无法找到、被他人善意取得、价值灭失减损或者与其他合法财产混合且不可分割的，可以依法追缴、没收其他等值财产。追缴或者责令退赔应当自处置决定作出之日起一个月以内执行完毕。因被调查人的原因逾期执行的除外。人民检察院、人民法院依法将不认定为犯罪所得的相关涉案财物退回监察机关的，监察机关应当依法处理。”以上规定明确了监察机关涉案财物处理的要求，实践中需要注意以下 3 个方面。

一是关于监察机关涉案财物处理方式。监察机关处理涉案财物主要有没收、追缴、责令退赔、返还、随案移送人民检察院等方式。“没收”，是指监察机关将违法取得的财物强制收归国有的行为，没收的财物一律上缴国库；“追缴”，是指监察机关将违法取得的财物予以追回的行为，追缴的财物退回原所有人或者原持有人，依法不应退回的则上缴国库；“责令退赔”，是指监察机关责令违法的公职人员将违法取得的财物予以归还，或者违法取得的财物已经被消耗、毁损的，用与之价值相当的财物予以赔偿的行为，责令退赔的财物直接退赔原所有人或者原持有人，无法退赔的则应当上缴国库；“返还”，是指监察机关将经认定不属于违法所得的财物及孳息归还原持有人、保管人，并办理签收手续；“随案移送人民检察院”，是指监察机关将涉嫌职务犯罪所得财物及孳息在移送人民检察院审查起诉时一并移送人民检察院，其中本地区已建立涉案财物集中管理机制和统一保管平台的，可以采取清单流转、实物不动的方式移送；“登记上交”，是指对被调查人自述违规收受的财物，因证据缺失等原因监察机关未认定为违法所得的，由被调查人写出自愿上交财物的书面材料，填写《登记上交财物清单》，由承办人、被调查人签名，移交财物保管部门上缴国库。

二是关于司法机关退回涉案财物的处理。对人民检察院、人民法院依法将不认定为犯罪所得的相关涉案财物退回监察机关的，监察机关应当依法处理。对违法取得的财物，监察机关可以依法予以没收、追缴或者由被调查人主动上缴，如在监察机关移送人民检察院起诉前已对前述财物作出予以没收、追缴的决定的，监察机关可以直接执行前述没收、追缴决定；如在监察机关移送人民检察院起诉前未对前述财物作出予以没收、追缴的决定的，监察机关调查部门应当提出意见移送本机关案件审理部门审核同意并层报本机关主要负责人批准后，以监察机关名义作出《关于对×××违法所得予以没收（追缴）处理的决定》予以送达执行，根据实际情况也可以由被调查人写出自愿上交财物的书面材料，填写《登记上交财物清单》作被调查人主动上缴（登记上交）处理。对被调查人的合法财物，监察机关应当将原财物予以归还，原财物被消耗、毁损的，用与之价值相当的财物予以赔偿。

三是关于监察机关涉案财物追缴的特殊情形。监察机关追缴涉案财物以追缴原物为原则，原物已经转化为其他财物的，应当追缴转化后的财物；有证据证明依法应当追缴、没收的涉案财物价值灭失减损的，可以依法追缴、没收其他等值财产。需要注意的是，这里的“灭失减损”应当理解为灭失和因被调查人的原因致使涉案财物价值减损的情况。比如，监察机关立案调查时，涉案房产的市场价格低于被调查人收受时的价格，且系因被调查人单方原因导致的，则监察机关应当就被调查人收受时房产价格与立案调查时房产价格的差额向被调查人予以追缴；被调查人在立案前以正常市场价格将涉案房产出售的，应当按照该房产的出售价格予以追缴，其中出售价格低于收受时涉案房产价格的，一般可以就房产价格的差额向被调查人予以追缴。

070

如何准确理解和把握《监察法》第五十四条第一款关于“人民检察院依照《中华人民共和国刑事诉讼法》对被调查人采取强制措施”的规定？

《监察法》第五十四条第一款规定：“对监察机关移送的案件，人民检察院依照《中华人民共和国刑事诉讼法》对被调查人采取强制措施。”《中华人民共和国监察法实施条例》第二百二十条规定：“监察机关一般应当在正式移送起诉十日前，向拟移送的人民检察院采取书面通知等方式预告移送事宜。对于已采取留置措施的案件，发现被调查人因身体等原因存在不适宜羁押等可能影响刑事强制措施执行情形的，应当通报人民检察院。对于未采取留置措施的案件，可以根据案件具体情况，向人民检察院提出对被调查人采取刑事强制措施的建议。”《中华人民共和国刑事诉讼法》第一百七十条第二款规定：“对于监察机关移送起诉的已采取留置措施的案件，人民检察院应当对犯罪嫌疑人先行拘留，留置措施自动解除。人民检察院应当在拘留后的十日以内作出是否逮捕、取保候审或者监视居住的决定。在特殊情况下，决定的时间可以延长一日至四日。人民检察院决定采取强制措施的期间不计入审查起诉期限。”以上规定明确了人民检察院对监察机关移送起诉的职务犯罪案件的被调查人采取刑事强制措施的工作衔接要求，实践中需要注意以下 2 个方面。

一是关于监察机关移送起诉前预告移送事宜。监察机关一般应当在正式移送起诉十日前，向拟移送的人民检察院采取书面通知等方式预告移送事宜。对于已采取留置措施的案件，发现被调查人因身体等原因存在不适宜羁押等可能影响刑事强制措施执行情形的，应当通报人民检察院。对于未采取留置、管护、禁闭措施的案件，可以根据案件具体情况，向人民检察院提出对被调查人采取刑事强制措施的建议。

二是关于人民检察院对监察机关移送起诉的职务犯罪案件的被调查人采取刑事强制措施。对监察机关采取留置措施的案件，人民检察院应当对犯罪嫌疑人先行拘留，留置措施自动解除；在拘留后的十日以内应当作出是否逮捕、取保候审或者监视居住的决定，在特殊情况下，决定的时间可以延长一日至四日。对监察机关未采取留置措施的案件，人民检察院可以根据案件情况决定采取取保候审、监视居住或者逮捕措施，但不得先行拘留。

071

如何准确理解和把握《监察法》第五十四条第三款关于人民检察院退回监察机关补充调查的规定？

《监察法》第五十四条第三款规定："人民检察院经审查，认为需要补充核实的，应当退回监察机关补充调查，必要时可以自行补充侦查。对于补充调查的案件，应当在一个月内补充调查完毕。补充调查以二次为限。"《中华人民共和国监察法实施条例》第二百二十六条规定："监察机关对于人民检察院依法退回补充调查的案件，应当向主要负责人报告，并积极开展补充调查工作。"第二百二十七条规定："对人民检察院退回补充调查的案件，经审批分别作出下列处理：（一）认定犯罪事实的证据不够充分的，应当在补充证据后，制作补充调查报告书，连同相关材料一并移送人民检察院审查，对无法补充完善的证据，应当作出书面情况说明，并加盖监察机关或者承办部门公章；（二）在补充调查中发现新的同案犯或者增加、变更犯罪事实，需要追究刑事责任的，应当重新提出处理意见，移送人民检察院审查；（三）犯罪事实的认定出现重大变化，认为不应当追究被调查人刑事责任的，应当重新提出处理意见，将处理结果书面通知人民检察院并说明理由；（四）认为移送起诉的犯罪事实清楚，证据确实、充分的，应当说明理由，移送人民检察院依法审查。”以上规定明确了人民检察院对监察机关移送的职务犯罪案件退回补充调查和自行补充侦查的工作要求，实践中需要注意以下5个方面。

一是关于人民检察院退回监察机关补充调查的法定事由。对于监察机关移送起诉的案件，人民检察院经审查认为犯罪事实不清、证据不足的，经与移送起诉的监察机关沟通协商后，可以作出退回补充调查决定，具体由人民检察院职务犯罪检察部门和监察机关案件审理部门进行对接。对于退回补充调查的案件，监察机关应当认真对待，并与人民检察院加强沟通协调，及时开展补充调查工作；不得拒绝，不得拖延办理。

二是关于人民检察院退回监察机关补充调查的工作程序。人民检察院审查起诉中，认为主要犯罪事实已经查清，仍有部分证据需要补充完善的，可以书面要求监察机关在审查起诉期限内补证；监察机关在审查起诉期限内未补证完毕的，人民检察院可以将案件退回监察机关补充调查。对于监察机关移送起诉的案件，人民检察院发现存在可能影响职务犯罪基本事实和性质认定，或者可能对量刑产生重大影响的问题，需要补充完善证据的，应当商请监察机关补证或者退回监察机关补充调查。对于监察机关移送起诉的案件，人民检察院拟依法退回补充调查的，经与移送起诉的监察机关沟通协商后，可以作出退回补充调查决定，具体由人民检察院职务犯罪检察部门和监察机关案件审理部门进行对接。对于监察机关移送起诉的案件，上级人民检察院受理后指定或者交由下级人民检察院办理，下级人民检察院认为需要退回补充调查的，应当报上级人民检察院审核，并由上级人民检察院与同级监察机关沟通后，将案件退回移送起诉的监察机关补充调查。需要退回补充调查的案件，由负责审查起诉的人民检察院出具补充调查决定书、补充调查提纲，连同案卷材料，经由移送起诉的监察机关的同级人民检察院一并送交该监察机关。

三是关于人民检察院自行补充侦查。人民检察院审查起诉中，认为证人证言、犯罪嫌疑人供述和辩解的内容主要情节一致，但个别情节不一致的，或者物证、书证等证据材料需要补充鉴定的，可以自行补充侦查；认为属于其他由人民检察院查证更为便利、更有效率、更有利于查清案件事实情形的，经事先与监察机关沟通一致，方可自行补充侦查。人民检察院自行补充侦查的，应当在审查起诉期限内完成。人民检察院自行补充侦查完毕后，应当将相关证据材料入卷，同时抄送监察机关。人民检察院自行补充侦查需要监察机关提供协助的，监察机关应当予以协助。

四是关于监察机关对人民检察院退回补充调查案件的处理。对人民检察院退回补充调查的案件，监察机关需根据具体情形作出不同处理。认为认定犯罪事实的证据不够充分的，应当根据人民检察院的补充调查提纲和要求及时补充调查，在补充完善证据后，制作补充调查报告书一式三份，连同补充调查中形成的其他材料与案卷材料一并移送人民检察院审查，对无法补充完善的证据，应当作出书面情况说明，并加盖监察机关或者承办部门公章。监察机关在补充调查中发现新的同案犯或者增加、变更犯罪事实，需要追究刑事责任的，应当重新提出处理意见，移送人民检察院审查。监察机关经补充调查，对犯罪事实的认定出现重大变化，认为不应当追究被调查人刑事责任的，应当重新提出处理意见，将处理结果书面通知人民检察院并说明理由，人民检察院对原采取的刑事强制措施依法予以解除，此情况下，涉及对被调查人已生效政务处分事实认定的，监察机关应当依法对政务处分决定进行审核，认为原政务处分决定认定事实清楚、适用法律正确的，不再改变；认为原政务处分决定确有错误或者不当的，依法予以撤销或者变更。监察机关经重新审核，认为移送起诉的犯罪事实清楚，证据确实、充分的，应当说明理由，移送人民检察院依法审查。

五是关于人民检察院退回监察机关补充调查期间刑事强制措施适用问题。退回监察机关补充调查期间，对犯罪嫌疑人沿用人民检察院作出的刑事强制措施。犯罪嫌疑人被逮捕的，作出逮捕决定的人民检察院应当将退回补充调查情况书面通知监管场所并将提讯、提解证送交监察机关。监察机关补充调查结束后重新移送起诉的，人民检察院应当及时书面通知监管场所。补充调查期间，需要提讯、提解被调查人的，监察机关调查人员应当持工作证件和人民检察院的提讯、提解证进行提讯、提解，人民检察院、监管场所应当支持配合。

072

如何准确理解和把握《监察法》第五十四条第四款关于“人民检察院对于有《中华人民共和国刑事诉讼法》规定的不起诉的情形的，经上一级人民检察院批准，依法作出不起诉的决定”的规定?

《监察法》第五十四条第四款规定：“人民检察院对于有《中华人民共和国刑事诉讼法》规定的不起诉的情形的，经上一级人民检察院批准，依法作出不起诉的决定。监察机关认为不起诉的决定有错误的，可以向上一级人民检察院提请复议。”《中华人民共和国监察法实施条例》第二百三十条规定：“监察机关认为人民检察院不起诉决定有错误的，应当在收到不起诉决定书后三十日以内，依法向其上一级人民检察院提请复议。监察机关应当将上述情况及时向上一级监察机关书面报告。”第二百三十一条规定：“对于监察机关移送起诉的案件，人民检察院作出不起诉决定，人民法院作出无罪判决，或者监察机关经人民检察院退回补充调查后不再移送起诉，涉及对被调查人已生效政务处分事实认定的，监察机关应当依法对政务处分决定进行审核。认为原政务处分决定认定事实清楚、适用法律正确的，不再改变；认为原政务处分决定确有错误或者不当的，依法予以撤销或者变更。”以上规定明确了人民检察院对监察机关移送起诉的职务犯罪案件作出不起诉决定的工作衔接要求，实践中需要注意以下 6 个方面。

一是关于人民检察院作出不起诉决定的类别。依照《中华人民共和国刑事诉讼法》第一百七十五条第四款、第一百七十七条第一款、第二款规定，人民检察院作出的不起诉决定有 3 种类型：第一种是人民检察院经审查认为犯罪嫌疑人没有犯罪事实，或者有《中华人民共和国刑事诉讼法》第十六条规定的情形之一的，人民检察院应当作出绝对不起诉决定。第二种是人民检察院经审查认为犯罪情节轻微，依照《中华人民共和国刑法》规定不需要判处刑罚或者免除刑罚的，人民检察院可以作出相对不起诉（也称微罪不起诉、酌定不起诉）决定。第三种是对于经二次补充调查的案件，人民检察院仍然认为证据不足，不符合起诉条件的，应当作出存疑不起诉（也称证据不足不起诉）决定；人民检察院对于经过一次退回补充调查的案件，认为证据不足，不符合起诉条件，且没有再次退回补充调查必要的，经检察长批准，可以作出存疑不起诉决定。

二是关于人民检察院作出不起诉决定的程序。人民检察院经审查，拟作出不起诉决定的，在作出决定前，人民检察院职务犯罪检察部门应当与移送起诉的监察机关案件审理部门沟通协商，并报上一级人民检察院批准。其中，上级人民检察院受理后指定或者交由下级人民检察院办理的案件，负责审查起诉的人民检察院应当先向作出指定或者交办决定的上级人民检察院报告，由上级人民检察院与移送起诉的监察机关沟通。人民检察院应当在作出不起诉决定后三日内，将不起诉决定书送达监察机关。

三是关于监察机关对人民检察院作出不起诉决定的救济。监察机关认为不起诉决定有错误的，在收到不起诉决定书后三十日内可以向作出不起诉决定的人民检察院的上一级人民检察院提请复议，并将情况及时向上一级监察机关书面报告。上一级人民检察院应当在收到提请复议意见书后三十日内作出复议决定，并送达监察机关。

四是关于人民检察院作出不起诉决定对监察机关已作出的政务处分的影响。对于监察机关移送起诉的案件，人民检察院作出绝对不起诉决定或者存疑不起诉决定的，监察机关应当依法对政务处分决定进行审核；人民检察院作出相对不起诉决定的，鉴于人民检察院认定的是犯罪情节轻微，故监察机关通常情况下无须对政务处分决定进行审核，根据犯罪情节认定的变化，确实认为原给予开除处分明显畸重的，也可以予以变更为撤职处分。监察机关依法对政务处分决定进行审核后，认为原政务处分决定认定事实清楚、适用法律正确的，不再改变；认为原政务处分决定确有错误或者不当的，依法予以撤销或者变更。

073

没收被调查人逃匿或者死亡案件中违法所得的程序是什么？

《监察法》第五十五条规定："监察机关在调查贪污贿赂、失职渎职等职务犯罪案件过程中，被调查人逃匿或者死亡，有必要继续调查的，应当继续调查并作出结论。被调查人逃匿，在通缉一年后不能到案，或者死亡的，由监察机关提请人民检察院依照法定程序，向人民法院提出没收违法所得的申请。"《中华人民共和国监察法实施条例》第二百三十二条规定："对于贪污贿赂、失职渎职等职务犯罪案件，被调查人逃匿，在通缉一年后不能到案，或者被调查人死亡，依法应当追缴其违法所得及其他涉案财产的，承办部门在调查终结后应当依法移送审理。监察机关应当经集体审议，出具《没收违法所得意见书》，连同案卷材料、证据等，一并移送人民检察院依法提出没收违法所得的申请。监察机关将《没收违法所得意见书》移送人民检察院后，在逃的被调查人自动投案或者被抓获的，监察机关应当及时通知人民检察院。"以上规定明确了监察机关对拟适用违法所得没收程序的案件提请人民检察院启动违法所得没收程序的工作程序和要求。这里的“逃匿”，是指被调查人为逃避调查潜逃、隐匿，或者在监察执法和刑事诉讼过程中脱逃；被调查人因意外事故下落不明满二年，或者因意外事故下落不明，经有关机关证明其不可能生存的，也可以认定为“逃匿”。这里的“通缉”，是指公安机关发布通缉令或者公安部通过国际刑警组织发布红色国际通报。这里的“违法所得”，是指被调查人通过实施犯罪而取得的直接所得和孳息收益；如前述财产已经部分或者全部转变、转化为其他财产的，转变、转化后的财产应当视为“违法所得”；来自违法所得转变、转化后的财产收益，或者来自已经与违法所得相混合财产中违法所得相应部分的收益，应当视为“违法所得”。实践中需要注意以下 2 个方面。

一是关于监察机关提请人民检察院启动违法所得没收程序所涉案件范围。《关于适用〈中华人民共和国刑事诉讼法〉的解释》第六百零九条规定：“刑事诉讼法第二百九十八条规定的‘贪污贿赂犯罪、恐怖活动犯罪等’犯罪案件，是指下列案件：（一）贪污贿赂、失职渎职等职务犯罪案件；（二）刑法分则第二章规定的相关恐怖活动犯罪案件，以及恐怖活动组织、恐怖活动人员实施的杀人、爆炸、绑架等犯罪案件；（三）危害国家安全、走私、洗钱、金融诈骗、黑社会性质组织、毒品犯罪案件；（四）电信诈骗、网络诈骗犯罪案件。”据此，监察机关提请人民检察院启动违法所得没收程序所涉案件包括贪污贿赂、失职渎职等职务犯罪案件。

二是关于监察机关提请人民检察院启动违法所得没收程序内部审批问题。涉嫌贪污贿赂、失职渎职等职务犯罪的被调查人逃匿，在通缉一年后不能到案，或者被调查人死亡，依照《中华人民共和国刑法》规定应当追缴其违法所得及其他涉案财产的，承办的调查部门在调查终结后应当形成《没收违法所得建议书》连同案卷材料、证据等一并移送本机关案件审理部门审理。案件审理部门经审理认为符合启动违法所得没收程序条件的，经提请本级纪委常委会会议审议通过后，以监察机关名义出具《没收违法所得意见书》，连同案卷材料、证据等，一并移送人民检察院依法提出没收违法所得的申请。

此外，《中华人民共和国监察法实施条例》第二百三十三条规定："监察机关立案调查拟适用缺席审判程序的贪污贿赂犯罪案件，应当逐级报送国家监察委员会同意。监察机关承办部门认为在境外的被调查人犯罪事实已经查清，证据确实、充分，依法应当追究刑事责任的，应当依法移送审理。监察机关应当经集体审议，出具《起诉意见书》，连同案卷材料、证据等，一并移送人民检察院审查起诉。在审查起诉或者缺席审判过程中，犯罪嫌疑人、被告人向监察机关自动投案或者被抓获的，监察机关应当立即通知人民检察院、人民法院。"这里的"贪污贿赂犯罪案件"，主要是指《中华人民共和国监察法实施条例》第二十六条规定的涉嫌贪污罪，挪用公款罪，受贿罪，单位受贿罪，利用影响力受贿罪，行贿罪，对有影响力的人行贿罪，对单位行贿罪，介绍贿赂罪，单位行贿罪，巨额财产来源不明罪，隐瞒境外存款罪，私分国有资产罪，私分罚没财物罪，以及公职人员在行使公权力过程中实施的职务侵占罪，挪用资金罪，对外国公职人员、国际公共组织官员行贿罪，非国家工作人员受贿罪和相关联的对非国家工作人员行贿罪等案件。对此，实践中应当注意以下3点：一是涉嫌贪污贿赂犯罪的被调查人在境外，监察机关认为其犯罪事实已经查清，证据确实、充分，依法应当追究刑事责任的，承办的监察机关调查部门应当形成《起诉建议书》连同相关证据材料一并移送本机关案件审理部门审理，案件审理部门经审理认为符合适用缺席审判程序条件的，经提请本级纪委常委会会议审议通过后，以监察机关名义出具《起诉意见书》，连同案卷材料、证据等，一并移送人民检察院审查起诉。二是国家监察委员会研究决定是否同意对此类案件立案调查时，可以听取最高人民法院、最高人民检察院、外交部、公安部、司法部等有关单位的意见。三是对于适用缺席审判程序的贪污贿赂犯罪案件，监察机关在移送审查起诉前应当查明被调查人的境外实际居住地、联系方式等情况，并就法律文书送达方式与同级人民法院、人民检察院会商研究后形成可行性一致意见。

074

如何准确理解和把握《监察法》第五十六条关于复审、复核的规定？

《监察法》第五十六条规定："监察对象对监察机关作出的涉及本人的处理决定不服的，可以在收到处理决定之日起一个月内，向作出决定的监察机关申请复审，复审机关应当在一个月内作出复审决定；监察对象对复审决定仍不服的，可以在收到复审决定之日起一个月内，向上一级监察机关申请复核，复核机关应当在二个月内作出复核决定。复审、复核期间，不停止原处理决定的执行。复核机关经审查，认定处理决定有错误的，原处理机关应当及时予以纠正。"《中华人民共和国监察法实施条例》第二百一十一条规定："复审、复核机关承办部门应当成立工作组，调阅原案卷宗，必要时可以进行调查取证。承办部门应当集体研究，提出办理意见，经审批作出复审、复核决定。决定应当送达申请人，抄送相关单位，并在一定范围内宣布。复审、复核期间，不停止原处理决定的执行。复审、复核机关经审查认定处理决定有错误或者不当的，应当依法撤销、变更原处理决定，或者责令原处理机关及时予以纠正。复审、复核机关经审查认定处理决定事实清楚、适用法律正确的，应当予以维持。坚持复审复核与调查审理分离，原案调查、审理人员不得参与复审复核。”《中华人民共和国公职人员政务处分法》第五十五条规定：“公职人员对监察机关作出的涉及本人的政务处分决定不服的，可以依法向作出决定的监察机关申请复审；公职人员对复审决定仍不服的，可以向上一级监察机关申请复核。监察机关发现本机关或者下级监察机关作出的政务处分决定确有错误的，应当及时予以纠正或者责令下级监察机关及时予以纠正。”第五十六条规定：“复审、复核期间，不停止原政务处分决定的执行。公职人员不因提出复审、复核而被加重政务处分。”第五十七条规定：“有下列情形之一的，复审、复核机关应当撤销原政务处分决定，重新作出决定或者责令原作出决定的监察机关重新作出决定：（一）政务处分所依据的违法事实不清或者证据不足的；（二）违反法定程序，影响案件公正处理的；（三）超越职权或者滥用职权作出政务处分决定的。”第五十八条规定：“有下列情形之一的，复审、复核机关应当变更原政务处分决定，或者责令原作出决定的监察机关予以变更：（一）适用法律、法规确有错误的；（二）对违法行为的情节认定确有错误的；（三）政务处分不当的。”第五十九条规定：“复审、复核机关认为政务处分决定认定事实清楚，适用法律正确的，应当予以维持。”以上规定明确了监察机关的复审复核制度。这里的“复审”，是指监察对象对监察机关作出的涉及本人的处理决定不服，自收到处理决定之日起一个月内，可以向作出决定的监察机关申请复审，作出决定的监察机关依法受理后，应当对原处理决定进行审查核实并作出复审决定。这里的“复核”，是指监察对象对复审决定不服，自收到复审决定之日起一个月内，可以向作出复审决定的监察机关的上一级监察机关申请复核，上一级监察机关依法受理后，对原复审决定进行审查核实并作出复核决定。这里的“涉及本人的处理决定”，主要是指监察机关作出的政务处分决定。实践中需要注意以下 4 个方面。

一是关于复审、复核的程序。上一级监察机关的复核决定和国家监察委员会的复审、复核决定为最终决定。复审、复核机关是各级监察机关，监察对象对监察机关作出的涉及本人的处理决定不服的，只能向作出政务处理决定的监察机关申请复审，进而向上一级监察机关申请复核，不能向其他机关提出复审、复核申请或者提出申诉。关于复审、复核程序和时限要求，复审是复核的前置程序，未经复审的，不能提出复核申请。监察对象可以在收到处理决定之日起一个月内，向作出决定的监察机关申请复审，复审机关应当在受理后一个月以内作出复审决定；监察对象对复审决定仍不服的，可以在收到复审决定之日起一个月内，向上一级监察机关申请复核，复核机关应当在受理后二个月以内作出复核决定。复审复核与调查审理分离，原案调查、审理人员不得参与复审复核。

二是关于复审、复核的范围。纳入监察机关复审、复核程序予以救济的范围主要是监察机关对监察对象作出的涉及本人的处理决定。需要指出的是，对监察机关及其工作人员有采取强制到案、责令候查、管护或者留置措施法定期限届满，不予以解除或者变更的；或者查封、扣押、冻结与案件无关的财物的；或者应当解除查封、扣押、冻结措施而不解除的；或者贪污、挪用、私分、调换以及违反规定使用查封、扣押、冻结的财物的；或者有其他违反法律法规、侵害被调查人合法权益的行为的，被调查人及其近亲属、利害关系人有权依照《监察法》第六十九条第一款的规定向该机关申诉，但不得通过向监察机关申请复审、复核的方式进行权利救济。

三是关于复审、复核的处理结果。根据《中华人民共和国公职人员政务处分法》和《中华人民共和国监察法实施条例》规定，复审、复核的处理结果包括依法撤销、变更或者责令原处理机关及时予以纠正，或者予以维持原处理决定等情况。复审、复核机关应当依法审查，严格按照法定情形作出相应的复审、复核决定。

四是关于复审、复核期间原处理决定的效力。原处理决定自作出之日起生效，而不是以送达被处理人为生效条件。处理决定生效后，有关机关、单位即应当根据该决定依法、及时作出相应处理。复审、复核期间不停止原处理决定的执行。原处理决定被撤销后，该决定自作出之日起即无效，应当依法应当恢复该公职人员的级别、薪酬待遇，按照原职务、职级、衔级、岗位和职员等级安排相应的职务、职级、衔级、岗位和职员等级，并在原处理决定公布范围内为其恢复名誉；没收、追缴财物错误的，应当依法予以返还、赔偿。

075

国家监委如何加强与有关国家、地区、国际组织在反腐败方面的司法执法合作？

《监察法》第五十八条规定："国家监察委员会会同有关单位加强与有关国家、地区、国际组织在反腐败方面开展引渡、移管被判刑人、遣返、联合调查、调查取证、资产追缴和信息交流等执法司法合作和司法协助。"上述规定明确了监察机关在反腐败方面的司法执法合作中的地位和作用，实践中需要注意以下 3 个方面。

一是关于反腐败方面的司法执法合作内容。主要是开展引渡、司法协助、移管被判刑人、遣返、联合调查、调查取证、资产追缴和信息交流等合作。其中，"引渡"，是指根据双边条约、多边条约或以互惠为基础，向外逃涉案人所在地国提出请求，将涉嫌犯罪人员移交给国内进行追诉和处罚；"司法协助"，是指根据双边条约、多边条约或者以互惠为基础，我国与有关国家、地区之间，在对条约或协定等所涵盖的犯罪进行的侦查、起诉和审判过程中，相互提供最广泛的司法方面的协助；"移管被判刑人"，是指外逃人员所在国依据本国法和我国提供的证据，对我国外逃人员进行定罪判刑后，将该外逃人员移交我国服刑；“遣返”，是指将外逃人员遣送回我国接受调查处理；“联合调查”，是指我国与外逃人员所在国对该外逃人员的犯罪行为共同开展调查；“调查取证”，是指外逃人员所在国依据本国法和我国的协助请求，对我国外逃人员的犯罪行为开展证据收集、调取工作；“资产追缴”，是指对外逃人员转移到境外的资产进行追缴；“信息交流”，是指我国与有关国家、地区、国际组织之间，发展和共享有关腐败的统计数字、分析性专门知识和资料，以及有关预防和打击腐败最佳做法的资料等。

二是关于反腐败方面的司法执法合作的方式。主要包括双边合作和多边合作 2 种。“双边反腐败国际条约”，是指我国与某一个国家、地区、国际组织签署的反腐败国际条约，如《中泰引渡条约》。我国开展反腐败双边合作的形式主要有：建立反腐败交流合作关系、签署双边合作谅解备忘录、将反腐败合作纳入战略与经济对话、签署反腐败经验交流与互学互鉴的合作协议等。“多边反腐败国际条约”，是指我国与两个以上的国家、地区、国际组织签署的反腐败国际条约，如《联合国反腐败公约》。

三是关于国家监察委员会在反腐败方面的司法执法合作中的地位和作用。2018 年《监察法》第五十一条规定“国家监察委员会组织协调有关方面加强与有关国家、地区、国际组织在反腐败执法、引渡、司法协助、被判刑人的移管、资产追回和信息交流等领域的合作”，新修改的《监察法》第五十八条则将上述规定修改为“国家监察委员会会同有关单位加强与有关国家、地区、国际组织在反腐败方面开展引渡、移管被判刑人、遣返、联合调查、调查取证、资产追缴和信息交流等执法司法合作和司法协助”。

076
如何准确理解和把握特约监察员制度?

《监察法》第六十二条规定:“监察机关根据工作需要,可以从各方面代表中聘请特约监察员。特约监察员按照规定对监察机关及其工作人员履行职责情况实行监督。”《中华人民共和国监察法实施条例》第二百五十六条规定:“各级监察机关可以根据工作需要,按程序选聘特约监察员履行监督、咨询等职责。特约监察员名单应当向社会公布。监察机关应当为特约监察员依法开展工作提供必要条件和便利。”以上规定明确了监察机关聘请特约监察员及其职责这一制度,实践中需要注意以下3个方面。

一是关于特约监察员的条件。通常情况下,特约监察员应当具备的条件包括:坚持中国共产党领导和拥护党的路线、方针、政策,走中国特色社会主义道路,遵守中华人民共和国宪法和法律、法规,具有中华人民共和国国籍;有较高的业务素质,具备与履行职责相应的专业知识和工作能力,在各自领域有一定代表性和影响力;热心全面从严治党、党风廉政建设和反腐败工作,有较强的责任心,认真履行职责,热爱特约监察员工作；坚持原则、实事求是，密切联系群众，公正廉洁、作风正派，遵守职业道德和社会公德；身体健康。同时，对受到党纪处分、政务处分、刑事处罚的人员，以及其他不适宜担任特约监察员的人员，不得聘请为特约监察员。

二是关于特约监察员的聘请。各级监察机关可以根据工作需要，会同有关部门、单位提出特约监察员推荐人选，并征得被推荐人所在单位及本人同意；会同有关部门、单位对特约监察员推荐人选进行考察；经对考察情况进行研究，确定聘请特约监察员人选；聘请人选名单及意见抄送特约监察员所在单位及推荐单位，并在监察机关组织人事部门予以备案；召开聘请会议，颁发聘书，向社会公布特约监察员名单。特约监察员每届任期与监察机关本届领导班子任期相同，连续任职一般不得超过两届；特约监察员受聘期满自然解聘。特约监察员受到党纪处分、政务处分、刑事处罚；因工作调整、健康状况等原因不宜继续担任特约监察员；本人申请辞任特约监察员；无正当理由连续一年不履行特约监察员职责和义务；有其他不宜继续担任特约监察员的情形，监察机关商推荐单位予以解聘，由推荐单位书面通知本人及所在单位。

三是关于特约监察员的职责。特约监察员主要承担的职责包括：对监察机关及其工作人员履行职责情况进行监督，提出加强和改进监察工作的意见、建议；对制定监察法律法规、出台重大政策、起草重要文件、提出监察建议等提供咨询意见；参加监察机关组织的调查研究、监督检查、专项工作；宣传监察工作的方针、政策和成效；办理监察机关委托的其他事项。

077

如何对涉嫌严重职务违法或者职务犯罪的监察人员采取禁闭措施？

《监察法》第六十四条规定：“监察人员涉嫌严重职务违法或者职务犯罪，为防止造成更为严重的后果或者恶劣影响，监察机关经依法审批，可以对其采取禁闭措施。禁闭的期限不得超过七日。被禁闭人员应当配合监察机关调查。监察机关经调查发现被禁闭人员符合管护或者留置条件的，可以对其采取管护或者留置措施。本法第五十条的规定，适用于禁闭措施。”以上规定明确了监察机关对其管理的监察人员采取禁闭措施的制度，实践中需要注意以下3个方面。

一是关于禁闭措施的适用情形。禁闭措施适用于监察人员涉嫌严重职务违法或者职务犯罪的特定情况，且系为防止造成更为严重的后果或者恶劣影响而采取。

二是关于禁闭措施的适用程序。对监察人员采取禁闭措施的，应当在二十四小时以内通知被禁闭人员所在单位和家属，但有可能伪造、隐匿、毁灭证据，干扰证人作证或者串供等有碍调查的情形除外。有碍调查的情形消失后，应当立即通知被禁闭人员所在单位和家属。解除禁闭的，则应当及时通知被禁闭人员所在单位或者家属。

三是关于禁闭的期限与折抵刑期。禁闭的期限不得超过七日。被禁闭人员涉嫌犯罪移送司法机关后，被依法判处管制、拘役和有期徒刑的，禁闭一日折抵管制二日、折抵拘役和有期徒刑一日。

078

如何准确理解和把握《监察法》第六十七条关于监察人员回避的规定?

《监察法》第六十七条规定:“办理监察事项的监察人员有下列情形之一的,应当自行回避,监察对象、检举人及其他有关人员也有权要求其回避:(一)是监察对象或者检举人的近亲属的;(二)担任过本案的证人的;(三)本人或者其近亲属与办理的监察事项有利害关系的;(四)有可能影响监察事项公正处理的其他情形的。”《中华人民共和国监察法实施条例》第二百六十三条规定:“办理监察事项的监察人员有监察法第五十八条所列情形之一的,应当自行提出回避;没有自行提出回避的,监察机关应当依法决定其回避,监察对象、检举人及其他有关人员也有权要求其回避。选用借调人员、看护人员、调查场所,应当严格执行回避制度。”第二百六十四条规定:“监察人员自行提出回避,或者监察对象、检举人及其他有关人员要求监察人员回避的,应当书面或者口头提出,并说明理由。口头提出的,应当形成记录。监察机关主要负责人的回避,由上级监察机关主要负责人决定；其他监察人员的回避，由本级监察机关主要负责人决定。”《中华人民共和国监察官法》第四十七条规定：“办理监察事项的监察官有下列情形之一的，应当自行回避，监察对象、检举人、控告人及其他有关人员也有权要求其回避；没有主动申请回避的，监察机关应当依法决定其回避：（一）是监察对象或者检举人、控告人的近亲属的；（二）担任过本案的证人的；（三）本人或者其近亲属与办理的监察事项有利害关系的；（四）有可能影响监察事项公正处理的其他情形的。”以上规定明确了监察人员在办理监察事项时的回避制度，实践中需要注意以下3个方面。

一是关于监察人员回避情形。办理监察事项的监察人员本人或者其近亲属与办理的监察事项有利害关系的，或者本人是监察对象或者检举人、控告人的近亲属的；或者担任过本案的证人的；或者有可能影响监察事项公正处理的其他情形的，应当予以回避。

二是关于监察人员回避种类。回避包括自行回避、申请回避和指令回避3种，其中办理监察事项的监察人员有法定回避情形之一的，应当自行回避；监察对象、检举人、控告人及其他有关人员也有权要求其回避；办理监察事项的监察人员没有主动申请回避，监察对象、检举人、控告人及其他有关人员也没有申请其回避的，监察机关应当指令其回避。

三是关于监察人员回避程序。监察人员自行提出回避，或者监察对象、检举人、控告人及其他有关人员要求监察人员回避的，应当书面或者口头提出，并说明理由；口头提出的，应当形成记录。监察机关发现办理监察事项的监察人员存在法定回避事由的，可以直接指令其回避。监察机关主要负责人的回避，由上级监察机关主要负责人决定；其他监察人员的回避，由本级监察机关主要负责人决定。

079

如何准确理解和把握《监察法》第七十三条关于对监察对象报复陷害行为依法给予处理的规定？

《监察法》第七十三条规定："监察对象对控告人、检举人、证人或者监察人员进行报复陷害的；控告人、检举人、证人捏造事实诬告陷害监察对象的，依法给予处理。"《中华人民共和国监察法实施条例》第二百七十五条规定："监察对象对控告人、申诉人、批评人、检举人、证人、监察人员进行打击、压制等报复陷害的，监察机关应当依法给予政务处分。构成犯罪的，依法追究刑事责任。"《中华人民共和国公职人员政务处分法》第三十二条规定："有下列行为之一的，予以警告、记过或者记大过；情节较重的，予以降级或者撤职；情节严重的，予以开除：……（三）对依法行使批评、申诉、控告、检举等权利的行为进行压制或者打击报复的……"以上规定明确了对监察对象报复陷害行为应当依法予以处理的法定要求，实践中需要注意以下3个方面。

一是关于报复陷害的界定。这里的"报复陷害"，是指监察对象滥用职权、假公济私对控告人、检举人、证人、监察人员进行政治上或者经济上的迫害，如降职、降级、压制提职晋升职务职级、调离重要岗位、经济处罚、开除公职、捏造事实诬陷其经济、生活作风问题等；或者采取围攻阻挠、谩骂殴打等方式打击损害控告人、检举人、证人、监察人员的人身、财产等合法权益。

二是关于报复陷害的调查。监察对象对控告人、检举人、证人或者监察人员进行报复陷害的，按照管理权限和分级负责制原则，由相应监察机关进行调查。如监察对象采取围攻阻挠、谩骂殴打等方式进行报复陷害，被报复陷害的控告人、检举人、证人、监察人员已向公安机关报案的，由公安机关依法处理。

三是关于报复陷害的处理。查明监察对象对控告人、检举人、证人或者监察人员进行报复陷害的情况后，监察机关可以依照《中华人民共和国公职人员政务处分法》第三十二条第三项的规定给予其政务处分，该监察对象是中共党员的，依照《中国共产党纪律处分条例》第八十八条等规定追究其党纪责任。如前述报复陷害行为尚在行政处罚追究时效期限内的，监察机关应当移送公安机关依照《中华人民共和国治安管理处罚法》第四十二条第四项等规定追究其行政责任。如查明国家机关工作人员滥用职权、假公济私，对控告人、检举人实行报复陷害行为情节严重，导致控告人、检举人或者其近亲属自杀、自残造成重伤、死亡，或者精神失常的或者致使控告人、检举人或者其近亲属的其他合法权利受到严重损害的等达到追诉标准情况的，由监察机关制作起诉意见书，连同案卷材料、证据等一并移送人民检察院审查起诉，并依照《中华人民共和国刑法》第二百五十四条的规定追究其刑事责任。

080

如何准确理解和把握《监察法》第七十三条关于对控告人、检举人、证人捏造事实诬告陷害监察对象的行为依法给予处理的规定?

《监察法》第七十三条规定："监察对象对控告人、检举人、证人或者监察人员进行报复陷害的；控告人、检举人、证人捏造事实诬告陷害监察对象的，依法给予处理。"《中华人民共和国监察法实施条例》第二百七十六条规定："控告人、检举人、证人采取捏造事实、伪造材料等方式诬告陷害的，监察机关应当依法给予政务处分，或者移送有关机关处理。构成犯罪的，依法追究刑事责任。监察人员因依法履行职责遭受不实举报、诬告陷害、侮辱诽谤，致使名誉受到损害的，监察机关应当会同有关部门及时澄清事实，消除不良影响，并依法追究相关单位或者个人的责任。"《中华人民共和国公职人员政务处分法》第三十二条规定："有下列行为之一的，予以警告、记过或者记大过；情节较重的，予以降级或者撤职；情节严重的，予以开除：……（四）诬告陷害，意图使他人受到名誉损害或者责任追究等不良影响的……"以上规定明确了对控告人、检举人、证人捏造事实诬告陷害监察对象的行为应当依法予以处理的法定要求，实践中应当注意以下 5 个方面。

一是关于诬告陷害的界定。这里的“诬告陷害”，是指控告人、检举人、证人采取捏造事实、伪造材料等方式反映问题，意图使被反映的监察对象受到不良政治影响、名誉损失或者责任追究。其中的“责任追究”，主要包括党纪政务等处分、组织处理、问责、诫勉或者行政处罚、刑事处罚。依照《纪检监察机关处理检举控告工作规则》第三十九条第二款的规定，认定诬告陷害，应当经设区的市级以上党委或者纪检监察机关批准。

二是关于诬告陷害与错告的区别。诬告陷害与错告的区别，关键在于控告人、检举人、证人作为告发人有无陷害他人的主观故意，其中诬告陷害是控告人、检举人、证人采取捏造事实、伪造材料等方式反映问题，意图使被反映的监察对象受到不良政治影响、名誉损失或者责任追究；而错告是控告人、检举人、证人认为自己反映的问题是真实情况，只是由于情况不明，或者认识片面而在控告、检举中发生差错，没有陷害他人的故意。要准确区分诬告陷害与错告，必须根据控告人、检举人、证人告发的背景、原因、告发的事实来源、告发人与被告发人之间的关系等综合判定。

三是关于诬告陷害的调查。控告人、检举人、证人捏造事实诬告陷害监察对象，意图使该监察对象受到不良政治影响、名誉损失或者责任追究的，如控告人、检举人、证人系监察对象的，可以按照管理权限和分级负责制原则，由相应监察机关进行调查；如控告人、检举人、证人虽不是监察对象，但系中共党员的，可以由相应纪律检查机关进行审查。控告人、检举人、证人捏造事实诬告陷害监察对象，企图使该监察对象受到刑事追究或者受到治安管理处罚，且该监察对象已向公安机关报案的，由公安机关依法处理，其中意图使该监察对象受刑事追究，情节严重的，由公安机关以诬告陷害罪依法追究其刑事责任。

四是关于诬告陷害的处理。查明控告人、检举人、证人捏造事实诬告陷害监察对象后，如控告人、检举人、证人也是监察对象的，监察机关可以依照《中华人民共和国公职人员政务处分法》第三十二条第四项的规定给予其政务处分；如控告人、检举人、证人是中共党员的，可依照《中国共产党纪律处分条例》第五十九条第二款等规定追究其党纪责任；诬告陷害手段恶劣，造成不良影响的，或者严重干扰换届选举或者干部选拔任用工作的，或者经调查已有明确结论，仍诬告陷害他人的，或者强迫、唆使他人诬告陷害的，或者其他造成严重后果的，应当从重处理；如控告人、检举人、证人非中共党员、非监察对象，但系依法适用处分的人员的，依法给予其处分；如控告人、检举人、证人非中共党员、非监察对象，但捏造事实诬告陷害监察对象，企图使该监察对象受到刑事追究或者受到治安管理处罚的，由公安机关依照《中华人民共和国治安管理处罚法》第四十二条第三项的规定给予其行政处罚，其中意图使该监察对象受刑事追究，且情节严重的，由公安机关依照《中华人民共和国刑法》第二百四十三条的规定追究其刑事责任。需要强调的是，对控告人、检举人、证人通过诬告陷害监察对象获得的职务、职级、职称、学历、学位、奖励、资格等利益，应当建议有关组织、部门、单位按规定予以纠正；对被诬告陷害的监察对象，监察机关、所在单位应当开展思想政治工作，谈心谈话、消除顾虑，保护干事创业积极性，推动履职尽责、担当作为。

五是关于为被诬告的监察对象澄清正名。“澄清正名”，是指以适当方式为受到不实举报的监察对象澄清事实、维护名誉、消除负面影响，实事求是、客观公正地为担当者担当、为负责者负责。承办部门在处置检举控告时要注意发现符合澄清正名条件的问题线索，在办结问题线索时提出予以澄清正名的建议，并附开展澄清正名工作方案，经本机关（机构）主要负责人审批后实施；被诬告的监察对象向监察机关提出澄清书面申请的，承办部门要认真对待、慎重研究，符合条件的应及时启动澄清正名工作，不符合条件的应及时反馈。

081

采取监察措施时在场见证的见证人需要具备哪些条件？

《监察法》第二十七条第一款规定："监察机关可以对涉嫌职务犯罪的被调查人以及可能隐藏被调查人或者犯罪证据的人的身体、物品、住处和其他有关地方进行搜查。在搜查时，应当出示搜查证，并有被搜查人或者其家属等见证人在场。"第二十八条第一款规定："监察机关在调查过程中，可以调取、查封、扣押用以证明被调查人涉嫌违法犯罪的财物、文件和电子数据等信息。采取调取、查封、扣押措施，应当收集原物原件，会同持有人或者保管人、见证人，当面逐一拍照、登记、编号，开列清单，由在场人员当场核对、签名，并将清单副本交财物、文件的持有人或者保管人。"第二十九条规定："监察机关在调查过程中，可以直接或者指派、聘请具有专门知识的人在调查人员主持下进行勘验检查。勘验检查情况应当制作笔录，由参加勘验检查的人员和见证人签名或者盖章。必要时，监察机关可以进行调查实验……"《中华人民共和国监察法实施条例》第一百三十五条规定："在立案调查之前，对监察对象及相关人员主动上交的涉案财物，经审批可以接收。接收时，应当由二名以上调查人员，会同持有人和见证人进行清点核对，当场填写《主动上交财物登记表》。调查人员、持有人和见证人应当在登记表上签名或者盖章。对于主动上交的财物，应当根据立案及调查情况及时决定是否依法查封、扣押。”以上规定明确了监察机关在采取搜查、调取、查封、扣押、勘验检查和在立案前接收监察对象及相关人员主动上交的涉案财物时的见证人制度。

关于见证人条件，应当明确的是，生理上、精神上有缺陷或者年幼，不具有相应辨别能力或者不能正确表达的人；与案件有利害关系，可能影响案件公正处理的人；行使勘验检查、搜查、扣押、组织辨认等审查调查权的纪检监察机关的工作人员或者其聘用的人员不得担任见证人。对见证人是否符合条件，监察机关可以通过核实见证人的身份情况、工作单位及职务等情况以及调取常住人口信息登记表等材料进行审查，并通过相关笔录载明见证人的姓名、身份证件种类及号码、联系方式以备核查。

需要注意的是，监察机关采取搜查、查封、扣押、勘验检查措施应当邀请措施使用对象所在单位工作人员或者其他见证人在场。采取搜查措施还应当有被搜查人或者其家属在场。

082

如何准确理解和把握监察机关组织辨认的要求?

依照《监察法》第三十六条第二款和《中华人民共和国监察法实施条例》第一百四十一条等规定，辨认是指监察机关在调查过程中，为了查明案情，让被调查人、被害人和证人对与违法犯罪有关的物品、文件、尸体、场所或者人员等进行辨别和确认的活动。依据辨认主体不同，可以分为证人（被害人）辨认和被调查人辨认；依据被辨认对象或其拥有者是否知悉辨认行为正在进行，分为公开辨认和秘密辨认；依据辨认时有无陪衬客体物，分为混杂辨认和单独辨认，除对尸体、场所的辨认外，对物品、文件或者人员的辨认通常进行混杂辨认；依据辨认过程中辨认人是否通过某种媒介来进行辨认，分为直接辨认和间接辨认；依据被辨认对象的状态不同，分为静态辨认和动态辨认。监察机关调查人员通过组织辨认，可以建立自然材料到证据材料的重要转化，同时辨认的过程也可以起到强化和补充其他证据的作用。实践中应当注意以下 12 个方面。

一是关于辨认应当遵循的原则。监察机关调查人员在组织辨认时，应当参照刑事诉讼中关于辨认的规定和要求，切实遵循以下7个原则：第一个是混杂辨认原则，即监察机关调查人员把被辨认的人或物混杂在若干相似的人或若干特征相似的同类物品中让辨认人进行辨认的原则。如果是用照片进行的，亦应如此。坚持这条原则的目的，是为了让辨认人在相似的人或物品中指认出他所见到过的人或物品，以防止辨认出现差错。第二个是分别辨认原则，即在有几名辨认人需要对同一辨认对象进行辨认的时候，应当让辨认人一个一个地分别对辨认对象进行辨认的原则。坚持这条原则的目的，是为了不让几个辨认人在一起同时对辨认对象进行辨认，防止他们之间会互相影响和受到启发或提示，从而会影响辨认的客观性和准确性。为此，在辨认进行过程中，先让辨认人一个接一个依次对辨认对象进行辨认，并作记录。对凡是已参加过辨认的人，在辨认结束之前，不应让他们与尚未参加辨认的辨认人接触，旨在防止已参加辨认的辨认人向未参加者透露辨认的情况。第三个是事前询（讯）问原则，即监察机关调查人员在组织辨认之前，详细地询问辨认人所了解辨认对象究竟有哪些特征或特别记号的原则。事前询（讯）问的目的，既是为了了解辨认人所了解的具体情况，也是为了以此次询（讯）问的情况对照以后辨认时所言之内容是否一致，以便判明其辨认的真伪，对询（讯）问的结果应制作详细笔录。笔录的内容应如实、准确地记录辨认人自然陈述（供述）的全部内容。第四个是互不接触原则，或者称为辨前回避原则，即为保证辨认人的原有记忆不被即时记忆干扰和取代，不让辨认人在辨认前看到辨认对象的原则。这是为了防止辨认人在认识上发生先入为主，以保证辨认取得客观和准确的效果。第五个是宣讲法律原则，即是指在辨认之前，监察机关调查人员应当向辨认人讲明有关法律规定内容的原则，告知辨认人故意作虚假辨认应当承担的法律责任，使辨认人在辨认时作如实陈述（供述），保证陈述（供述）的客观性和准确性。第六个是禁止暗示或诱答原则，是指在辨认过程中，监察机关调查人员不得用任何方式向辨认人暗示或诱使其按照自己的意图作出回答的原则。这是为了保障辨认人在辨认过程中，不受监察机关调查人员的暗示或诱答等因素的干涉，让其根据自己所见的事实自然地进行陈述（供述），以确保陈述（供述）的客观性。第七个是说明辨认结果根据的原则，即是指监察机关调查人员要求辨认人说明辨认结果所依靠事实或理由的原则。这是为了促使辨认人要做到辨认有据，防止任性随意，也是为了监察机关调查人员便于分析判断辨认结果的真伪或准确程度。比如，对于金条、珠宝等特征不明显的不易辨识物，被调查人能够认出来的，应当由其解释合理性并在笔录中予以体现。

二是关于需要进行辨认的情形。辨认作为一种调查行为，在监察机关调查人员的主持下，辨认人依据被辨认客体的特征，判断先后出现的客体是否是同一客体。辨认中的同一认定，是指辨认人对先后两次或多次遇到的人、物进行辨别、确认。辨认的同一认定过程，是辨认主体凭借大脑中留存的对客体物的记忆信息，进行识别再认，从而判断再次遇到的客体是否与之前的客体同一。因此，监察机关调查过程中，需要进行辨认的前提是相关物品、文件或者人员与辨认人之间断开或者失去了联系，不能作出同一认定。比如，行贿人将某品牌手表送给了被调查人，但又不能说清楚该品牌手表的具体型号或者特征，则需要将该手表交由行贿人进行物品辨认。监察机关在调查涉嫌贿赂犯罪等案件中，一般按照具体情形把握。若某一物品在被调查人家中或者办公室等与被调查人关系密切、没有断开或者失去联系的场所被查控到案的，监察机关调查人员一般可以向被调查人出示，由被调查人进行确认和固定即可。对行贿人而言，鉴于行贿人贿送出去的物品与行贿人已失去联系，监察机关调查人员一般应当安排行贿人进行混杂辨认，以作出同一认定，特殊情况下也可采取与被调查人相同的办法，将该物品向行贿人出示，由行贿人进行确认和固定。若被调查人将其收受的物品退还行贿人的，鉴于该物品与被调查人已断开联系，与行贿人也曾断开联系，监察机关调查人员应当安排被调查人和行贿人均进行混杂辨认。若被调查人的特定关系人收受行贿人的物品，且在该特定关系人家中或者办公室等与该特定关系人关系密切、没有断开或者失去联系的场所被查控到案的，可以将该物品向被调查人及其特定关系人出示，由被调查人及其特定关系人进行确认和固定。对行贿人而言，监察机关调查人员一般应当安排行贿人进行混杂辨认，以作出同一认定，特殊情况下也可采取与被调查人相同的办法，将该物品向行贿人出示，由行贿人进行确认和固定。

三是关于混杂辨认。混杂辨认，是指在辨认时，监察机关调查人员应当将辨认对象混杂在相似的其他对象中让辨认人辨认。混杂辨认主要适用于对人和物的辨认（包括对人和物的照片的辨认），而不适合对场所和尸体的辨认。混杂对象应当达到一定的数量且以辨认对象的特征为根据。比如，对被调查人进行辨认的，应当挑选与该被调查人性别相同，年龄、气质、身高等特征相类似的人作为辨认陪衬人。

四是关于双盲辨认。双盲辨认，是指监察机关调查人员在组织辨认时，主持辨认的调查人员和辨认人都不清楚被辨认的对象中有无相关人员或者涉案物品，更不知道谁是相关人员或者涉案物品，此时应由监察机关非承办本案的调查人员来主持辨认。采取双盲辨认，有利于确保辨认结果的客观性和准确程度。

五是关于顺序辨认。顺序辨认，是指监察机关调查人员将相关人员或者涉案物品和具有相似特征的陪衬人、物品或照片按照顺序依次展现在辨认人面前，辨认人在看到被展示的辨认对象之后必须做出是或不是的判断，然后才能进行下一个辨认对象的展示。顺序辨认中辨认人每次比较的是每个辨认对象的形象与自己头脑中的印象，这是一种绝对判断。辨认人看见一个就判断一次，这就有效减少了辨认人对辨认对象进行比较后猜测出辨认结果的可能。在顺序辨认中，监察机关调查人员应该更妥善选择陪衬对象，不能不恰当地突出相关人员或者涉案物品。如果陪衬者将相关人员或者涉案物品的特征明显地突出，极有可能造成辨认人错误挑选出这个陪衬者，因为在顺序辨认中辨认人与辨认对象呈一对一状态，能够选择的余地非常小，当发现个体特征极其明显的辨认对象时，很容易马上选择。

六是关于不需要进行混杂辨认的情形。监察机关调查人员组织辨认时，通常应当进行混杂辨认，但对场所、尸体以及熟悉对象，如果辨认人能够说明辨认对象的基本特征，或者身份非常确定，则无需进行混杂辨认；辨认人能够准确描述物品独有特征的，对涉案的物证、书证等证据，如果辨认人能够准确、具体描述出辨认对象确定的物理属性或者独有特征，且有效避免记忆出错的可能性，则无需混杂辨认；个体特征明显与众不同的人、物，监察机关调查人员很难在短时间内准备符合规定条件的陪衬对象的，可以不进行混杂辨认；可能无法达到辨认目的，如衣服、现金、汽车等，当辨认对象与陪衬对象的特征过于类似时，辨认人很难得出结论，而当辨认对象与陪衬对象的特征明显差别时，则无需进行混杂辨认。

七是关于辨认陪衬人、物、照片的选择。辨认时要选择符合要求的陪衬人、物、照片，不能把辨认对象单独呈现给辨认人辨认，这是辨认成功的重要环节。选择辨认需要的陪衬人、物、照片时，应当把握好以下 3 点的要求：第一点是相似性，即外观或者外形要与辨认对象相似或者相类似，并要与本案无关。陪衬人、物、照片不能与辨认对象存在过于明显的差异，否则即失去辨认的意义。比如，如果被调查人供述收受某私营企业主一块劳力士手表，作为陪衬物的手表就不能是江诗丹顿等其他品牌手表，否则辨认的目的就达不到。第二点是充分性，即对人进行辨认的，被辨认的人数不得少于7人，被辨认的照片不得少于10张，且监察机关调查人员以及其他人员不得作为辨认陪衬人；对物品进行辨认的，同类物品不得少于5件，照片不得少于5张。第三点是保密性，即辨认对象姓名（名称）、编号、排列顺序不得事先让辨认人看到。监察机关调查人员在组织辨认时，应当挑选并提供与案件无关的人或物作为辨认陪衬人、物，挑选出来的人应当与正在调查的案件无关；与辨认人互不相识；与被辨认人在年龄、身高、性别、发型、容貌等应当多少有些相似，在着装上也应尽量与被辨认人相同。挑选的物品应当与被辨认的物品在形状、大小、颜色、新旧程度等方面相似。需要指出的是，对场所、尸体等特定辨认对象进行辨认，或者辨认人能够准确描述物品独有特征的，陪衬物数量不受限制。

八是关于对人进行辨认。监察机关调查过程中安排被调查人、证人对相关人员进行辨认的，一般采用公开形式进行，有时也采用秘密形式进行。通常可采用以下5种方法：第一种是列队辨认，即被辨认人排成静止的一队，由辨认人进行辨认。一般是在被调查人等相关人员同意合作的情况下进行的。第二种是群体辨认，即辨认人从一群不受约束的人群中辨认被调查人等相关人员。群体辨认可以在被调查人等相关人员同意合作下进行，也可不经其同意暗中进行。第三种是录像辨认，即通过经辨认观看包括被调查人等相关人员在内的多个人的录像带而进行的辨认。第四种是照片辨认，即将所有照片附纸、编号后，由辨认人辨认。辨认结束后，辨认人应当在辨认出的被调查人等相关人员照片与附纸骑缝上捺指印，在附纸上注明实施某项犯罪行为的人是第几张照片上的人并签名、捺指印。第五种是当面辨认，即辨认人独自当面辨认被调查人等相关人员，被辨认人只有被调查人等相关人员一人。需要说明的是，监察机关调查过程中通常采取列队辨认或者照片辨认的方法，一般不采取当面辨认的方法；对与本案有关照片进行多组辨认的，不得重复使用陪衬照片；若对真人及照片都要进行辨认的，应注意辨认的先后顺序，以及陪衬人和照片选择的一致性。一般来说，若先辨认人的照片，再辨认真人，陪衬的照片和本人应当一致，这样可以避免对辨认人产生预先的暗示和先入为主的影响。实践中需要注意的是，辨认前，监察机关调查人员应当查明辨认人是否具备辨认条件，向辨认人详细询（讯）问辨认对象的具体特征，并制作《询（讯）问笔录》，告知辨认人故意作虚假辨认应当承担的法律责任，并在笔录中注明；辨认前应当避免辨认人见到辨认对象；辨认人是聋、哑人的，应当有通晓聋、哑手势的人参加，辨认人不通晓当地通用语言文字的，应当为他们提供翻译；具备条件的应当通知见证人到场，对辨认过程和结果予以见证；要注意辨认应当以真人辨认为原则，照片辨认为例外，确需进行照片辨认的，应当确保照片清晰可辨，且照片应当是全身照、彩色照，而非人脸照、黑白照。

九是关于对物进行辨认。监察机关调查过程中安排被调查人、证人对物进行辨认的，一般采用公开形式进行，必要时也采用秘密形式进行。通常可采用以下2种方法：第一种是直接辨认法，即由被调查人或者证人在说明原物的具体特征、特点之后，提供赃物或者有关物品给他们进行辨认。辨认结束后，应当照相，将照片附纸、编号后由辨认人签名、捺指印确认。第二种是照片辨认法，即把赃物、作案工具等的照片提供给辨认人，让其进行辨认。比如，将体积庞大不易搬动的物品拍成照片，将照片提供给辨认人辨认。辨认结束后，应当将照片附纸、编号后由辨认人签名、捺指印确认。实践中需要注意的是，辨认前，监察机关调查人员应当查明辨认人是否具备辨认条件，向辨认人详细询（讯）问辨认对象的具体特征，并制作《询（讯）问笔录》，告知辨认人故意作虚假辨认应当承担的法律责任，并在笔录中注明；辨认前应当避免辨认人见到辨认对象；辨认人是聋、哑人的，应当有通晓聋、哑手势的人参加；辨认人不通晓当地通用语言文字的，应当为他们提供翻译；具备条件的应当通知见证人到场，对辨认过程和结果予以见证；对与本案有关照片进行多组辨认的，不得重复使用陪衬照片；要注意辨认应当以实物辨认为原则，照片辨认为例外，确需进行照片辨认的，应当确保照片清晰可辨，足以反映实物的外形和特征，且照片应当为彩色照，而非黑白照。

十是关于辨认时有见证人在场见证。监察机关调查人员组织辨认时，一般应当有见证人在场见证，必要时还要对辨认的过程进行同步录音录像，以确保监察机关调查人员在调查过程中遵循辨认原则，不向辨认人作任何暗示或者诱导，从而影响辨认的客观性和准确性。但如果监察机关调查人员组织辨认时，由于客观原因无法由符合条件的人员担任见证人在场见证的，监察机关调查人员可以组织辨认，但必须全程进行同步录音录像，留存备查，同时由监察机关调查人员在《辨认笔录》上记明辨认时没有见证人在场见证的情况。

十一是关于制作辨认笔录。辨认的过程应当制作《辨认笔录》，《辨认笔录》是辨认活动的书面载体，是用以记录辨认过程的书面反映，是主客观兼有的证据。监察机关调查人员制作《辨认笔录》时需要注意以下 5 点：第一点是《辨认笔录》应当写明辨认的起止时间、地点，主持辨认的监察机关调查人员、记录人、辨认人、见证人，辨认对象的基本情况和辨认目的。正文部分应当如实反映辨认活动的过程及结论，写明辨认人进行辨认的具体情况和现实条件，辨认对象的情况，辨认的方法和辨认过程中辨认人的态度，辨认结果及辨认人对辨认对象能够辨认、确认或者不能够辨认、确认的理由。辨认人对辨认提出疑义和要求的，也应当如实记录。第二点是附纸照片和辨认对象照片的情况说明应当作为《辨认笔录》的组成部分，且辨认对象照片的情况说明不能让辨认人看到。第三点是将《辨认笔录》交辨认人、见证人核对无误后，由辨认人、见证人、主持辨认的监察机关调查人员、记录人分别签名确认。辨认人、见证人还应当捺指印。第四点是主持辨认的监察机关调查人员制作与照片有关的所有人员、物品、尸体、场所情况的说明，并签名，附在《辨认笔录》之后。第五点是《辨认笔录》和有关情况说明应当入卷。

十二是关于涉案物品是否均须进行辨认。监察机关对查控的涉案物品原则上应当进行辨认，由被调查人、涉案物品持有人说明该涉案物品的来源、权属等情况，经查明与案件无关的应当及时解除查封、扣押措施，予以退还；经查明与案件有关的，对其中属于违法犯罪所得及其孳息收益予以没收、追缴或者责令退赔，涉嫌犯罪所得及其孳息收益随案移送人民检察院，对被调查人承认系违法所得且愿意主动上缴国库的予以登记上交处理。实践中，若涉案物品系违法犯罪所得的，通常应当进行混杂辨认，不需要混杂辨认的可以单独辨认；涉案物品不能确定是否系违法犯罪所得的，一般可以采取单独辨认的方式予以核实，通常对贵重物品应当由被调查人和相关人员逐件进行辨认并说明来源。辨认时，一般应当进行实物辨认，如果被辨认的物品系名贵字画等贵重物品或者存在不便搬运等情况的，也可以对实物照片进行辨认。

附　录

中华人民共和国监察法

（2018年3月20日第十三届全国人民代表大会第一次会议通过　根据2024年12月25日第十四届全国人民代表大会常务委员会第十三次会议《关于修改〈中华人民共和国监察法〉的决定》修正）

目　　录

第一章　总　　则

第一条　为了深入开展廉政建设和反腐败工作，加强对所有行使公权力的公职人员的监督，实现国家监察全面覆盖，持续深化国家监察体制改革，推进国家治理体系和治理能力现代化，根据宪法，制定本法。

第二条 坚持中国共产党对国家监察工作的领导，以马克思列宁主义、毛泽东思想、邓小平理论、“三个代表”重要思想、科学发展观、习近平新时代中国特色社会主义思想为指导，构建集中统一、权威高效的中国特色国家监察体制。

第三条 各级监察委员会是行使国家监察职能的专责机关，依照本法对所有行使公权力的公职人员（以下称公职人员）进行监察，调查职务违法和职务犯罪，开展廉政建设和反腐败工作，维护宪法和法律的尊严。

第四条 监察委员会依照法律规定独立行使监察权，不受行政机关、社会团体和个人的干涉。

监察机关办理职务违法和职务犯罪案件，应当与审判机关、检察机关、执法部门互相配合，互相制约。

监察机关在工作中需要协助的，有关机关和单位应当根据监察机关的要求依法予以协助。

第五条 国家监察工作严格遵照宪法和法律，以事实为根据，以法律为准绳；权责对等，严格监督；遵守法定程序，公正履行职责；尊重和保障人权，在适用法律上一律平等，保障监察对象及相关人员的合法权益；惩戒与教育相结合，宽严相济。

第六条 国家监察工作坚持标本兼治、综合治理，强化监督问责，严厉惩治腐败；深化改革、健全法治，有效制约和监督权力；加强法治教育和道德教育，弘扬中华优秀传统文化，构建不敢腐、不能腐、不想腐的长效机制。

第二章　监察机关及其职责

第七条　中华人民共和国国家监察委员会是最高监察机关。

省、自治区、直辖市、自治州、县、自治县、市、市辖区设立监察委员会。

第八条　国家监察委员会由全国人民代表大会产生，负责全国监察工作。

国家监察委员会由主任、副主任若干人、委员若干人组成，主任由全国人民代表大会选举，副主任、委员由国家监察委员会主任提请全国人民代表大会常务委员会任免。

国家监察委员会主任每届任期同全国人民代表大会每届任期相同，连续任职不得超过两届。

国家监察委员会对全国人民代表大会及其常务委员会负责，并接受其监督。

第九条　地方各级监察委员会由本级人民代表大会产生，负责本行政区域内的监察工作。

地方各级监察委员会由主任、副主任若干人、委员若干人组成，主任由本级人民代表大会选举，副主任、委员由监察委员会主任提请本级人民代表大会常务委员会任免。

地方各级监察委员会主任每届任期同本级人民代表大会每届任期相同。

地方各级监察委员会对本级人民代表大会及其常务委员会和上一级监察委员会负责，并接受其监督。

第十条　国家监察委员会领导地方各级监察委员会的工作，上级监察委员会领导下级监察委员会的工作。

第十一条　监察委员会依照本法和有关法律规定履行监督、

调查、处置职责：

（一）对公职人员开展廉政教育，对其依法履职、秉公用权、廉洁从政从业以及道德操守情况进行监督检查；

（二）对涉嫌贪污贿赂、滥用职权、玩忽职守、权力寻租、利益输送、徇私舞弊以及浪费国家资财等职务违法和职务犯罪进行调查；

（三）对违法的公职人员依法作出政务处分决定；对履行职责不力、失职失责的领导人员进行问责；对涉嫌职务犯罪的，将调查结果移送人民检察院依法审查、提起公诉；向监察对象所在单位提出监察建议。

第十二条 各级监察委员会可以向本级中国共产党机关、国家机关、中国人民政治协商会议委员会机关、法律法规授权或者委托管理公共事务的组织和单位以及辖区内特定区域、国有企业、事业单位等派驻或者派出监察机构、监察专员。

经国家监察委员会批准，国家监察委员会派驻本级实行垂直管理或者双重领导并以上级单位领导为主的单位、国有企业的监察机构、监察专员，可以向驻在单位的下一级单位再派出。

经国家监察委员会批准，国家监察委员会派驻监察机构、监察专员，可以向驻在单位管理领导班子的普通高等学校再派出；国家监察委员会派驻国务院国有资产监督管理机构的监察机构，可以向驻在单位管理领导班子的国有企业再派出。

监察机构、监察专员对派驻或者派出它的监察委员会或者监察机构、监察专员负责。

第十三条 派驻或者派出的监察机构、监察专员根据授权，按照管理权限依法对公职人员进行监督，提出监察建议，依法对公职人员进行调查、处置。

第十四条 国家实行监察官制度，依法确定监察官的等级设置、任免、考评和晋升等制度。

第三章 监察范围和管辖

第十五条 监察机关对下列公职人员和有关人员进行监察：

（一）中国共产党机关、人民代表大会及其常务委员会机关、人民政府、监察委员会、人民法院、人民检察院、中国人民政治协商会议各级委员会机关、民主党派机关和工商业联合会机关的公务员，以及参照《中华人民共和国公务员法》管理的人员；

（二）法律、法规授权或者受国家机关依法委托管理公共事务的组织中从事公务的人员；

（三）国有企业管理人员；

（四）公办的教育、科研、文化、医疗卫生、体育等单位中从事管理的人员；

（五）基层群众性自治组织中从事管理的人员；

（六）其他依法履行公职的人员。

第十六条 各级监察机关按照管理权限管辖本辖区内本法第十五条规定的人员所涉监察事项。

上级监察机关可以办理下一级监察机关管辖范围内的监察事项，必要时也可以办理所辖各级监察机关管辖范围内的监察事项。

监察机关之间对监察事项的管辖有争议的，由其共同的上级监察机关确定。

第十七条 上级监察机关可以将其所管辖的监察事项指定下级监察机关管辖，也可以将下级监察机关有管辖权的监察事项指定给其他监察机关管辖。

监察机关认为所管辖的监察事项重大、复杂，需要由上级监察机关管辖的，可以报请上级监察机关管辖。

第四章　监察权限

第十八条　监察机关行使监督、调查职权，有权依法向有关单位和个人了解情况，收集、调取证据。有关单位和个人应当如实提供。

监察机关及其工作人员对监督、调查过程中知悉的国家秘密、工作秘密、商业秘密、个人隐私和个人信息，应当保密。

任何单位和个人不得伪造、隐匿或者毁灭证据。

第十九条　对可能发生职务违法的监察对象，监察机关按照管理权限，可以直接或者委托有关机关、人员进行谈话，或者进行函询，要求说明情况。

第二十条　在调查过程中，对涉嫌职务违法的被调查人，监察机关可以进行谈话，要求其就涉嫌违法行为作出陈述，必要时向被调查人出具书面通知。

对涉嫌贪污贿赂、失职渎职等职务犯罪的被调查人，监察机关可以进行讯问，要求其如实供述涉嫌犯罪的情况。

第二十一条　监察机关根据案件情况，经依法审批，可以强制涉嫌严重职务违法或者职务犯罪的被调查人到案接受调查。

第二十二条　在调查过程中，监察机关可以询问证人等人员。

第二十三条　被调查人涉嫌严重职务违法或者职务犯罪，并有下列情形之一的，经监察机关依法审批，可以对其采取责令候查措施：

（一）不具有本法第二十四条第一款所列情形的；

（二）符合留置条件，但患有严重疾病、生活不能自理的，系怀孕或者正在哺乳自己婴儿的妇女，或者生活不能自理的人的唯一扶养人；

（三）案件尚未办结，但留置期限届满或者对被留置人员不需要继续采取留置措施的；

（四）符合留置条件，但因为案件的特殊情况或者办理案件的需要，采取责令候查措施更为适宜的。

被责令候查人员应当遵守以下规定：

（一）未经监察机关批准不得离开所居住的直辖市、设区的市的城市市区或者不设区的市、县的辖区；

（二）住址、工作单位和联系方式发生变动的，在二十四小时以内向监察机关报告；

（三）在接到通知的时候及时到案接受调查；

（四）不得以任何形式干扰证人作证；

（五）不得串供或者伪造、隐匿、毁灭证据。

被责令候查人员违反前款规定，情节严重的，可以依法予以留置。

第二十四条 被调查人涉嫌贪污贿赂、失职渎职等严重职务违法或者职务犯罪，监察机关已经掌握其部分违法犯罪事实及证据，仍有重要问题需要进一步调查，并有下列情形之一的，经监察机关依法审批，可以将其留置在特定场所：

（一）涉及案情重大、复杂的；

（二）可能逃跑、自杀的；

（三）可能串供或者伪造、隐匿、毁灭证据的；

（四）可能有其他妨碍调查行为的。

对涉嫌行贿犯罪或者共同职务犯罪的涉案人员，监察机关可以依照前款规定采取留置措施。

留置场所的设置、管理和监督依照国家有关规定执行。

第二十五条 对于未被留置的下列人员，监察机关发现存在逃跑、自杀等重大安全风险的，经依法审批，可以进行管护：

（一）涉嫌严重职务违法或者职务犯罪的自动投案人员；

（二）在接受谈话、函询、询问过程中，交代涉嫌严重职务违法或者职务犯罪问题的人员；

（三）在接受讯问过程中，主动交代涉嫌重大职务犯罪问题的人员。

采取管护措施后，应当立即将被管护人员送留置场所，至迟不得超过二十四小时。

第二十六条 监察机关调查涉嫌贪污贿赂、失职渎职等严重职务违法或者职务犯罪，根据工作需要，可以依照规定查询、冻结涉案单位和个人的存款、汇款、债券、股票、基金份额等财产。有关单位和个人应当配合。

冻结的财产经查明与案件无关的，应当在查明后三日内解除冻结，予以退还。

第二十七条 监察机关可以对涉嫌职务犯罪的被调查人以及可能隐藏被调查人或者犯罪证据的人的身体、物品、住处和其他有关地方进行搜查。在搜查时，应当出示搜查证，并有被搜查人或者其家属等见证人在场。

搜查女性身体，应当由女性工作人员进行。

监察机关进行搜查时，可以根据工作需要提请公安机关配合。公安机关应当依法予以协助。

第二十八条 监察机关在调查过程中，可以调取、查封、扣押用以证明被调查人涉嫌违法犯罪的财物、文件和电子数据等信息。采取调取、查封、扣押措施，应当收集原物原件，会同持有人或者保管人、见证人，当面逐一拍照、登记、编号，开列清单，由在场人员当场核对、签名，并将清单副本交财物、文件的持有人或者保管人。

对调取、查封、扣押的财物、文件，监察机关应当设立专用账户、专门场所，确定专门人员妥善保管，严格履行交接、调取手续，定期对账核实，不得毁损或者用于其他目的。对价值不明物品应当及时鉴定，专门封存保管。

查封、扣押的财物、文件经查明与案件无关的，应当在查明后三日内解除查封、扣押，予以退还。

第二十九条　监察机关在调查过程中，可以直接或者指派、聘请具有专门知识的人在调查人员主持下进行勘验检查。勘验检查情况应当制作笔录，由参加勘验检查的人员和见证人签名或者盖章。

必要时，监察机关可以进行调查实验。调查实验情况应当制作笔录，由参加实验的人员签名或者盖章。

第三十条　监察机关在调查过程中，对于案件中的专门性问题，可以指派、聘请有专门知识的人进行鉴定。鉴定人进行鉴定后，应当出具鉴定意见，并且签名。

第三十一条　监察机关调查涉嫌重大贪污贿赂等职务犯罪，根据需要，经过严格的批准手续，可以采取技术调查措施，按照规定交有关机关执行。

批准决定应当明确采取技术调查措施的种类和适用对象，自签发之日起三个月以内有效；对于复杂、疑难案件，期限届满仍有必要继续采取技术调查措施的，经过批准，有效期可以延长，每次不得超过三个月。对于不需要继续采取技术调查措施的，应当及时解除。

第三十二条 依法应当留置的被调查人如果在逃，监察机关可以决定在本行政区域内通缉，由公安机关发布通缉令，追捕归案。通缉范围超出本行政区域的，应当报请有权决定的上级监察机关决定。

第三十三条 监察机关为防止被调查人及相关人员逃匿境外，经省级以上监察机关批准，可以对被调查人及相关人员采取限制出境措施，由公安机关依法执行。对于不需要继续采取限制出境措施的，应当及时解除。

第三十四条 涉嫌职务犯罪的被调查人主动认罪认罚，有下列情形之一的，监察机关经领导人员集体研究，并报上一级监察机关批准，可以在移送人民检察院时提出从宽处罚的建议：

（一）自动投案，真诚悔罪悔过的；

（二）积极配合调查工作，如实供述监察机关还未掌握的违法犯罪行为的；

（三）积极退赃，减少损失的；

（四）具有重大立功表现或者案件涉及国家重大利益等情形的。

第三十五条 职务违法犯罪的涉案人员揭发有关被调查人职务违法犯罪行为，查证属实的，或者提供重要线索，有助于调查其他案件的，监察机关经领导人员集体研究，并报上一级监察机关批准，可以在移送人民检察院时提出从宽处罚的建议。

第三十六条 监察机关依照本法规定收集的物证、书证、证人证言、被调查人供述和辩解、视听资料、电子数据等证据材料，在刑事诉讼中可以作为证据使用。

监察机关在收集、固定、审查、运用证据时，应当与刑事审判关于证据的要求和标准相一致。

以非法方法收集的证据应当依法予以排除，不得作为案件处置的依据。

第三十七条 人民法院、人民检察院、公安机关、审计机关等国家机关在工作中发现公职人员涉嫌贪污贿赂、失职渎职等职务违法或者职务犯罪的问题线索，应当移送监察机关，由监察机关依法调查处置。

被调查人既涉嫌严重职务违法或者职务犯罪，又涉嫌其他违法犯罪的，一般应当由监察机关为主调查，其他机关予以协助。

第五章 监察程序

第三十八条 监察机关对于报案或者举报，应当接受并按照有关规定处理。对于不属于本机关管辖的，应当移送主管机关处理。

第三十九条 监察机关应当严格按照程序开展工作，建立问题线索处置、调查、审理各部门相互协调、相互制约的工作机制。

监察机关应当加强对调查、处置工作全过程的监督管理，设立相应的工作部门履行线索管理、监督检查、督促办理、统计分析等管理协调职能。

第四十条 监察机关对监察对象的问题线索，应当按照有关规定提出处置意见，履行审批手续，进行分类办理。线索处置情况应当定期汇总、通报，定期检查、抽查。

第四十一条 需要采取初步核实方式处置问题线索的，监察机关应当依法履行审批程序，成立核查组。初步核实工作结束后，核查组应当撰写初步核实情况报告，提出处理建议。承办部门应当提出分类处理意见。初步核实情况报告和分类处理意见报监察机关主要负责人审批。

第四十二条 经过初步核实，对监察对象涉嫌职务违法犯罪，需要追究法律责任的，监察机关应当按照规定的权限和程序办理立案手续。

监察机关主要负责人依法批准立案后，应当主持召开专题会议，研究确定调查方案，决定需要采取的调查措施。

立案调查决定应当向被调查人宣布，并通报相关组织。涉嫌严重职务违法或者职务犯罪的，应当通知被调查人家属，并向社会公开发布。

第四十三条 监察机关对职务违法和职务犯罪案件，应当进行调查，收集被调查人有无违法犯罪以及情节轻重的证据，查明违法犯罪事实，形成相互印证、完整稳定的证据链。

调查人员应当依法文明规范开展调查工作。严禁以暴力、威胁、引诱、欺骗及其他非法方式收集证据，严禁侮辱、打骂、虐待、体罚或者变相体罚被调查人和涉案人员。

监察机关及其工作人员在履行职责过程中应当依法保护企业产权和自主经营权，严禁利用职权非法干扰企业生产经营。需要企业经营者协助调查的，应当保障其人身权利、财产权利和其他合法权益，避免或者尽量减少对企业正常生产经营活动的影响。

第四十四条 调查人员采取讯问、询问、强制到案、责令候查、管护、留置、搜查、调取、查封、扣押、勘验检查等调查措施，均应当依照规定出示证件，出具书面通知，由二人以上进行，形成笔录、报告等书面材料，并由相关人员签名、盖章。

调查人员进行讯问以及搜查、查封、扣押等重要取证工作，应当对全过程进行录音录像，留存备查。

第四十五条 调查人员应当严格执行调查方案，不得随意扩大调查范围、变更调查对象和事项。

对调查过程中的重要事项，应当集体研究后按程序请示报告。

第四十六条 采取强制到案、责令候查或者管护措施，应当按照规定的权限和程序，经监察机关主要负责人批准。

强制到案持续的时间不得超过十二小时；需要采取管护或者留置措施的，强制到案持续的时间不得超过二十四小时。不得以连续强制到案的方式变相拘禁被调查人。

责令候查最长不得超过十二个月。

监察机关采取管护措施的，应当在七日以内依法作出留置或者解除管护的决定，特殊情况下可以延长一日至三日。

第四十七条 监察机关采取留置措施，应当由监察机关领导人员集体研究决定。设区的市级以下监察机关采取留置措施，应当报上一级监察机关批准。省级监察机关采取留置措施，应当报国家监察委员会备案。

第四十八条 留置时间不得超过三个月。在特殊情况下，可以延长一次，延长时间不得超过三个月。省级以下监察机关采取留置措施的，延长留置时间应当报上一级监察机关批准。监察机关发现采取留置措施不当或者不需要继续采取留置措施的，应当及时解除或者变更为责令候查措施。

对涉嫌职务犯罪的被调查人可能判处十年有期徒刑以上刑

罚，监察机关依照前款规定延长期限届满，仍不能调查终结的，经国家监察委员会批准或者决定，可以再延长二个月。

省级以上监察机关在调查期间，发现涉嫌职务犯罪的被调查人另有与留置时的罪行不同种的重大职务犯罪或者同种的影响罪名认定、量刑档次的重大职务犯罪，经国家监察委员会批准或者决定，自发现之日起依照本条第一款的规定重新计算留置时间。留置时间重新计算以一次为限。

第四十九条 监察机关采取强制到案、责令候查、管护、留置措施，可以根据工作需要提请公安机关配合。公安机关应当依法予以协助。

省级以下监察机关留置场所的看护勤务由公安机关负责，国家监察委员会留置场所的看护勤务由国家另行规定。留置看护队伍的管理依照国家有关规定执行。

第五十条 采取管护或者留置措施后，应当在二十四小时以内，通知被管护人员、被留置人员所在单位和家属，但有可能伪造、隐匿、毁灭证据，干扰证人作证或者串供等有碍调查情形的除外。有碍调查的情形消失后，应当立即通知被管护人员、被留置人员所在单位和家属。解除管护或者留置的，应当及时通知被管护人员、被留置人员所在单位和家属。

被管护人员、被留置人员及其近亲属有权申请变更管护、留置措施。监察机关收到申请后，应当在三日以内作出决定；不同意变更措施的，应当告知申请人，并说明不同意的理由。

监察机关应当保障被强制到案人员、被管护人员以及被留置人员的饮食、休息和安全，提供医疗服务。对其谈话、讯问的，应当合理安排时间和时长，谈话笔录、讯问笔录由被谈话人、被讯问人阅看后签名。

被管护人员、被留置人员涉嫌犯罪移送司法机关后，被依法判处管制、拘役或者有期徒刑的，管护、留置一日折抵管制二日，折抵拘役、有期徒刑一日。

第五十一条 监察机关在调查工作结束后，应当依法对案件事实和证据、性质认定、程序手续、涉案财物等进行全面审理，形成审理报告，提请集体审议。

第五十二条 监察机关根据监督、调查结果，依法作出如下处置：

（一）对有职务违法行为但情节较轻的公职人员，按照管理权限，直接或者委托有关机关、人员，进行谈话提醒、批评教育、责令检查，或者予以诫勉；

（二）对违法的公职人员依照法定程序作出警告、记过、记大过、降级、撤职、开除等政务处分决定；

（三）对不履行或者不正确履行职责负有责任的领导人员，按照管理权限对其直接作出问责决定，或者向有权作出问责决定的机关提出问责建议；

（四）对涉嫌职务犯罪的，监察机关经调查认为犯罪事实清楚，证据确实、充分的，制作起诉意见书，连同案卷材料、证据一并移送人民检察院依法审查、提起公诉；

（五）对监察对象所在单位廉政建设和履行职责存在的问题等提出监察建议。

监察机关经调查，对没有证据证明被调查人存在违法犯罪行为的，应当撤销案件，并通知被调查人所在单位。

第五十三条 监察机关经调查，对违法取得的财物，依法予以没收、追缴或者责令退赔；对涉嫌犯罪取得的财物，应当随案移送人民检察院。

第五十四条 对监察机关移送的案件，人民检察院依照《中华人民共和国刑事诉讼法》对被调查人采取强制措施。

人民检察院经审查，认为犯罪事实已经查清，证据确实、充分，依法应当追究刑事责任的，应当作出起诉决定。

人民检察院经审查，认为需要补充核实的，应当退回监察机关补充调查，必要时可以自行补充侦查。对于补充调查的案件，应当在一个月内补充调查完毕。补充调查以二次为限。

人民检察院对于有《中华人民共和国刑事诉讼法》规定的不起诉的情形的，经上一级人民检察院批准，依法作出不起诉的决定。监察机关认为不起诉的决定有错误的，可以向上一级人民检察院提请复议。

第五十五条 监察机关在调查贪污贿赂、失职渎职等职务犯罪案件过程中，被调查人逃匿或者死亡，有必要继续调查的，应当继续调查并作出结论。被调查人逃匿，在通缉一年后不能到案，或者死亡的，由监察机关提请人民检察院依照法定程序，向人民法院提出没收违法所得的申请。

第五十六条 监察对象对监察机关作出的涉及本人的处理决定不服的，可以在收到处理决定之日起一个月内，向作出决定的监察机关申请复审，复审机关应当在一个月内作出复审决定；监察对象对复审决定仍不服的，可以在收到复审决定之日起一个月内，向上一级监察机关申请复核，复核机关应当在二个月内作出复核决定。复审、复核期间，不停止原处理决定的执行。复核机关经审查，认定处理决定有错误的，原处理机关应当及时予以纠正。

第六章 反腐败国际合作

第五十七条 国家监察委员会统筹协调与其他国家、地区、国际组织开展的反腐败国际交流、合作，组织反腐败国际条约实施工作。

第五十八条 国家监察委员会会同有关单位加强与有关国家、地区、国际组织在反腐败方面开展引渡、移管被判刑人、遣返、联合调查、调查取证、资产追缴和信息交流等执法司法合作和司法协助。

第五十九条 国家监察委员会加强对反腐败国际追逃追赃和防逃工作的组织协调，督促有关单位做好相关工作：

（一）对于重大贪污贿赂、失职渎职等职务犯罪案件，被调查人逃匿到国（境）外，掌握证据比较确凿的，通过开展境外追逃合作，追捕归案；

（二）向赃款赃物所在国请求查询、冻结、扣押、没收、追缴、返还涉案资产；

（三）查询、监控涉嫌职务犯罪的公职人员及其相关人员进出国（境）和跨境资金流动情况，在调查案件过程中设置防逃程序。

第七章　对监察机关和监察人员的监督

第六十条 各级监察委员会应当接受本级人民代表大会及其常务委员会的监督。

各级人民代表大会常务委员会听取和审议本级监察委员会的专项工作报告，组织执法检查。

县级以上各级人民代表大会及其常务委员会举行会议时，人民代表大会代表或者常务委员会组成人员可以依照法律规定的程序，就监察工作中的有关问题提出询问或者质询。

第六十一条 监察机关应当依法公开监察工作信息，接受民主监督、社会监督、舆论监督。

第六十二条 监察机关根据工作需要，可以从各方面代表中聘请特约监察员。特约监察员按照规定对监察机关及其工作人员履行职责情况实行监督。

第六十三条 监察机关通过设立内部专门的监督机构等方式，加强对监察人员执行职务和遵守法律情况的监督，建设忠诚、干净、担当的监察队伍。

第六十四条 监察人员涉嫌严重职务违法或者职务犯罪，为防止造成更为严重的后果或者恶劣影响，监察机关经依法审批，可以对其采取禁闭措施。禁闭的期限不得超过七日。

被禁闭人员应当配合监察机关调查。监察机关经调查发现被禁闭人员符合管护或者留置条件的，可以对其采取管护或者留置措施。

本法第五十条的规定，适用于禁闭措施。

第六十五条 监察人员必须模范遵守宪法和法律，忠于职守、秉公执法，清正廉洁、保守秘密；必须具有良好的政治素质，熟悉监察业务，具备运用法律、法规、政策和调查取证等能力，自觉接受监督。

第六十六条 对于监察人员打听案情、过问案件、说情干预的，办理监察事项的监察人员应当及时报告。有关情况应当登记备案。

发现办理监察事项的监察人员未经批准接触被调查人、涉案人员及其特定关系人，或者存在交往情形的，知情人应当及时报告。有关情况应当登记备案。

第六十七条 办理监察事项的监察人员有下列情形之一的，应当自行回避，监察对象、检举人及其他有关人员也有权要求其回避：

（一）是监察对象或者检举人的近亲属的；

（二）担任过本案的证人的；

（三）本人或者其近亲属与办理的监察事项有利害关系的；

（四）有可能影响监察事项公正处理的其他情形的。

第六十八条 监察机关涉密人员离岗离职后，应当遵守脱密期管理规定，严格履行保密义务，不得泄露相关秘密。

监察人员辞职、退休三年内，不得从事与监察和司法工作相关联且可能发生利益冲突的职业。

第六十九条 监察机关及其工作人员有下列行为之一的，被调查人及其近亲属、利害关系人有权向该机关申诉：

（一）采取强制到案、责令候查、管护、留置或者禁闭措施法定期限届满，不予以解除或者变更的；

（二）查封、扣押、冻结与案件无关或者明显超出涉案范围的财物的；

（三）应当解除查封、扣押、冻结措施而不解除的；

（四）贪污、挪用、私分、调换或者违反规定使用查封、扣押、冻结的财物的；

（五）利用职权非法干扰企业生产经营或者侵害企业经营者人身权利、财产权利和其他合法权益的；

（六）其他违反法律法规、侵害被调查人合法权益的行为。

受理申诉的监察机关应当在受理申诉之日起一个月内作出处理决定。申诉人对处理决定不服的，可以在收到处理决定之日起一个月内向上一级监察机关申请复查，上一级监察机关应当在收到复查申请之日起二个月内作出处理决定，情况属实的，及时予以纠正。

第七十条 对调查工作结束后发现立案依据不充分或者失实，案件处置出现重大失误，监察人员严重违法的，应当追究负有责任的领导人员和直接责任人员的责任。

第八章 法律责任

第七十一条 有关单位拒不执行监察机关作出的处理决定，或者无正当理由拒不采纳监察建议的，由其主管部门、上级机关责令改正，对单位给予通报批评；对负有责任的领导人员和直接责任人员依法给予处理。

第七十二条 有关人员违反本法规定，有下列行为之一的，由其所在单位、主管部门、上级机关或者监察机关责令改正，依法给予处理：

（一）不按要求提供有关材料，拒绝、阻碍调查措施实施等拒不配合监察机关调查的；

（二）提供虚假情况，掩盖事实真相的；

（三）串供或者伪造、隐匿、毁灭证据的；

（四）阻止他人揭发检举、提供证据的；

（五）其他违反本法规定的行为，情节严重的。

第七十三条 监察对象对控告人、检举人、证人或者监察人员进行报复陷害的；控告人、检举人、证人捏造事实诬告陷害监察对象的，依法给予处理。

第七十四条 监察机关及其工作人员有下列行为之一的，对负有责任的领导人员和直接责任人员依法给予处理：

（一）未经批准、授权处置问题线索，发现重大案情隐瞒不报，或者私自留存、处理涉案材料的；

（二）利用职权或者职务上的影响干预调查工作、以案谋私的；

（三）违法窃取、泄露调查工作信息，或者泄露举报事项、举报受理情况以及举报人信息的；

（四）对被调查人或者涉案人员逼供、诱供，或者侮辱、打骂、虐待、体罚或者变相体罚的；

（五）违反规定处置查封、扣押、冻结的财物的；

（六）违反规定发生办案安全事故，或者发生安全事故后隐瞒不报、报告失实、处置不当的；

（七）违反规定采取强制到案、责令候查、管护、留置或者禁闭措施，或者法定期限届满，不予以解除或者变更的；

（八）违反规定采取技术调查、限制出境措施，或者不按规定解除技术调查、限制出境措施的；

（九）利用职权非法干扰企业生产经营或者侵害企业经营者人身权利、财产权利和其他合法权益的；

（十）其他滥用职权、玩忽职守、徇私舞弊的行为。

第七十五条　违反本法规定，构成犯罪的，依法追究刑事责任。

第七十六条　监察机关及其工作人员行使职权，侵犯公民、法人和其他组织的合法权益造成损害的，依法给予国家赔偿。

第九章　附　　则

第七十七条　中国人民解放军和中国人民武装警察部队开展监察工作，由中央军事委员会根据本法制定具体规定。

第七十八条　本法自公布之日起施行。《中华人民共和国行政监察法》同时废止。

中华人民共和国监察法实施条例

（2021 年 7 月 20 日国家监察委员会全体会议决定，自 2021 年 9 月 20 日起施行）

目　录

第一章　总　　则

第一条　为了推动监察工作法治化、规范化，根据《中华人民共和国监察法》（以下简称监察法），结合工作实际，制定本条例。

第二条　坚持中国共产党对监察工作的全面领导，增强政治意识、大局意识、核心意识、看齐意识，坚定中国特色社会主义道路自信、理论自信、制度自信、文化自信，坚决维护习近平总书记党中央的核心、全党的核心地位，坚决维护党中央权威和集中统一领导，把党的领导贯彻到监察工作各方面和全过程。

第三条 监察机关与党的纪律检查机关合署办公，坚持法治思维和法治方式，促进执纪执法贯通、有效衔接司法，实现依纪监督和依法监察、适用纪律和适用法律有机融合。

第四条 监察机关应当依法履行监督、调查、处置职责，坚持实事求是，坚持惩前毖后、治病救人，坚持惩戒与教育相结合，实现政治效果、法律效果和社会效果相统一。

第五条 监察机关应当坚定不移惩治腐败，推动深化改革、完善制度，规范权力运行，加强思想道德教育、法治教育、廉洁教育，引导公职人员提高觉悟、担当作为、依法履职，一体推进不敢腐、不能腐、不想腐体制机制建设。

第六条 监察机关坚持民主集中制，对于线索处置、立案调查、案件审理、处置执行、复审复核中的重要事项应当集体研究，严格按照权限履行请示报告程序。

第七条 监察机关应当在适用法律上一律平等，充分保障监察对象以及相关人员的人身权、知情权、财产权、申辩权、申诉权以及申请复审复核权等合法权益。

第八条 监察机关办理职务犯罪案件，应当与人民法院、人民检察院互相配合、互相制约，在案件管辖、证据审查、案件移送、涉案财物处置等方面加强沟通协调，对于人民法院、人民检察院提出的退回补充调查、排除非法证据、调取同步录音录像、要求调查人员出庭等意见依法办理。

第九条　监察机关开展监察工作，可以依法提请组织人事、公安、国家安全、审计、统计、市场监管、金融监管、财政、税务、自然资源、银行、证券、保险等有关部门、单位予以协助配合。

有关部门、单位应当根据监察机关的要求，依法协助采取有关措施、共享相关信息、提供相关资料和专业技术支持，配合开展监察工作。

第二章　监察机关及其职责

第一节　领导体制

第十条　国家监察委员会在党中央领导下开展工作。地方各级监察委员会在同级党委和上级监察委员会双重领导下工作，监督执法调查工作以上级监察委员会领导为主，线索处置和案件查办在向同级党委报告的同时应当一并向上一级监察委员会报告。

上级监察委员会应当加强对下级监察委员会的领导。下级监察委员会对上级监察委员会的决定必须执行，认为决定不当的，应当在执行的同时向上级监察委员会反映。上级监察委员会对下级监察委员会作出的错误决定，应当按程序予以纠正，或者要求下级监察委员会予以纠正。

第十一条　上级监察委员会可以依法统一调用所辖各级监察机关的监察人员办理监察事项。调用决定应当以书面形式作出。

监察机关办理监察事项应当加强互相协作和配合，对于重要、复杂事项可以提请上级监察机关予以协调。

第十二条　各级监察委员会依法向本级中国共产党机关、

国家机关、法律法规授权或者受委托管理公共事务的组织和单位以及所管辖的国有企业事业单位等派驻或者派出监察机构、监察专员。

省级和设区的市级监察委员会依法向地区、盟、开发区等不设置人民代表大会的区域派出监察机构或者监察专员。县级监察委员会和直辖市所辖区（县）监察委员会可以向街道、乡镇等区域派出监察机构或者监察专员。

监察机构、监察专员开展监察工作，受派出机关领导。

第十三条 派驻或者派出的监察机构、监察专员根据派出机关授权，按照管理权限依法对派驻或者派出监督单位、区域等的公职人员开展监督，对职务违法和职务犯罪进行调查、处置。监察机构、监察专员可以按规定与地方监察委员会联合调查严重职务违法、职务犯罪，或者移交地方监察委员会调查。

未被授予职务犯罪调查权的监察机构、监察专员发现监察对象涉嫌职务犯罪线索的，应当及时向派出机关报告，由派出机关调查或者依法移交有关地方监察委员会调查。

第二节 监察监督

第十四条 监察机关依法履行监察监督职责，对公职人员政治品行、行使公权力和道德操守情况进行监督检查，督促有关机关、单位加强对所属公职人员的教育、管理、监督。

第十五条 监察机关应当坚决维护宪法确立的国家指导思想，加强对公职人员特别是领导人员坚持党的领导、坚持中国特色社会主义制度，贯彻落实党和国家路线方针政策、重大决策部署，履行从严管理监督职责，依法行使公权力等情况的监督。

第十六条 监察机关应当加强对公职人员理想教育、为人民服务教育、宪法法律法规教育、优秀传统文化教育，弘扬社会主义核心价值观，深入开展警示教育，教育引导公职人员树立正确的权力观、责任观、利益观，保持为民务实清廉本色。

第十七条 监察机关应当结合公职人员的职责加强日常监督，通过收集群众反映、座谈走访、查阅资料、召集或者列席会议、听取工作汇报和述责述廉、开展监督检查等方式，促进公职人员依法用权、秉公用权、廉洁用权。

第十八条 监察机关可以与公职人员进行谈心谈话，发现政治品行、行使公权力和道德操守方面有苗头性、倾向性问题的，及时进行教育提醒。

第十九条 监察机关对于发现的系统性、行业性的突出问题，以及群众反映强烈的问题，可以通过专项检查进行深入了解，督促有关机关、单位强化治理，促进公职人员履职尽责。

第二十条 监察机关应当以办案促进整改、以监督促进治理，在查清问题、依法处置的同时，剖析问题发生的原因，发现制度建设、权力配置、监督机制等方面存在的问题，向有关机关、单位提出改进工作的意见或者监察建议，促进完善制度，提高治理效能。

第二十一条 监察机关开展监察监督，应当与纪律监督、派驻监督、巡视监督统筹衔接，与人大监督、民主监督、行政监督、司法监督、审计监督、财会监督、统计监督、群众监督和舆论监督等贯通协调，健全信息、资源、成果共享等机制，形成监督合力。

第三节　监察调查

第二十二条 监察机关依法履行监察调查职责，依据监察法、《中华人民共和国公职人员政务处分法》（以下简称政务处分法）和《中华人民共和国刑法》（以下简称刑法）等规定对职务违法和职务犯罪进行调查。

第二十三条　监察机关负责调查的职务违法是指公职人员实施的与其职务相关联，虽不构成犯罪但依法应当承担法律责任的下列违法行为：

（一）利用职权实施的违法行为；

（二）利用职务上的影响实施的违法行为；

（三）履行职责不力、失职失责的违法行为；

（四）其他违反与公职人员职务相关的特定义务的违法行为。

第二十四条　监察机关发现公职人员存在其他违法行为，具有下列情形之一的，可以依法进行调查、处置：

（一）超过行政违法追究时效，或者超过犯罪追诉时效、未追究刑事责任，但需要依法给予政务处分的；

（二）被追究行政法律责任，需要依法给予政务处分的；

（三）监察机关调查职务违法或者职务犯罪时，对被调查人实施的事实简单、清楚，需要依法给予政务处分的其他违法行为一并查核的。

监察机关发现公职人员成为监察对象前有前款规定的违法行为的，依照前款规定办理。

第二十五条　监察机关依法对监察法第十一条第二项规定的职务犯罪进行调查。

第二十六条　监察机关依法调查涉嫌贪污贿赂犯罪，包括贪污罪，挪用公款罪，受贿罪，单位受贿罪，利用影响力受贿罪，行贿罪，对有影响力的人行贿罪，对单位行贿罪，介绍贿赂罪，单位行贿罪，巨额财产来源不明罪，隐瞒境外存款罪，私分国有资产罪，私分罚没财物罪，以及公职人员在行使公权力过程中实施的职务侵占罪，挪用资金罪，对外国公职人员、国际公共组织官员行贿罪，非国家工作人员受贿罪和相关联的对非国家工作人员行贿罪。

第二十七条 监察机关依法调查公职人员涉嫌滥用职权犯罪，包括滥用职权罪，国有公司、企业、事业单位人员滥用职权罪，滥用管理公司、证券职权罪，食品、药品监管渎职罪，故意泄露国家秘密罪，报复陷害罪，阻碍解救被拐卖、绑架妇女、儿童罪，帮助犯罪分子逃避处罚罪，违法发放林木采伐许可证罪，办理偷越国（边）境人员出入境证件罪，放行偷越国（边）境人员罪，挪用特定款物罪，非法剥夺公民宗教信仰自由罪，侵犯少数民族风俗习惯罪，打击报复会计、统计人员罪，以及司法工作人员以外的公职人员利用职权实施的非法拘禁罪、虐待被监管人罪、非法搜查罪。

第二十八条 监察机关依法调查公职人员涉嫌玩忽职守犯罪，包括玩忽职守罪，国有公司、企业、事业单位人员失职罪，签订、履行合同失职被骗罪，国家机关工作人员签订、履行合同失职被骗罪，环境监管失职罪，传染病防治失职罪，商检失职罪，动植物检疫失职罪，不解救被拐卖、绑架妇女、儿童罪，失职造成珍贵文物损毁、流失罪，过失泄露国家秘密罪。

第二十九条 监察机关依法调查公职人员涉嫌徇私舞弊犯罪，包括徇私舞弊低价折股、出售国有资产罪，非法批准征收、征用、占用土地罪，非法低价出让国有土地使用权罪，非法经营同类营业罪，为亲友非法牟利罪，枉法仲裁罪，徇私舞弊发售发票、抵扣税款、出口退税罪，商检徇私舞弊罪，动植物检疫徇私舞弊罪，放纵走私罪，放纵制售伪劣商品犯罪行为罪，招收公务员、学生徇私舞弊罪，徇私舞弊不移交刑事案件罪，违法提供出口退税凭证罪，徇私舞弊不征、少征税款罪。

第三十条 监察机关依法调查公职人员在行使公权力过程中涉及的重大责任事故犯罪，包括重大责任事故罪，教育设施重大安全事故罪，消防责任事故罪，重大劳动安全事故罪，强令、组织他人违章冒险作业罪，危险作业罪，不报、谎报安全事故罪，铁路运营安全事故罪，重大飞行事故罪，大型群众性活动重大安全事故罪，危险物品肇事罪，工程重大安全事故罪。

第三十一条 监察机关依法调查公职人员在行使公权力过程中涉及的其他犯罪，包括破坏选举罪，背信损害上市公司利益罪，金融工作人员购买假币、以假币换取货币罪，利用未公开信息交易罪，诱骗投资者买卖证券、期货合约罪，背信运用受托财产罪，违法运用资金罪，违法发放贷款罪，吸收客户资金不入账罪，违规出具金融票证罪，对违法票据承兑、付款、保证罪，非法转让、倒卖土地使用权罪，私自开拆、隐匿、毁弃邮件、电报罪，故意延误投递邮件罪，泄露不应公开的案件信息罪，披露、报道不应公开的案件信息罪，接送不合格兵员罪。

第三十二条 监察机关发现依法由其他机关管辖的违法犯罪线索，应当及时移送有管辖权的机关。

监察机关调查结束后，对于应当给予被调查人或者涉案人员行政处罚等其他处理的，依法移送有关机关。

第四节 监察处置

第三十三条 监察机关对违法的公职人员，依据监察法、政务处分法等规定作出政务处分决定。

第三十四条 监察机关在追究违法的公职人员直接责任的

同时，依法对履行职责不力、失职失责，造成严重后果或者恶劣影响的领导人员予以问责。

监察机关应当组成调查组依法开展问责调查。调查结束后经集体讨论形成调查报告，需要进行问责的按照管理权限作出问责决定，或者向有权作出问责决定的机关、单位书面提出问责建议。

第三十五条 监察机关对涉嫌职务犯罪的人员，经调查认为犯罪事实清楚，证据确实、充分，需要追究刑事责任的，依法移送人民检察院审查起诉。

第三十六条 监察机关根据监督、调查结果，发现监察对象所在单位在廉政建设、权力制约、监督管理、制度执行以及履行职责等方面存在问题需要整改纠正的，依法提出监察建议。

监察机关应当跟踪了解监察建议的采纳情况，指导、督促有关单位限期整改，推动监察建议落实到位。

第三章 监察范围和管辖

第一节 监察对象

第三十七条 监察机关依法对所有行使公权力的公职人员进行监察，实现国家监察全面覆盖。

第三十八条 监察法第十五条第一项所称公务员范围，依据《中华人民共和国公务员法》（以下简称公务员法）确定。

监察法第十五条第一项所称参照公务员法管理的人员，是指有关单位中经批准参照公务员法进行管理的工作人员。

第三十九条 监察法第十五条第二项所称法律、法规授权或者受国家机关依法委托管理公共事务的组织中从事公务的人员，是指在上述组织中，除参照公务员法管理的人员外，对公共事务履行组织、领导、管理、监督等职责的人员，包括具有公共事务管理职能的行业协会等组织中从事公务的人员，以及法定检验检测、检疫等机构中从事公务的人员。

第四十条 监察法第十五条第三项所称国有企业管理人员，是指国家出资企业中的下列人员：

（一）在国有独资、全资公司、企业中履行组织、领导、管理、监督等职责的人员；

（二）经党组织或者国家机关，国有独资、全资公司、企业，事业单位提名、推荐、任命、批准等，在国有控股、参股公司及其分支机构中履行组织、领导、管理、监督等职责的人员；

（三）经国家出资企业中负有管理、监督国有资产职责的组织批准或者研究决定，代表其在国有控股、参股公司及其分支机构中从事组织、领导、管理、监督等工作的人员。

第四十一条 监察法第十五条第四项所称公办的教育、科研、文化、医疗卫生、体育等单位中从事管理的人员，是指国家为了社会公益目的，由国家机关举办或者其他组织利用国有资产举办的教育、科研、文化、医疗卫生、体育等事业单位中，从事组织、领导、管理、监督等工作的人员。

第四十二条 监察法第十五条第五项所称基层群众性自治组织中从事管理的人员，是指该组织中的下列人员：

（一）从事集体事务和公益事业管理的人员；

（二）从事集体资金、资产、资源管理的人员；

（三）协助人民政府从事行政管理工作的人员，包括从事救灾、防疫、抢险、防汛、优抚、帮扶、移民、救济款物的管理，社会捐助公益事业款物的管理，国有土地的经营和管理，土地征收、征用补偿费用的管理，代征、代缴税款，有关计划生育、户籍、征兵工作，协助人民政府等国家机关在基层群众性自治组织中从事的其他管理工作。

第四十三条 下列人员属于监察法第十五条第六项所称其他依法履行公职的人员：

（一）履行人民代表大会职责的各级人民代表大会代表，履行公职的中国人民政治协商会议各级委员会委员、人民陪审员、人民监督员；

（二）虽未列入党政机关人员编制，但在党政机关中从事公务的人员；

（三）在集体经济组织等单位、组织中，由党组织或者国家机关，国有独资、全资公司、企业，国家出资企业中负有管理监督国有和集体资产职责的组织，事业单位提名、推荐、任命、批准等，从事组织、领导、管理、监督等工作的人员；

（四）在依法组建的评标、谈判、询价等组织中代表国家机关，国有独资、全资公司、企业，事业单位，人民团体临时履行公共事务组织、领导、管理、监督等职责的人员；

（五）其他依法行使公权力的人员。

第四十四条 有关机关、单位、组织集体作出的决定违法或者实施违法行为的，监察机关应当对负有责任的领导人员和直接责任人员中的公职人员依法追究法律责任。

第二节 管 辖

第四十五条 监察机关开展监督、调查、处置，按照管理权限与属地管辖相结合的原则，实行分级负责制。

第四十六条 设区的市级以上监察委员会按照管理权限，依法管辖同级党委管理的公职人员涉嫌职务违法和职务犯罪案件。

县级监察委员会和直辖市所辖区（县）监察委员会按照管理权限，依法管辖本辖区内公职人员涉嫌职务违法和职务犯罪案件。

地方各级监察委员会按照本条例第十三条、第四十九条规定，可以依法管辖工作单位在本辖区内的有关公职人员涉嫌职务违法和职务犯罪案件。

监察机关调查公职人员涉嫌职务犯罪案件，可以依法对涉嫌行贿犯罪、介绍贿赂犯罪或者共同职务犯罪的涉案人员中的非公职人员一并管辖。非公职人员涉嫌利用影响力受贿罪的，按照其所利用的公职人员的管理权限确定管辖。

第四十七条 上级监察机关对于下一级监察机关管辖范围内的职务违法和职务犯罪案件，具有下列情形之一的，可以依法提级管辖：

（一）在本辖区有重大影响的；

（二）涉及多个下级监察机关管辖的监察对象，调查难度大的；

（三）其他需要提级管辖的重大、复杂案件。

上级监察机关对于所辖各级监察机关管辖范围内有重大影响的案件，必要时可以依法直接调查或者组织、指挥、参与调查。

地方各级监察机关所管辖的职务违法和职务犯罪案件，具有第一款规定情形的，可以依法报请上一级监察机关管辖。

第四十八条 上级监察机关可以依法将其所管辖的案件指定下级监察机关管辖。

设区的市级监察委员会将同级党委管理的公职人员涉嫌职

务违法或者职务犯罪案件指定下级监察委员会管辖的，应当报省级监察委员会批准；省级监察委员会将同级党委管理的公职人员涉嫌职务违法或者职务犯罪案件指定下级监察委员会管辖的，应当报国家监察委员会相关监督检查部门备案。

上级监察机关对于下级监察机关管辖的职务违法和职务犯罪案件，具有下列情形之一，认为由其他下级监察机关管辖更为适宜的，可以依法指定给其他下级监察机关管辖：

（一）管辖有争议的；

（二）指定管辖有利于案件公正处理的；

（三）下级监察机关报请指定管辖的；

（四）其他有必要指定管辖的。

被指定的下级监察机关未经指定管辖的监察机关批准，不得将案件再行指定管辖。发现新的职务违法或者职务犯罪线索，以及其他重要情况、重大问题，应当及时向指定管辖的监察机关请示报告。

第四十九条 工作单位在地方、管理权限在主管部门的公职人员涉嫌职务违法和职务犯罪，一般由驻在主管部门、有管辖权的监察机构、监察专员管辖；经协商，监察机构、监察专员可以按规定移交公职人员工作单位所在地的地方监察委员会调查，或者与地方监察委员会联合调查。地方监察委员会在工作中发现上述公职人员有关问题线索，应当向驻在主管部门、有管辖权的监察机构、监察专员通报，并协商确定管辖。

前款规定单位的其他公职人员涉嫌职务违法和职务犯罪，可以由地方监察委员会管辖；驻在主管部门的监察机构、监察专员自行立案调查的，应当及时通报地方监察委员会。

地方监察委员会调查前两款规定案件，应当将立案、留置、移送审查起诉、撤销案件等重要情况向驻在主管部门的监察机构、监察专员通报。

第五十条 监察机关办理案件中涉及无隶属关系的其他监察机关的监察对象，认为需要立案调查的，应当商请有管理权限的监察机关依法立案调查。商请立案时，应当提供涉案人员基本情况、已经查明的涉嫌违法犯罪事实以及相关证据材料。

承办案件的监察机关认为由其一并调查更为适宜的，可以报请有权决定的上级监察机关指定管辖。

第五十一条 公职人员既涉嫌贪污贿赂、失职渎职等严重职务违法和职务犯罪，又涉嫌公安机关、人民检察院等机关管辖的犯罪，依法由监察机关为主调查的，应当由监察机关和其他机关分别依职权立案，监察机关承担组织协调职责，协调调查和侦查工作进度、重要调查和侦查措施使用等重要事项。

第五十二条 监察机关必要时可以依法调查司法工作人员利用职权实施的涉嫌非法拘禁、刑讯逼供、非法搜查等侵犯公民权利、损害司法公正的犯罪，并在立案后及时通报同级人民检察院。

监察机关在调查司法工作人员涉嫌贪污贿赂等职务犯罪中，可以对其涉嫌的前款规定的犯罪一并调查，并及时通报同级人民检察院。人民检察院在办理直接受理侦查的案件中，发现犯罪嫌疑人同时涉嫌监察机关管辖的其他职务犯罪，经沟通全案移送监察机关管辖的，监察机关应当依法进行调查。

第五十三条 监察机关对于退休公职人员在退休前或者退休后，或者离职、死亡的公职人员在履职期间实施的涉嫌职务违法或者职务犯罪行为，可以依法进行调查。

对前款规定人员，按照其原任职务的管辖规定确定管辖的监察机关；由其他监察机关管辖更为适宜的，可以依法指定或者交由其他监察机关管辖。

第四章　监察权限

第一节　一般要求

第五十四条　监察机关应当加强监督执法调查工作规范化建设，严格按规定对监察措施进行审批和监管，依照法定的范围、程序和期限采取相关措施，出具、送达法律文书。

第五十五条　监察机关在初步核实中，可以依法采取谈话、询问、查询、调取、勘验检查、鉴定措施；立案后可以采取讯问、留置、冻结、搜查、查封、扣押、通缉措施。需要采取技术调查、限制出境措施的，应当按照规定交有关机关依法执行。设区的市级以下监察机关在初步核实中不得采取技术调查措施。

开展问责调查，根据具体情况可以依法采取相关监察措施。

第五十六条　开展讯问、搜查、查封、扣押以及重要的谈话、询问等调查取证工作，应当全程同步录音录像，并保持录音录像资料的完整性。录音录像资料应当妥善保管、及时归档，留存备查。

人民检察院、人民法院需要调取同步录音录像的，监察机关应当予以配合，经审批依法予以提供。

第五十七条　需要商请其他监察机关协助收集证据材料的，应当依法出具《委托调查函》；商请其他监察机关对采取措施提供一般性协助的，应当依法出具《商请协助采取措施函》。商请协助事项涉及协助地监察机关管辖的监察对象的，应当由协助地监察机关按照所涉人员的管理权限报批。协助地监察机关对于协助请求，应当依法予以协助配合。

第五十八条　采取监察措施需要告知、通知相关人员的，应当依法办理。告知包括口头、书面两种方式，通知应当采取书面方式。采取口头方式告知的，应当将相关情况制作工作记录；采取书面方式告知、通知的，可以通过直接送交、邮寄、转交等途径送达，将有关回执或者凭证附卷。

无法告知、通知，或者相关人员拒绝接收的，调查人员应当在工作记录或者有关文书上记明。

第二节　证　　据

第五十九条　可以用于证明案件事实的材料都是证据，包括：

（一）物证；

（二）书证；

（三）证人证言；

（四）被害人陈述；

（五）被调查人陈述、供述和辩解；

（六）鉴定意见；

（七）勘验检查、辨认、调查实验等笔录；

（八）视听资料、电子数据。

监察机关向有关单位和个人收集、调取证据时，应当告知其必须依法如实提供证据。对于不按要求提供有关材料，泄露相关信息，伪造、隐匿、毁灭证据，提供虚假情况或者阻止他人提供证据的，依法追究法律责任。

监察机关依照监察法和本条例规定收集的证据材料，经审查符合法定要求的，在刑事诉讼中可以作为证据使用。

第六十条　监察机关认定案件事实应当以证据为根据，全面、客观地收集、固定被调查人有无违法犯罪以及情节轻重的各种证据，形成相互印证、完整稳定的证据链。

只有被调查人陈述或者供述，没有其他证据的，不能认定案件事实；没有被调查人陈述或者供述，证据符合法定标准的，可以认定案件事实。

第六十一条 证据必须经过查证属实，才能作为定案的根据。审查认定证据，应当结合案件的具体情况，从证据与待证事实的关联程度、各证据之间的联系、是否依照法定程序收集等方面进行综合判断。

第六十二条 监察机关调查终结的职务违法案件，应当事实清楚、证据确凿。证据确凿，应当符合下列条件：

（一）定性处置的事实都有证据证实；

（二）定案证据真实、合法；

（三）据以定案的证据之间不存在无法排除的矛盾；

（四）综合全案证据，所认定事实清晰且令人信服。

第六十三条 监察机关调查终结的职务犯罪案件，应当事实清楚，证据确实、充分。证据确实、充分，应当符合下列条件：

（一）定罪量刑的事实都有证据证明；

（二）据以定案的证据均经法定程序查证属实；

（三）综合全案证据，对所认定事实已排除合理怀疑。

证据不足的，不得移送人民检察院审查起诉。

第六十四条 严禁以暴力、威胁、引诱、欺骗以及非法限制人身自由等非法方法收集证据，严禁侮辱、打骂、虐待、体罚或者变相体罚被调查人、涉案人员和证人。

第六十五条 对于调查人员采用暴力、威胁以及非法限制人身自由等非法方法收集的被调查人供述、证人证言、被害人陈述，应当依法予以排除。

前款所称暴力的方法，是指采用殴打、违法使用戒具等方法或者变相肉刑的恶劣手段，使人遭受难以忍受的痛苦而违背意愿作出供述、证言、陈述；威胁的方法，是指采用以暴力或者严重损害本人及其近亲属合法权益等进行威胁的方法，使人遭受难以忍受的痛苦而违背意愿作出供述、证言、陈述。

收集物证、书证不符合法定程序，可能严重影响案件公正处理的，应当予以补正或者作出合理解释；不能补正或者作出合理解释的，对该证据应当予以排除。

第六十六条 监察机关监督检查、调查、案件审理、案件监督管理等部门发现监察人员在办理案件中，可能存在以非法方法收集证据情形的，应当依据职责进行调查核实。对于被调查人控告、举报调查人员采用非法方法收集证据，并提供涉嫌非法取证的人员、时间、地点、方式和内容等材料或者线索的，应当受理并进行审核。根据现有材料无法证明证据收集合法性的，应当进行调查核实。

经调查核实，确认或者不能排除以非法方法收集证据的，对有关证据依法予以排除，不得作为案件定性处置、移送审查起诉的依据。认定调查人员非法取证的，应当依法处理，另行指派调查人员重新调查取证。

监察机关接到对下级监察机关调查人员采用非法方法收集证据的控告、举报，可以直接进行调查核实，也可以交由下级监察机关调查核实。交由下级监察机关调查核实的，下级监察机关应当及时将调查结果报告上级监察机关。

第六十七条 对收集的证据材料及扣押的财物应当妥善保管，严格履行交接、调用手续，定期对账核实，不得违规使用、调换、损毁或者自行处理。

第六十八条 监察机关对行政机关在行政执法和查办案件中收集的物证、书证、视听资料、电子数据，勘验、检查等笔录，以及鉴定意见等证据材料，经审查符合法定要求的，可以作为证据使用。

根据法律、行政法规规定行使国家行政管理职权的组织在行政执法和查办案件中收集的证据材料，视为行政机关收集的证据材料。

第六十九条 监察机关对人民法院、人民检察院、公安机关、国家安全机关等在刑事诉讼中收集的物证、书证、视听资料、电子数据，勘验、检查、辨认、侦查实验等笔录，以及鉴定意见等证据材料，经审查符合法定要求的，可以作为证据使用。

监察机关办理职务违法案件，对于人民法院生效刑事判决、裁定和人民检察院不起诉决定采信的证据材料，可以直接作为证据使用。

第三节 谈 话

第七十条 监察机关在问题线索处置、初步核实和立案调查中，可以依法对涉嫌职务违法的监察对象进行谈话，要求其如实说明情况或者作出陈述。

谈话应当个别进行。负责谈话的人员不得少于二人。

第七十一条 对一般性问题线索的处置，可以采取谈话方式进行，对监察对象给予警示、批评、教育。谈话应当在工作地点等场所进行，明确告知谈话事项，注重谈清问题、取得教育效果。

第七十二条 采取谈话方式处置问题线索的，经审批可以由监察人员或者委托被谈话人所在单位主要负责人等进行谈话。

监察机关谈话应当形成谈话笔录或者记录。谈话结束后，可以根据需要要求被谈话人在十五个工作日以内作出书面说明。被谈话人应当在书面说明每页签名，修改的地方也应当签名。

委托谈话的，受委托人应当在收到委托函后的十五个工作日以内进行谈话。谈话结束后及时形成谈话情况材料报送监察机关，必要时附被谈话人的书面说明。

第七十三条 监察机关开展初步核实工作，一般不与被核查人接触；确有需要与被核查人谈话的，应当按规定报批。

第七十四条 监察机关对涉嫌职务违法的被调查人立案后，可以依法进行谈话。

与被调查人首次谈话时，应当出示《被调查人权利义务告知书》，由其签名、捺指印。被调查人拒绝签名、捺指印的，调查人员应当在文书上记明。对于被调查人未被限制人身自由的，应当在首次谈话时出具《谈话通知书》。

与涉嫌严重职务违法的被调查人进行谈话的，应当全程同步录音录像，并告知被调查人。告知情况应当在录音录像中予以反映，并在笔录中记明。

第七十五条 立案后，与未被限制人身自由的被调查人谈话的，应当在具备安全保障条件的场所进行。

调查人员按规定通知被调查人所在单位派员或者被调查人家属陪同被调查人到指定场所的，应当与陪同人员办理交接手续，填写《陪送交接单》。

第七十六条 调查人员与被留置的被调查人谈话的，按照法定程序在留置场所进行。

与在押的犯罪嫌疑人、被告人谈话的，应当持以监察机关名义出具的介绍信、工作证件，商请有关案件主管机关依法协助办理。

与在看守所、监狱服刑的人员谈话的，应当持以监察机关名义出具的介绍信、工作证件办理。

第七十七条 与被调查人进行谈话，应当合理安排时间、控制时长，保证其饮食和必要的休息时间。

第七十八条 谈话笔录应当在谈话现场制作。笔录应当详细具体，如实反映谈话情况。笔录制作完成后，应当交给被调查人核对。被调查人没有阅读能力的，应当向其宣读。

笔录记载有遗漏或者差错的，应当补充或者更正，由被调查人在补充或者更正处捺指印。被调查人核对无误后，应当在笔录中逐页签名、捺指印。被调查人拒绝签名、捺指印的，调查人员应当在笔录中记明。调查人员也应当在笔录中签名。

第七十九条 被调查人请求自行书写说明材料的，应当准许。必要时，调查人员可以要求被调查人自行书写说明材料。

被调查人应当在说明材料上逐页签名、捺指印，在末页写明日期。对说明材料有修改的，在修改之处应当捺指印。说明材料应当由二名调查人员接收，在首页记明接收的日期并签名。

第八十条 本条例第七十四条至第七十九条的规定，也适用于在初步核实中开展的谈话。

第四节 讯　问

第八十一条 监察机关对涉嫌职务犯罪的被调查人，可以依法进行讯问，要求其如实供述涉嫌犯罪的情况。

第八十二条 讯问被留置的被调查人，应当在留置场所进行。

第八十三条 讯问应当个别进行，调查人员不得少于二人。

首次讯问时，应当向被讯问人出示《被调查人权利义务告知书》，由其签名、捺指印。被讯问人拒绝签名、捺指印的，调查人员应当在文书上记明。被讯问人未被限制人身自由的，应当在首次讯问时向其出具《讯问通知书》。

讯问一般按照下列顺序进行：

（一）核实被讯问人的基本情况，包括姓名、曾用名、出生年月日、户籍地、身份证件号码、民族、职业、政治面貌、文化程度、工作单位及职务、住所、家庭情况、社会经历，是否属于党代表大会代表、人大代表、政协委员，是否受到过党纪政务处分，是否受到过刑事处罚等；

（二）告知被讯问人如实供述自己罪行可以依法从宽处理和认罪认罚的法律规定；

（三）讯问被讯问人是否有犯罪行为，让其陈述有罪的事实或者无罪的辩解，应当允许其连贯陈述。

调查人员的提问应当与调查的案件相关。被讯问人对调查人员的提问应当如实回答。调查人员对被讯问人的辩解，应当如实记录，认真查核。

讯问时，应当告知被讯问人将进行全程同步录音录像。告知情况应当在录音录像中予以反映，并在笔录中记明。

第八十四条　本条例第七十五条至第七十九条的要求，也适用于讯问。

第五节　询　　问

第八十五条　监察机关按规定报批后，可以依法对证人、被害人等人员进行询问，了解核实有关问题或者案件情况。

第八十六条　证人未被限制人身自由的，可以在其工作地点、住所或者其提出的地点进行询问，也可以通知其到指定地点接受询问。到证人提出的地点或者调查人员指定的地点进行询问的，应当在笔录中记明。

调查人员认为有必要或者证人提出需要由所在单位派员或者其家属陪同到询问地点的，应当办理交接手续并填写《陪送交接单》。

第八十七条 询问应当个别进行。负责询问的调查人员不得少于二人。

首次询问时，应当向证人出示《证人权利义务告知书》，由其签名、捺指印。证人拒绝签名、捺指印的，调查人员应当在文书上记明。证人未被限制人身自由的，应当在首次询问时向其出具《询问通知书》。

询问时，应当核实证人身份，问明证人的基本情况，告知证人应当如实提供证据、证言，以及作伪证或者隐匿证据应当承担的法律责任。不得向证人泄露案情，不得采用非法方法获取证言。

询问重大或者有社会影响案件的重要证人，应当对询问过程全程同步录音录像，并告知证人。告知情况应当在录音录像中予以反映，并在笔录中记明。

第八十八条 询问未成年人，应当通知其法定代理人到场。无法通知或者法定代理人不能到场的，应当通知未成年人的其他成年亲属或者所在学校、居住地基层组织的代表等有关人员到场。询问结束后，由法定代理人或者有关人员在笔录中签名。调查人员应当将到场情况记录在案。

询问聋、哑人，应当有通晓聋、哑手势的人员参加。调查人员应当在笔录中记明证人的聋、哑情况，以及翻译人员的姓名、工作单位和职业。询问不通晓当地通用语言、文字的证人，应当有翻译人员。询问结束后，由翻译人员在笔录中签名。

第八十九条 凡是知道案件情况的人，都有如实作证的义务。对故意提供虚假证言的证人，应当依法追究法律责任。

证人或者其他任何人不得帮助被调查人隐匿、毁灭、伪造证据或者串供，不得实施其他干扰调查活动的行为。

第九十条 证人、鉴定人、被害人因作证，本人或者近亲属人身安全面临危险，向监察机关请求保护的，监察机关应当受理并及时进行审查；对于确实存在人身安全危险的，监察机关应当采取必要的保护措施。监察机关发现存在上述情形的，应当主动采取保护措施。

监察机关可以采取下列一项或者多项保护措施：

（一）不公开真实姓名、住址和工作单位等个人信息；

（二）禁止特定的人员接触证人、鉴定人、被害人及其近亲属；

（三）对人身和住宅采取专门性保护措施；

（四）其他必要的保护措施。

依法决定不公开证人、鉴定人、被害人的真实姓名、住址和工作单位等个人信息的，可以在询问笔录等法律文书、证据材料中使用化名。但是应当另行书面说明使用化名的情况并标明密级，单独成卷。

监察机关采取保护措施需要协助的，可以提请公安机关等有关单位和要求有关个人依法予以协助。

第九十一条 本条例第七十六条至第七十九条的要求，也适用于询问。询问重要涉案人员，根据情况适用本条例第七十五条的规定。

询问被害人，适用询问证人的规定。

第六节　留　　置

第九十二条　监察机关调查严重职务违法或者职务犯罪，对于符合监察法第二十二条第一款规定的，经依法审批，可以对被调查人采取留置措施。

监察法第二十二条第一款规定的严重职务违法，是指根据监察机关已经掌握的事实及证据，被调查人涉嫌的职务违法行为情节严重，可能被给予撤职以上政务处分；重要问题，是指对被调查人涉嫌的职务违法或者职务犯罪，在定性处置、定罪量刑等方面有重要影响的事实、情节及证据。

监察法第二十二条第一款规定的已经掌握其部分违法犯罪事实及证据，是指同时具备下列情形：

（一）有证据证明发生了违法犯罪事实；

（二）有证据证明该违法犯罪事实是被调查人实施；

（三）证明被调查人实施违法犯罪行为的证据已经查证属实。

部分违法犯罪事实，既可以是单一违法犯罪行为的事实，也可以是数个违法犯罪行为中任何一个违法犯罪行为的事实。

第九十三条　被调查人具有下列情形之一的，可以认定为监察法第二十二条第一款第二项所规定的可能逃跑、自杀：

（一）着手准备自杀、自残或者逃跑的；

（二）曾经有自杀、自残或者逃跑行为的；

（三）有自杀、自残或者逃跑意图的；

（四）其他可能逃跑、自杀的情形。

第九十四条　被调查人具有下列情形之一的，可以认定为监察法第二十二条第一款第三项所规定的可能串供或者伪造、隐匿、毁灭证据：

（一）曾经或者企图串供，伪造、隐匿、毁灭、转移证据的；

（二）曾经或者企图威逼、恐吓、利诱、收买证人，干扰证人作证的；

（三）有同案人或者与被调查人存在密切关联违法犯罪的涉案人员在逃，重要证据尚未收集完成的；

（四）其他可能串供或者伪造、隐匿、毁灭证据的情形。

第九十五条 被调查人具有下列情形之一的，可以认定为监察法第二十二条第一款第四项所规定的可能有其他妨碍调查行为：

（一）可能继续实施违法犯罪行为的；

（二）有危害国家安全、公共安全等现实危险的；

（三）可能对举报人、控告人、被害人、证人、鉴定人等相关人员实施打击报复的；

（四）无正当理由拒不到案，严重影响调查的；

（五）其他可能妨碍调查的行为。

第九十六条 对下列人员不得采取留置措施：

（一）患有严重疾病、生活不能自理的；

（二）怀孕或者正在哺乳自己婴儿的妇女；

（三）系生活不能自理的人的唯一扶养人。

上述情形消除后，根据调查需要可以对相关人员采取留置措施。

第九十七条 采取留置措施时，调查人员不得少于二人，应当向被留置人员宣布《留置决定书》，告知被留置人员权利义务，要求其在《留置决定书》上签名、捺指印。被留置人员拒绝签名、捺指印的，调查人员应当在文书上记明。

第九十八条 采取留置措施后，应当在二十四小时以内通知被留置人员所在单位和家属。当面通知的，由有关人员在《留置通知书》上签名。无法当面通知的，可以先以电话等方式通知，并通过邮寄、转交等方式送达《留置通知书》，要求有关人员在《留置通知书》上签名。

因可能毁灭、伪造证据，干扰证人作证或者串供等有碍调查情形而不宜通知的，应当按规定报批，记录在案。有碍调查的情形消失后，应当立即通知被留置人员所在单位和家属。

第九十九条 县级以上监察机关需要提请公安机关协助采取留置措施的，应当按规定报批，请同级公安机关依法予以协助。提请协助时，应当出具《提请协助采取留置措施函》，列明提请协助的具体事项和建议，协助采取措施的时间、地点等内容，附《留置决定书》复印件。

因保密需要，不适合在采取留置措施前向公安机关告知留置对象姓名的，可以作出说明，进行保密处理。

需要提请异地公安机关协助采取留置措施的，应当按规定报批，向协作地同级监察机关出具协作函件和相关文书，由协作地监察机关提请当地公安机关依法予以协助。

第一百条 留置过程中，应当保障被留置人员的合法权益，尊重其人格和民族习俗，保障饮食、休息和安全，提供医疗服务。

第一百零一条 留置时间不得超过三个月，自向被留置人员宣布之日起算。具有下列情形之一的，经审批可以延长一次，延长时间不得超过三个月：

（一）案情重大，严重危害国家利益或者公共利益的；

（二）案情复杂，涉案人员多、金额巨大，涉及范围广的；

（三）重要证据尚未收集完成，或者重要涉案人员尚未到案，导致违法犯罪的主要事实仍须继续调查的；

（四）其他需要延长留置时间的情形。

省级以下监察机关采取留置措施的，延长留置时间应当报上一级监察机关批准。

延长留置时间的，应当在留置期满前向被留置人员宣布延长留置时间的决定，要求其在《延长留置时间决定书》上签名、捺指印。被留置人员拒绝签名、捺指印的，调查人员应当在文书上记明。

延长留置时间的，应当通知被留置人员家属。

第一百零二条 对被留置人员不需要继续采取留置措施的，应当按规定报批，及时解除留置。

调查人员应当向被留置人员宣布解除留置措施的决定，由其在《解除留置决定书》上签名、捺指印。被留置人员拒绝签名、捺指印的，调查人员应当在文书上记明。

解除留置措施的，应当及时通知被留置人员所在单位或者家属。调查人员应当与交接人办理交接手续，并由其在《解除留置通知书》上签名。无法通知或者有关人员拒绝签名的，调查人员应当在文书上记明。

案件依法移送人民检察院审查起诉的，留置措施自犯罪嫌疑人被执行拘留时自动解除，不再办理解除法律手续。

第一百零三条 留置场所应当建立健全保密、消防、医疗、餐饮及安保等安全工作责任制，制定紧急突发事件处置预案，采取安全防范措施。

留置期间发生被留置人员死亡、伤残、脱逃等办案安全事故、事件的，应当及时做好处置工作。相关情况应当立即报告监察机关主要负责人，并在二十四小时以内逐级上报至国家监察委员会。

第七节　查询、冻结

第一百零四条　监察机关调查严重职务违法或者职务犯罪，根据工作需要，按规定报批后，可以依法查询、冻结涉案单位和个人的存款、汇款、债券、股票、基金份额等财产。

第一百零五条　查询、冻结财产时，调查人员不得少于二人。调查人员应当出具《协助查询财产通知书》或者《协助冻结财产通知书》，送交银行或者其他金融机构、邮政部门等单位执行。有关单位和个人应当予以配合，并严格保密。

查询财产应当在《协助查询财产通知书》中填写查询账号、查询内容等信息。没有具体账号的，应当填写足以确定账户或者权利人的自然人姓名、身份证件号码或者企业法人名称、统一社会信用代码等信息。

冻结财产应当在《协助冻结财产通知书》中填写冻结账户名称、冻结账号、冻结数额、冻结期限起止时间等信息。冻结数额应当具体、明确，暂时无法确定具体数额的，应当在《协助冻结财产通知书》上明确写明“只收不付”。冻结证券和交易结算资金时，应当明确冻结的范围是否及于孳息。

冻结财产，应当为被调查人及其所扶养的亲属保留必需的生活费用。

第一百零六条　调查人员可以根据需要对查询结果进行打印、抄录、复制、拍照，要求相关单位在有关材料上加盖证明印章。对查询结果有疑问的，可以要求相关单位进行书面解释并加盖印章。

第一百零七条　监察机关对查询信息应当加强管理，规范信息交接、调阅、使用程序和手续，防止滥用和泄露。

调查人员不得查询与案件调查工作无关的信息。

第一百零八条 冻结财产的期限不得超过六个月。冻结期限到期未办理续冻手续的，冻结自动解除。

有特殊原因需要延长冻结期限的，应当在到期前按原程序报批，办理续冻手续。每次续冻期限不得超过六个月。

第一百零九条 已被冻结的财产可以轮候冻结，不得重复冻结。轮候冻结的，监察机关应当要求有关银行或者其他金融机构等单位在解除冻结或者作出处理前予以通知。

监察机关接受司法机关、其他监察机关等国家机关移送的涉案财物后，该国家机关采取的冻结期限届满，监察机关续行冻结的顺位与该国家机关冻结的顺位相同。

第一百一十条 冻结财产应当通知权利人或者其法定代理人、委托代理人，要求其在《冻结财产告知书》上签名。冻结股票、债券、基金份额等财产，应当告知权利人或者其法定代理人、委托代理人有权申请出售。

对于被冻结的股票、债券、基金份额等财产，权利人或者其法定代理人、委托代理人申请出售，不损害国家利益、被害人利益，不影响调查正常进行的，经审批可以在案件办结前由相关机构依法出售或者变现。对于被冻结的汇票、本票、支票即将到期的，经审批可以在案件办结前由相关机构依法出售或者变现。出售上述财产的，应当出具《许可出售冻结财产通知书》。

出售或者变现所得价款应当继续冻结在其对应的银行账户中；没有对应的银行账户的，应当存入监察机关指定的专用账户保管，并将存款凭证送监察机关登记。监察机关应当及时向权利人或者其法定代理人、委托代理人出具《出售冻结财产通知书》，并要求其签名。拒绝签名的，调查人员应当在文书上记明。

第一百一十一条 对于冻结的财产，应当及时核查。经查明与案件无关的，经审批，应当在查明后三日以内将《解除冻结财产通知书》送交有关单位执行。解除情况应当告知被冻结财产的权利人或者其法定代理人、委托代理人。

第八节 搜 查

第一百一十二条 监察机关调查职务犯罪案件，为了收集犯罪证据、查获被调查人，按规定报批后，可以依法对被调查人以及可能隐藏被调查人或者犯罪证据的人的身体、物品、住处、工作地点和其他有关地方进行搜查。

第一百一十三条 搜查应当在调查人员主持下进行，调查人员不得少于二人。搜查女性的身体，由女性工作人员进行。

搜查时，应当有被搜查人或者其家属、其所在单位工作人员或者其他见证人在场。监察人员不得作为见证人。调查人员应当向被搜查人或者其家属、见证人出示《搜查证》，要求其签名。被搜查人或者其家属不在场，或者拒绝签名的，调查人员应当在文书上记明。

第一百一十四条 搜查时，应当要求在场人员予以配合，不得进行阻碍。对以暴力、威胁等方法阻碍搜查的，应当依法制止。对阻碍搜查构成违法犯罪的，依法追究法律责任。

第一百一十五条 县级以上监察机关需要提请公安机关依法协助采取搜查措施的，应当按规定报批，请同级公安机关予以协助。提请协助时，应当出具《提请协助采取搜查措施函》，列明提请协助的具体事项和建议，搜查时间、地点、目的等内容，附《搜查证》复印件。

需要提请异地公安机关协助采取搜查措施的，应当按规定报批，向协作地同级监察机关出具协作函件和相关文书，由协作地监察机关提请当地公安机关予以协助。

第一百一十六条 对搜查取证工作，应当全程同步录音录像。

对搜查情况应当制作《搜查笔录》，由调查人员和被搜查人或者其家属、见证人签名。被搜查人或者其家属不在场，或者拒绝签名的，调查人员应当在笔录中记明。

对于查获的重要物证、书证、视听资料、电子数据及其放置、存储位置应当拍照，并在《搜查笔录》中作出文字说明。

第一百一十七条 搜查时，应当避免未成年人或者其他不适宜在搜查现场的人在场。

搜查人员应当服从指挥、文明执法，不得擅自变更搜查对象和扩大搜查范围。搜查的具体时间、方法，在实施前应当严格保密。

第一百一十八条 在搜查过程中查封、扣押财物和文件的，按照查封、扣押的有关规定办理。

第九节 调　　取

第一百一十九条 监察机关按规定报批后，可以依法向有关单位和个人调取用以证明案件事实的证据材料。

第一百二十条 调取证据材料时，调查人员不得少于二人。调查人员应当依法出具《调取证据通知书》，必要时附《调取证据清单》。

有关单位和个人配合监察机关调取证据，应当严格保密。

第一百二十一条 调取物证应当调取原物。原物不便搬运、保存，或者依法应当返还，或者因保密工作需要不能调取原物的，可以将原物封存，并拍照、录像。对原物拍照或者录像时，应当足以反映原物的外形、内容。

调取书证、视听资料应当调取原件。取得原件确有困难或者因保密工作需要不能调取原件的，可以调取副本或者复制件。

调取物证的照片、录像和书证、视听资料的副本、复制件的，应当书面记明不能调取原物、原件的原因，原物、原件存放地点，制作过程，是否与原物、原件相符，并由调查人员和物证、书证、视听资料原持有人签名或者盖章。持有人无法签名、盖章或者拒绝签名、盖章的，应当在笔录中记明，由见证人签名。

第一百二十二条 调取外文材料作为证据使用的，应当交由具有资质的机构和人员出具中文译本。中文译本应当加盖翻译机构公章。

第一百二十三条 收集、提取电子数据，能够扣押原始存储介质的，应当予以扣押、封存并在笔录中记录封存状态。无法扣押原始存储介质的，可以提取电子数据，但应当在笔录中记明不能扣押的原因、原始存储介质的存放地点或者电子数据的来源等情况。

由于客观原因无法或者不宜采取前款规定方式收集、提取电子数据的，可以采取打印、拍照或者录像等方式固定相关证据，并在笔录中说明原因。

收集、提取的电子数据，足以保证完整性，无删除、修改、增加等情形的，可以作为证据使用。

收集、提取电子数据，应当制作笔录，记录案由、对象、内容，收集、提取电子数据的时间、地点、方法、过程，并附电子数据清单，注明类别、文件格式、完整性校验值等，由调查人员、电子数据持有人（提供人）签名或者盖章；电子数据持有人（提供人）无法签名或者拒绝签名的，应当在笔录中记明，由见证人签名或者盖章。有条件的，应当对相关活动进行录像。

第一百二十四条 调取的物证、书证、视听资料等原件，经查明与案件无关的，经审批，应当在查明后三日以内退还，并办理交接手续。

第十节 查封、扣押

第一百二十五条 监察机关按规定报批后，可以依法查封、扣押用以证明被调查人涉嫌违法犯罪以及情节轻重的财物、文件、电子数据等证据材料。

对于被调查人到案时随身携带的物品，以及被调查人或者其他相关人员主动上交的财物和文件，依法需要扣押的，依照前款规定办理。对于被调查人随身携带的与案件无关的个人用品，应当逐件登记，随案移交或者退还。

第一百二十六条 查封、扣押时，应当出具《查封/扣押通知书》，调查人员不得少于二人。持有人拒绝交出应当查封、扣押的财物和文件的，可以依法强制查封、扣押。

调查人员对于查封、扣押的财物和文件，应当会同在场见证人和被查封、扣押财物持有人进行清点核对，开列《查封/扣押财物、文件清单》，由调查人员、见证人和持有人签名或者盖章。持有人不在场或者拒绝签名、盖章的，调查人员应当在清单上记明。

查封、扣押财物，应当为被调查人及其所扶养的亲属保留必需的生活费用和物品。

第一百二十七条 查封、扣押不动产和置于该不动产上不宜移动的设施、家具和其他相关财物，以及车辆、船舶、航空器和大型机械、设备等财物，必要时可以依法扣押其权利证书，经拍照或者录像后原地封存。调查人员应当在查封清单上记明相关财物的所在地址和特征，已经拍照或者录像及其权利证书被扣押的情况，由调查人员、见证人和持有人签名或者盖章。持有人不在场或者拒绝签名、盖章的，调查人员应当在清单上记明。

查封、扣押前款规定财物的，必要时可以将被查封财物交给持有人或者其近亲属保管。调查人员应当告知保管人妥善保管，不得对被查封财物进行转移、变卖、毁损、抵押、赠予等处理。

调查人员应当将《查封/扣押通知书》送达不动产、生产设备或者车辆、船舶、航空器等财物的登记、管理部门，告知其在查封期间禁止办理抵押、转让、出售等权属关系变更、转移登记手续。相关情况应当在查封清单上记明。被查封、扣押的财物已经办理抵押登记的，监察机关在执行没收、追缴、责令退赔等决定时应当及时通知抵押权人。

第一百二十八条 查封、扣押下列物品，应当依法进行相应的处理：

（一）查封、扣押外币、金银珠宝、文物、名贵字画以及其他不易辨别真伪的贵重物品，具备当场密封条件的，应当当场密封，由二名以上调查人员在密封材料上签名并记明密封时间。不具备当场密封条件的，应当在笔录中记明，以拍照、录像等方法加以保全后进行封存。查封、扣押的贵重物品需要鉴定的，应当及时鉴定。

（二）查封、扣押存折、银行卡、有价证券等支付凭证和具有一定特征能够证明案情的现金，应当记明特征、编号、种类、面值、张数、金额等，当场密封，由二名以上调查人员在密封材料上签名并记明密封时间。

（三）查封、扣押易损毁、灭失、变质等不宜长期保存的物品以及有消费期限的卡、券，应当在笔录中记明，以拍照、录像等方法加以保全后进行封存，或者经审批委托有关机构变卖、拍卖。变卖、拍卖的价款存入专用账户保管，待调查终结后一并处理。

（四）对于可以作为证据使用的录音录像、电子数据存储介质，应当记明案由、对象、内容，录制、复制的时间、地点、规格、类别、应用长度、文件格式及长度等，制作清单。具备查封、扣押条件的电子设备、存储介质应当密封保存。必要时，可以请有关机关协助。

（五）对被调查人使用违法犯罪所得与合法收入共同购置的不可分割的财产，可以先行查封、扣押。对无法分割退还的财产，涉及违法的，可以在结案后委托有关单位拍卖、变卖，退还不属于违法所得的部分及孳息；涉及职务犯罪的，依法移送司法机关处置。

（六）查封、扣押危险品、违禁品，应当及时送交有关部门，或者根据工作需要严格封存保管。

第一百二十九条 对于需要启封的财物和文件，应当由二名以上调查人员共同办理。重新密封时，由二名以上调查人员在密封材料上签名、记明时间。

第一百三十条 查封、扣押涉案财物，应当按规定将涉案财物详细信息、《查封/扣押财物、文件清单》录入并上传监察机关涉案财物信息管理系统。

对于涉案款项，应当在采取措施后十五日以内存入监察机关指定的专用账户。对于涉案物品，应当在采取措施后三十日以内移交涉案财物保管部门保管。因特殊原因不能按时存入专用账户或者移交保管的，应当按规定报批，将保管情况录入涉案财物信息管理系统，在原因消除后及时存入或者移交。

第一百三十一条 对于已移交涉案财物保管部门保管的涉案财物，根据调查工作需要，经审批可以临时调用，并应当确保完好。调用结束后，应当及时归还。调用和归还时，调查人员、保管人员应当当面清点查验。保管部门应当对调用和归还情况进行登记，全程录像并上传涉案财物信息管理系统。

第一百三十二条 对于被扣押的股票、债券、基金份额等财产，以及即将到期的汇票、本票、支票，依法需要出售或者变现的，按照本条例关于出售冻结财产的规定办理。

第一百三十三条 监察机关接受司法机关、其他监察机关等国家机关移送的涉案财物后，该国家机关采取的查封、扣押期限届满，监察机关续行查封、扣押的顺位与该国家机关查封、扣押的顺位相同。

第一百三十四条 对查封、扣押的财物和文件，应当及时进行核查。经查明与案件无关的，经审批，应当在查明后三日以内解除查封、扣押，予以退还。解除查封、扣押的，应当向有关单位、原持有人或者近亲属送达《解除查封/扣押通知书》，附《解除查封/扣押财物、文件清单》，要求其签名或者盖章。

第一百三十五条 在立案调查之前，对监察对象及相关人员主动上交的涉案财物，经审批可以接收。

接收时，应当由二名以上调查人员，会同持有人和见证人进行清点核对，当场填写《主动上交财物登记表》。调查人员、持有人和见证人应当在登记表上签名或者盖章。

对于主动上交的财物，应当根据立案及调查情况及时决定是否依法查封、扣押。

第十一节　勘验检查

第一百三十六条　监察机关按规定报批后，可以依法对与违法犯罪有关的场所、物品、人身、尸体、电子数据等进行勘验检查。

第一百三十七条　依法需要勘验检查的，应当制作《勘验检查证》；需要委托勘验检查的，应当出具《委托勘验检查书》，送具有专门知识、勘验检查资格的单位（人员）办理。

第一百三十八条　勘验检查应当由二名以上调查人员主持，邀请与案件无关的见证人在场。勘验检查情况应当制作笔录，并由参加勘验检查人员和见证人签名。

勘验检查现场、拆封电子数据存储介质应当全程同步录音录像。对现场情况应当拍摄现场照片、制作现场图，并由勘验检查人员签名。

第一百三十九条　为了确定被调查人或者相关人员的某些特征、伤害情况或者生理状态，可以依法对其人身进行检查。必要时可以聘请法医或者医师进行人身检查。检查女性身体，应当由女性工作人员或者医师进行。被调查人拒绝检查的，可以依法强制检查。

人身检查不得采用损害被检查人生命、健康或者贬低其名誉、人格的方法。对人身检查过程中知悉的个人隐私，应当严格保密。

对人身检查的情况应当制作笔录，由参加检查的调查人员、检查人员、被检查人员和见证人签名。被检查人员拒绝签名的，调查人员应当在笔录中记明。

第一百四十条　为查明案情，在必要的时候，经审批可以依法进行调查实验。调查实验，可以聘请有关专业人员参加，也可以要求被调查人、被害人、证人参加。

进行调查实验，应当全程同步录音录像，制作调查实验笔录，由参加实验的人签名。进行调查实验，禁止一切足以造成危险、侮辱人格的行为。

第一百四十一条　调查人员在必要时，可以依法让被害人、证人和被调查人对与违法犯罪有关的物品、文件、尸体或者场所进行辨认；也可以让被害人、证人对被调查人进行辨认，或者让被调查人对涉案人员进行辨认。

辨认工作应当由二名以上调查人员主持进行。在辨认前，应当向辨认人详细询问辨认对象的具体特征，避免辨认人见到辨认对象，并告知辨认人作虚假辨认应当承担的法律责任。几名辨认人对同一辨认对象进行辨认时，应当由辨认人个别进行。辨认应当形成笔录，并由调查人员、辨认人签名。

第一百四十二条　辨认人员时，被辨认的人数不得少于七人，照片不得少于十张。

辨认人不愿公开进行辨认时，应当在不暴露辨认人的情况下进行辨认，并为其保守秘密。

第一百四十三条　组织辨认物品时一般应当辨认实物。被辨认的物品系名贵字画等贵重物品或者存在不便搬运等情况的，可以对实物照片进行辨认。辨认人进行辨认时，应当在辨认出的实物照片与附纸骑缝上捺指印予以确认，在附纸上写明该实物涉案情况并签名、捺指印。

辨认物品时，同类物品不得少于五件，照片不得少于五张。

对于难以找到相似物品的特定物，可以将该物品照片交由辨认人进行确认后，在照片与附纸骑缝上捺指印，在附纸上写明该物品涉案情况并签名、捺指印。在辨认人确认前，应当向其详细询问物品的具体特征，并对确认过程和结果形成笔录。

第一百四十四条 辨认笔录具有下列情形之一的，不得作为认定案件的依据：

（一）辨认开始前使辨认人见到辨认对象的；

（二）辨认活动没有个别进行的；

（三）辨认对象没有混杂在具有类似特征的其他对象中，或者供辨认的对象数量不符合规定的，但特定辨认对象除外；

（四）辨认中给辨认人明显暗示或者明显有指认嫌疑的；

（五）辨认不是在调查人员主持下进行的；

（六）违反有关规定，不能确定辨认笔录真实性的其他情形。

辨认笔录存在其他瑕疵的，应当结合全案证据审查其真实性和关联性，作出综合判断。

第十二节 鉴 定

第一百四十五条 监察机关为解决案件中的专门性问题，按规定报批后，可以依法进行鉴定。

鉴定时应当出具《委托鉴定书》，由二名以上调查人员送交具有鉴定资格的鉴定机构、鉴定人进行鉴定。

第一百四十六条 监察机关可以依法开展下列鉴定：

（一）对笔迹、印刷文件、污损文件、制成时间不明的文件和以其他形式表现的文件等进行鉴定；

（二）对案件中涉及的财务会计资料及相关财物进行会计鉴定；

（三）对被调查人、证人的行为能力进行精神病鉴定；

（四）对人体造成的损害或者死因进行人身伤亡医学鉴定；

（五）对录音录像资料进行鉴定；

（六）对因电子信息技术应用而出现的材料及其派生物进行电子证据鉴定；

（七）其他可以依法进行的专业鉴定。

第一百四十七条 监察机关应当为鉴定提供必要条件，向鉴定人送交有关检材和对比样本等原始材料，介绍与鉴定有关的情况。调查人员应当明确提出要求鉴定事项，但不得暗示或者强迫鉴定人作出某种鉴定意见。

监察机关应当做好检材的保管和送检工作，记明检材送检环节的责任人，确保检材在流转环节的同一性和不被污染。

第一百四十八条 鉴定人应当在出具的鉴定意见上签名，并附鉴定机构和鉴定人的资质证明或者其他证明文件。多个鉴定人的鉴定意见不一致的，应当在鉴定意见上记明分歧的内容和理由，并且分别签名。

监察机关对于法庭审理中依法决定鉴定人出庭作证的，应当予以协调。

鉴定人故意作虚假鉴定的，应当依法追究法律责任。

第一百四十九条 调查人员应当对鉴定意见进行审查。对经审查作为证据使用的鉴定意见，应当告知被调查人及相关单位、人员，送达《鉴定意见告知书》。

被调查人或者相关单位、人员提出补充鉴定或者重新鉴定申请，经审查符合法定要求的，应当按规定报批，进行补充鉴定或者重新鉴定。

对鉴定意见告知情况可以制作笔录，载明告知内容和被告知人的意见等。

第一百五十条 经审查具有下列情形之一的，应当补充鉴定：

（一）鉴定内容有明显遗漏的；

（二）发现新的有鉴定意义的证物的；

（三）对鉴定证物有新的鉴定要求的；

（四）鉴定意见不完整，委托事项无法确定的；

（五）其他需要补充鉴定的情形。

第一百五十一条 经审查具有下列情形之一的，应当重新鉴定：

（一）鉴定程序违法或者违反相关专业技术要求的；

（二）鉴定机构、鉴定人不具备鉴定资质和条件的；

（三）鉴定人故意作出虚假鉴定或者违反回避规定的；

（四）鉴定意见依据明显不足的；

（五）检材虚假或者被损坏的；

（六）其他应当重新鉴定的情形。

决定重新鉴定的，应当另行确定鉴定机构和鉴定人。

第一百五十二条 因无鉴定机构，或者根据法律法规等规定，监察机关可以指派、聘请具有专门知识的人就案件的专门性问题出具报告。

第十三节 技术调查

第一百五十三条 监察机关根据调查涉嫌重大贪污贿赂等职务犯罪需要，依照规定的权限和程序报经批准，可以依法采取技术调查措施，按照规定交公安机关或者国家有关执法机关依法执行。

前款所称重大贪污贿赂等职务犯罪，是指具有下列情形之一：

（一）案情重大复杂，涉及国家利益或者重大公共利益的；

（二）被调查人可能被判处十年以上有期徒刑、无期徒刑或者死刑的；

（三）案件在全国或者本省、自治区、直辖市范围内有较大影响的。

第一百五十四条 依法采取技术调查措施的，监察机关应当出具《采取技术调查措施委托函》《采取技术调查措施决定书》和《采取技术调查措施适用对象情况表》，送交有关机关执行。其中，设区的市级以下监察机关委托有关执行机关采取技术调查措施，还应当提供《立案决定书》。

第一百五十五条 技术调查措施的期限按照监察法的规定执行，期限届满前未办理延期手续的，到期自动解除。

对于不需要继续采取技术调查措施的，监察机关应当按规定及时报批，将《解除技术调查措施决定书》送交有关机关执行。

需要依法变更技术调查措施种类或者增加适用对象的，监察机关应当重新办理报批和委托手续，依法送交有关机关执行。

第一百五十六条 对于采取技术调查措施收集的信息和材料，依法需要作为刑事诉讼证据使用的，监察机关应当按规定报批，出具《调取技术调查证据材料通知书》向有关执行机关调取。

对于采取技术调查措施收集的物证、书证及其他证据材料，监察机关应当制作书面说明，写明获取证据的时间、地点、数量、特征以及采取技术调查措施的批准机关、种类等。调查人员应当在书面说明上签名。

对于采取技术调查措施获取的证据材料，如果使用该证据材料可能危及有关人员的人身安全，或者可能产生其他严重后果的，应当采取不暴露有关人员身份、技术方法等保护措施。必要时，可以建议由审判人员在庭外进行核实。

第一百五十七条 调查人员对采取技术调查措施过程中知悉的国家秘密、商业秘密、个人隐私，应当严格保密。

采取技术调查措施获取的证据、线索及其他有关材料，只能用于对违法犯罪的调查、起诉和审判，不得用于其他用途。

对采取技术调查措施获取的与案件无关的材料，应当经审批及时销毁。对销毁情况应当制作记录，由调查人员签名。

第十四节 通 缉

第一百五十八条 县级以上监察机关对在逃的应当被留置人员，依法决定在本行政区域内通缉的，应当按规定报批，送交同级公安机关执行。送交执行时，应当出具《通缉决定书》，附《留置决定书》等法律文书和被通缉人员信息，以及承办单位、承办人员等有关情况。

通缉范围超出本行政区域的，应当报有决定权的上级监察机关出具《通缉决定书》，并附《留置决定书》及相关材料，送交同级公安机关执行。

第一百五十九条 国家监察委员会依法需要提请公安部对在逃人员发布公安部通缉令的，应当先提请公安部采取网上追逃措施。如情况紧急，可以向公安部同时出具《通缉决定书》和《提请采取网上追逃措施函》。

省级以下监察机关报请国家监察委员会提请公安部发布公安部通缉令的，应当先提请本地公安机关采取网上追逃措施。

第一百六十条 监察机关接到公安机关抓获被通缉人员的

通知后，应当立即核实被抓获人员身份，并在接到通知后二十四小时以内派员办理交接手续。边远或者交通不便地区，至迟不得超过三日。

公安机关在移交前，将被抓获人员送往当地监察机关留置场所临时看管的，当地监察机关应当接收，并保障临时看管期间的安全，对工作信息严格保密。

监察机关需要提请公安机关协助将被抓获人员带回的，应当按规定报批，请本地同级公安机关依法予以协助。提请协助时，应当出具《提请协助采取留置措施函》，附《留置决定书》复印件及相关材料。

第一百六十一条 监察机关对于被通缉人员已经归案、死亡，或者依法撤销留置决定以及发现有其他不需要继续采取通缉措施情形的，应当经审批出具《撤销通缉通知书》，送交协助采取原措施的公安机关执行。

第十五节 限制出境

第一百六十二条 监察机关为防止被调查人及相关人员逃匿境外，按规定报批后，可以依法决定采取限制出境措施，交由移民管理机构依法执行。

第一百六十三条 监察机关采取限制出境措施应当出具有关函件，与《采取限制出境措施决定书》一并送交移民管理机构执行。其中，采取边控措施的，应当附《边控对象通知书》；采取法定不批准出境措施的，应当附《法定不准出境人员报备表》。

第一百六十四条 限制出境措施有效期不超过三个月，到期自动解除。

到期后仍有必要继续采取措施的，应当按原程序报批。承办部门应当出具有关函件，在到期前与《延长限制出境措施期限决定书》一并送交移民管理机构执行。延长期限每次不得超过三个月。

第一百六十五条 监察机关接到口岸移民管理机构查获被决定采取留置措施的边控对象的通知后，应当于二十四小时以内到达口岸办理移交手续。无法及时到达的，应当委托当地监察机关及时前往口岸办理移交手续。当地监察机关应当予以协助。

第一百六十六条 对于不需要继续采取限制出境措施的，应当按规定报批，及时予以解除。承办部门应当出具有关函件，与《解除限制出境措施决定书》一并送交移民管理机构执行。

第一百六十七条 县级以上监察机关在重要紧急情况下，经审批可以依法直接向口岸所在地口岸移民管理机构提请办理临时限制出境措施。

第五章 监察程序

第一节 线索处置

第一百六十八条 监察机关应当对问题线索归口受理、集中管理、分类处置、定期清理。

第一百六十九条 监察机关对于报案或者举报应当依法接受。属于本级监察机关管辖的，依法予以受理；属于其他监察机关管辖的，应当在五个工作日以内予以转送。

监察机关可以向下级监察机关发函交办检举控告，并进行督办，下级监察机关应当按期回复办理结果。

第一百七十条 对于涉嫌职务违法或者职务犯罪的公职人员主动投案的，应当依法接待和办理。

第一百七十一条 监察机关对于执法机关、司法机关等其他机关移送的问题线索，应当及时审核，并按照下列方式办理：

（一）本单位有管辖权的，及时研究提出处置意见；

（二）本单位没有管辖权但其他监察机关有管辖权的，在五个工作日以内转送有管辖权的监察机关；

（三）本单位对部分问题线索有管辖权的，对有管辖权的部分提出处置意见，并及时将其他问题线索转送有管辖权的机关；

（四）监察机关没有管辖权的，及时退回移送机关。

第一百七十二条 信访举报部门归口受理本机关管辖监察对象涉嫌职务违法和职务犯罪问题的检举控告，统一接收有关监察机关以及其他单位移送的相关检举控告，移交本机关监督检查部门或者相关部门，并将移交情况通报案件监督管理部门。

案件监督管理部门统一接收巡视巡察机构和审计机关、执法机关、司法机关等其他机关移送的职务违法和职务犯罪问题线索，按程序移交本机关监督检查部门或者相关部门办理。

监督检查部门、调查部门在工作中发现的相关问题线索，属于本部门受理范围的，应当报送案件监督管理部门备案；属于本机关其他部门受理范围的，经审批后移交案件监督管理部门分办。

第一百七十三条 案件监督管理部门应当对问题线索实行集中管理、动态更新，定期汇总、核对问题线索及处置情况，向监察机关主要负责人报告，并向相关部门通报。

问题线索承办部门应当指定专人负责管理线索，逐件编号登记、建立管理台账。线索管理处置各环节应当由经手人员签名，全程登记备查，及时与案件监督管理部门核对。

第一百七十四条 监督检查部门应当结合问题线索所涉及

地区、部门、单位总体情况进行综合分析，提出处置意见并制定处置方案，经审批按照谈话、函询、初步核实、暂存待查、予以了结等方式进行处置，或者按照职责移送调查部门处置。

函询应当以监察机关办公厅（室）名义发函给被反映人，并抄送其所在单位和派驻监察机构主要负责人。被函询人应当在收到函件后十五个工作日以内写出说明材料，由其所在单位主要负责人签署意见后发函回复。被函询人为所在单位主要负责人的，或者被函询人所作说明涉及所在单位主要负责人的，应当直接发函回复监察机关。

被函询人已经退休的，按照第二款规定程序办理。

监察机关根据工作需要，经审批可以对谈话、函询情况进行核实。

第一百七十五条 检举控告人使用本人真实姓名或者本单位名称，有电话等具体联系方式的，属于实名检举控告。监察机关对实名检举控告应当优先办理、优先处置，依法给予答复。虽有署名但不是检举控告人真实姓名（单位名称）或者无法验证的检举控告，按照匿名检举控告处理。

信访举报部门对属于本机关受理的实名检举控告，应当在收到检举控告之日起十五个工作日以内按规定告知实名检举控告人受理情况，并做好记录。

调查人员应当将实名检举控告的处理结果在办结之日起十五个工作日以内向检举控告人反馈，并记录反馈情况。对检举控告人提出异议的应当如实记录，并向其进行说明；对提供新证据材料的，应当依法核查处理。

第二节 初步核实

第一百七十六条 监察机关对具有可查性的职务违法和职

务犯罪问题线索，应当按规定报批后，依法开展初步核实工作。

第一百七十七条 采取初步核实方式处置问题线索，应当确定初步核实对象，制定工作方案，明确需要核实的问题和采取的措施，成立核查组。

在初步核实中应当注重收集客观性证据，确保真实性和准确性。

第一百七十八条 在初步核实中发现或者受理被核查人新的具有可查性的问题线索的，应当经审批纳入原初核方案开展核查。

第一百七十九条 核查组在初步核实工作结束后应当撰写初步核实情况报告，列明被核查人基本情况、反映的主要问题、办理依据、初步核实结果、存在疑点、处理建议，由全体人员签名。

承办部门应当综合分析初步核实情况，按照拟立案调查、予以了结、谈话提醒、暂存待查，或者移送有关部门、机关处理等方式提出处置建议，按照批准初步核实的程序报批。

第三节 立 案

第一百八十条 监察机关经过初步核实，对于已经掌握监察对象涉嫌职务违法或者职务犯罪的部分事实和证据，认为需要追究其法律责任的，应当按规定报批后，依法立案调查。

第一百八十一条 监察机关立案调查职务违法或者职务犯罪案件，需要对涉嫌行贿犯罪、介绍贿赂犯罪或者共同职务犯罪的涉案人员立案调查的，应当一并办理立案手续。需要交由下级监察机关立案的，经审批交由下级监察机关办理立案手续。

对单位涉嫌受贿、行贿等职务犯罪，需要追究法律责任的，依法对该单位办理立案调查手续。对事故（事件）中存在职务违法或者职务犯罪问题，需要追究法律责任，但相关责任人员尚不明确的，可以以事立案。对单位立案或者以事立案后，经调查确定相关责任人员的，按照管理权限报批确定被调查人。

监察机关根据人民法院生效刑事判决、裁定和人民检察院不起诉决定认定的事实，需要对监察对象给予政务处分的，可以由相关监督检查部门依据司法机关的生效判决、裁定、决定及其认定的事实、性质和情节，提出给予政务处分的意见，按程序移送审理。对依法被追究行政法律责任的监察对象，需要给予政务处分的，应当依法办理立案手续。

第一百八十二条　对案情简单、经过初步核实已查清主要职务违法事实，应当追究监察对象法律责任，不再需要开展调查的，立案和移送审理可以一并报批，履行立案程序后再移送审理。

第一百八十三条　上级监察机关需要指定下级监察机关立案调查的，应当按规定报批，向被指定管辖的监察机关出具《指定管辖决定书》，由其办理立案手续。

第一百八十四条　批准立案后，应当由二名以上调查人员出示证件，向被调查人宣布立案决定。宣布立案决定后，应当及时向被调查人所在单位等相关组织送达《立案通知书》，并向被调查人所在单位主要负责人通报。

对涉嫌严重职务违法或者职务犯罪的公职人员立案调查并采取留置措施的，应当按规定通知被调查人家属，并向社会公开发布。

第四节　调　　查

第一百八十五条　监察机关对已经立案的职务违法或者职务犯罪案件应当依法进行调查，收集证据查明违法犯罪事实。

调查职务违法或者职务犯罪案件，对被调查人没有采取留置措施的，应当在立案后一年以内作出处理决定；对被调查人解除留置措施的，应当在解除留置措施后一年以内作出处理决定。案情重大复杂的案件，经上一级监察机关批准，可以适当延长，但延长期限不得超过六个月。

被调查人在监察机关立案调查以后逃匿的，调查期限自被调查人到案之日起重新计算。

第一百八十六条 案件立案后，监察机关主要负责人应当依照法定程序批准确定调查方案。

监察机关应当组成调查组依法开展调查。调查工作应当严格按照批准的方案执行，不得随意扩大调查范围、变更调查对象和事项，对重要事项应当及时请示报告。调查人员在调查工作期间，未经批准不得单独接触任何涉案人员及其特定关系人，不得擅自采取调查措施。

第一百八十七条 调查组应当将调查认定的涉嫌违法犯罪事实形成书面材料，交给被调查人核对，听取其意见。被调查人应当在书面材料上签署意见。对被调查人签署不同意见或者拒不签署意见的，调查组应当作出说明或者注明情况。对被调查人提出申辩的事实、理由和证据应当进行核实，成立的予以采纳。

调查组对于立案调查的涉嫌行贿犯罪、介绍贿赂犯罪或者共同职务犯罪的涉案人员，在查明其涉嫌犯罪问题后，依照前款规定办理。

对于按照本条例规定，对立案和移送审理一并报批的案件，应当在报批前履行本条第一款规定的程序。

第一百八十八条 调查组在调查工作结束后应当集体讨论，

形成调查报告。调查报告应当列明被调查人基本情况、问题线索来源及调查依据、调查过程，涉嫌的主要职务违法或者职务犯罪事实，被调查人的态度和认识，处置建议及法律依据，并由调查组组长以及有关人员签名。

对调查过程中发现的重要问题和形成的意见建议，应当形成专题报告。

第一百八十九条 调查组对被调查人涉嫌职务犯罪拟依法移送人民检察院审查起诉的，应当起草《起诉建议书》。《起诉建议书》应当载明被调查人基本情况，调查简况，认罪认罚情况，采取留置措施的时间，涉嫌职务犯罪事实以及证据，对被调查人从重、从轻、减轻或者免除处罚等情节，提出对被调查人移送起诉的理由和法律依据，采取强制措施的建议，并注明移送案卷数及涉案财物等内容。

调查组应当形成被调查人到案经过及量刑情节方面的材料，包括案件来源、到案经过，自动投案、如实供述、立功等量刑情节，认罪悔罪态度、退赃、避免和减少损害结果发生等方面的情况说明及相关材料。被检举揭发的问题已被立案、查破，被检举揭发人已被采取调查措施或者刑事强制措施、起诉或者审判的，还应当附有关法律文书。

第一百九十条 经调查认为被调查人构成职务违法或者职务犯罪的，应当区分不同情况提出相应处理意见，经审批将调查报告、职务违法或者职务犯罪事实材料、涉案财物报告、涉案人员处理意见等材料，连同全部证据和文书手续移送审理。

对涉嫌职务犯罪的案件材料应当按照刑事诉讼要求单独立卷，与《起诉建议书》、涉案财物报告、同步录音录像资料及其自查报告等材料一并移送审理。

调查全过程形成的材料应当案结卷成、事毕归档。

第五节　审　　理

第一百九十一条　案件审理部门收到移送审理的案件后，应当审核材料是否齐全、手续是否完备。对被调查人涉嫌职务犯罪的，还应当审核相关案卷材料是否符合职务犯罪案件立卷要求，是否在调查报告中单独表述已查明的涉嫌犯罪问题，是否形成《起诉建议书》。

经审核符合移送条件的，应当予以受理；不符合移送条件的，经审批可以暂缓受理或者不予受理，并要求调查部门补充完善材料。

第一百九十二条　案件审理部门受理案件后，应当成立由二人以上组成的审理组，全面审理案卷材料。

案件审理部门对于受理的案件，应当以监察法、政务处分法、刑法、《中华人民共和国刑事诉讼法》等法律法规为准绳，对案件事实证据、性质认定、程序手续、涉案财物等进行全面审理。

案件审理部门应当强化监督制约职能，对案件严格审核把关，坚持实事求是、独立审理，依法提出审理意见。坚持调查与审理相分离的原则，案件调查人员不得参与审理。

第一百九十三条　审理工作应当坚持民主集中制原则，经集体审议形成审理意见。

第一百九十四条　审理工作应当在受理之日起一个月以内完成，重大复杂案件经批准可以适当延长。

第一百九十五条　案件审理部门根据案件审理情况，经审批可以与被调查人谈话，告知其在审理阶段的权利义务，核对涉嫌违法犯罪事实，听取其辩解意见，了解有关情况。与被调查人谈话时，案件审理人员不得少于二人。

具有下列情形之一的，一般应当与被调查人谈话：

（一）对被调查人采取留置措施，拟移送起诉的；

（二）可能存在以非法方法收集证据情形的；

（三）被调查人对涉嫌违法犯罪事实材料签署不同意见或者拒不签署意见的；

（四）被调查人要求向案件审理人员当面陈述的；

（五）其他有必要与被调查人进行谈话的情形。

第一百九十六条 经审理认为主要违法犯罪事实不清、证据不足的，应当经审批将案件退回承办部门重新调查。

有下列情形之一，需要补充完善证据的，经审批可以退回补充调查：

（一）部分事实不清、证据不足的；

（二）遗漏违法犯罪事实的；

（三）其他需要进一步查清案件事实的情形。

案件审理部门将案件退回重新调查或者补充调查的，应当出具审核意见，写明调查事项、理由、调查方向、需要补充收集的证据及其证明作用等，连同案卷材料一并送交承办部门。

承办部门补充调查结束后，应当经审批将补证情况报告及相关证据材料，连同案卷材料一并移送案件审理部门；对确实无法查明的事项或者无法补充的证据，应当作出书面说明。重新调查终结后，应当重新形成调查报告，依法移送审理。

重新调查完毕移送审理的，审理期限重新计算。补充调查期间不计入审理期限。

第一百九十七条 审理工作结束后应当形成审理报告，载明被调查人基本情况、调查简况、涉嫌违法或者犯罪事实、被调查人态度和认识、涉案财物处置、承办部门意见、审理意见等内容，提请监察机关集体审议。

对被调查人涉嫌职务犯罪需要追究刑事责任的，应当形成《起诉意见书》，作为审理报告附件。《起诉意见书》应当忠实于事实真象，载明被调查人基本情况，调查简况，采取留置措施的时间，依法查明的犯罪事实和证据，从重、从轻、减轻或者免除处罚等情节，涉案财物情况，涉嫌罪名和法律依据，采取强制措施的建议，以及其他需要说明的情况。

案件审理部门经审理认为现有证据不足以证明被调查人存在违法犯罪行为，且通过退回补充调查仍无法达到证明标准的，应当提出撤销案件的建议。

第一百九十八条 上级监察机关办理下级监察机关管辖案件的，可以经审理后按程序直接进行处置，也可以经审理形成处置意见后，交由下级监察机关办理。

第一百九十九条 被指定管辖的监察机关在调查结束后应当将案件移送审理，提请监察机关集体审议。

上级监察机关将其所管辖的案件指定管辖的，被指定管辖的下级监察机关应当按照前款规定办理后，将案件报上级监察机关依法作出政务处分决定。上级监察机关在作出决定前，应当进行审理。

上级监察机关将下级监察机关管辖的案件指定其他下级监察机关管辖的，被指定管辖的监察机关应当按照第一款规定办理后，将案件送交有管理权限的监察机关依法作出政务处分决定。有管理权限的监察机关应当进行审理，审理意见与被指定管辖的监察机关意见不一致的，双方应当进行沟通；经沟通不能取得一致意见的，报请有权决定的上级监察机关决定。经协商，有管理权限的监察机关在被指定管辖的监察机关审理阶段可以提前阅卷，沟通了解情况。

对于前款规定的重大、复杂案件，被指定管辖的监察机关经集体审议后将处理意见报有权决定的上级监察机关审核同意的，有管理权限的监察机关可以经集体审议后依法处置。

第六节　处　　置

第二百条　监察机关根据监督、调查结果，依据监察法、政务处分法等规定进行处置。

第二百零一条　监察机关对于公职人员有职务违法行为但情节较轻的，可以依法进行谈话提醒、批评教育、责令检查，或者予以诫勉。上述方式可以单独使用，也可以依据规定合并使用。

谈话提醒、批评教育应当由监察机关相关负责人或者承办部门负责人进行，可以由被谈话提醒、批评教育人所在单位有关负责人陪同；经批准也可以委托其所在单位主要负责人进行。对谈话提醒、批评教育情况应当制作记录。

被责令检查的公职人员应当作出书面检查并进行整改。整改情况在一定范围内通报。

诫勉由监察机关以谈话或者书面方式进行。以谈话方式进行的，应当制作记录。

第二百零二条　对违法的公职人员依法需要给予政务处分的，应当根据情节轻重作出警告、记过、记大过、降级、撤职、开除的政务处分决定，制作政务处分决定书。

第二百零三条　监察机关应当将政务处分决定书在作出后一个月以内送达被处分人和被处分人所在机关、单位，并依法履行宣布、书面告知程序。

政务处分决定自作出之日起生效。有关机关、单位、组织应当依法及时执行处分决定，并将执行情况向监察机关报告。处分决定应当在作出之日起一个月以内执行完毕，特殊情况下经监察机关批准可以适当延长办理期限，最迟不得超过六个月。

第二百零四条 监察机关对不履行或者不正确履行职责造成严重后果或者恶劣影响的领导人员，可以按照管理权限采取通报、诫勉、政务处分等方式进行问责；提出组织处理的建议。

第二百零五条 监察机关依法向监察对象所在单位提出监察建议的，应当经审批制作监察建议书。

监察建议书一般应当包括下列内容：

（一）监督调查情况；

（二）调查中发现的主要问题及其产生的原因；

（三）整改建议、要求和期限；

（四）向监察机关反馈整改情况的要求。

第二百零六条 监察机关经调查，对没有证据证明或者现有证据不足以证明被调查人存在违法犯罪行为的，应当依法撤销案件。省级以下监察机关撤销案件后，应当在七个工作日以内向上一级监察机关报送备案报告。上一级监察机关监督检查部门负责备案工作。

省级以下监察机关拟撤销上级监察机关指定管辖或者交办案件的，应当将《撤销案件意见书》连同案卷材料，在法定调查期限到期七个工作日前报指定管辖或者交办案件的监察机关审查。对于重大、复杂案件，在法定调查期限到期十个工作日前报指定管辖或者交办案件的监察机关审查。

指定管辖或者交办案件的监察机关由监督检查部门负责审查工作。指定管辖或者交办案件的监察机关同意撤销案件的，下级监察机关应当作出撤销案件决定，制作《撤销案件决定书》；指定管辖或者交办案件的监察机关不同意撤销案件的，下级监察机关应当执行该决定。

监察机关对于撤销案件的决定应当向被调查人宣布，由其在《撤销案件决定书》上签名、捺指印，立即解除留置措施，并通知其所在机关、单位。

撤销案件后又发现重要事实或者有充分证据，认为被调查人有违法犯罪事实需要追究法律责任的，应当重新立案调查。

第二百零七条 对于涉嫌行贿等犯罪的非监察对象，案件调查终结后依法移送起诉。综合考虑行为性质、手段、后果、时间节点、认罪悔罪态度等具体情况，对于情节较轻，经审批不予移送起诉的，应当采取批评教育、责令具结悔过等方式处置；应当给予行政处罚的，依法移送有关行政执法部门。

对于有行贿行为的涉案单位和人员，按规定记入相关信息记录，可以作为信用评价的依据。

对于涉案单位和人员通过行贿等非法手段取得的财物及孳息，应当依法予以没收、追缴或者责令退赔。对于违法取得的其他不正当利益，依照法律法规及有关规定予以纠正处理。

第二百零八条 对查封、扣押、冻结的涉嫌职务犯罪所得财物及孳息应当妥善保管，并制作《移送司法机关涉案财物清单》随案移送人民检察院。对作为证据使用的实物应当随案移送；对不宜移送的，应当将清单、照片和其他证明文件随案移送。

对于移送人民检察院的涉案财物，价值不明的，应当在移送起诉前委托进行价格认定。在价格认定过程中，需要对涉案财物先行作出真伪鉴定或者出具技术、质量检测报告的，应当委托有关鉴定机构或者检测机构进行真伪鉴定或者技术、质量检测。

对不属于犯罪所得但属于违法取得的财物及孳息，应当依法予以没收、追缴或者责令退赔，并出具有关法律文书。

对经认定不属于违法所得的财物及孳息，应当及时予以返还，并办理签收手续。

第二百零九条 监察机关经调查，对违法取得的财物及孳息决定追缴或者责令退赔的，可以依法要求公安、自然资源、住房城乡建设、市场监管、金融监管等部门以及银行等机构、单位予以协助。

追缴涉案财物以追缴原物为原则，原物已经转化为其他财物的，应当追缴转化后的财物；有证据证明依法应当追缴、没收的涉案财物无法找到、被他人善意取得、价值灭失减损或者与其他合法财产混合且不可分割的，可以依法追缴、没收其他等值财产。

追缴或者责令退赔应当自处置决定作出之日起一个月以内执行完毕。因被调查人的原因逾期执行的除外。

人民检察院、人民法院依法将不认定为犯罪所得的相关涉案财物退回监察机关的，监察机关应当依法处理。

第二百一十条 监察对象对监察机关作出的涉及本人的处理决定不服的，可以在收到处理决定之日起一个月以内，向作出决定的监察机关申请复审。复审机关应当依法受理，并在受理后一个月以内作出复审决定。监察对象对复审决定仍不服的，可以在收到复审决定之日起一个月以内，向上一级监察机关申请复核。复核机关应当依法受理，并在受理后二个月以内作出复核决定。

上一级监察机关的复核决定和国家监察委员会的复审、复核决定为最终决定。

第二百一十一条 复审、复核机关承办部门应当成立工作组，调阅原案卷宗，必要时可以进行调查取证。承办部门应当集体研究，提出办理意见，经审批作出复审、复核决定。决定应当送达申请人，抄送相关单位，并在一定范围内宣布。

复审、复核期间，不停止原处理决定的执行。复审、复核机关经审查认定处理决定有错误或者不当的，应当依法撤销、变更原处理决定，或者责令原处理机关及时予以纠正。复审、复核机关经审查认定处理决定事实清楚、适用法律正确的，应当予以维持。

坚持复审复核与调查审理分离，原案调查、审理人员不得参与复审复核。

第七节 移送审查起诉

第二百一十二条 监察机关决定对涉嫌职务犯罪的被调查人移送起诉的，应当出具《起诉意见书》，连同案卷材料、证据等，一并移送同级人民检察院。

监察机关案件审理部门负责与人民检察院审查起诉的衔接工作，调查、案件监督管理等部门应当予以协助。

国家监察委员会派驻或者派出的监察机构、监察专员调查的职务犯罪案件，应当依法移送省级人民检察院审查起诉。

第二百一十三条 涉嫌职务犯罪的被调查人和涉案人员符合监察法第三十一条、第三十二条规定情形的，结合其案发前的一贯表现、违法犯罪行为的情节、后果和影响等因素，监察机关经综合研判和集体审议，报上一级监察机关批准，可以在移送人民检察院时依法提出从轻、减轻或者免除处罚等从宽处罚建议。报请批准时，应当一并提供主要证据材料、忏悔反思材料。

上级监察机关相关监督检查部门负责审查工作，重点审核拟认定的从宽处罚情形、提出的从宽处罚建议，经审批在十五个工作日以内作出批复。

第二百一十四条 涉嫌职务犯罪的被调查人有下列情形之一，如实交代自己主要犯罪事实的，可以认定为监察法第三十一条第一项规定的自动投案，真诚悔罪悔过：

（一）职务犯罪问题未被监察机关掌握，向监察机关投案的；

（二）在监察机关谈话、函询过程中，如实交代监察机关未掌握的涉嫌职务犯罪问题的；

（三）在初步核实阶段，尚未受到监察机关谈话时投案的；

（四）职务犯罪问题虽被监察机关立案，但尚未受到讯问或者采取留置措施，向监察机关投案的；

（五）因伤病等客观原因无法前往投案，先委托他人代为表达投案意愿，或者以书信、网络、电话、传真等方式表达投案意愿，后到监察机关接受处理的；

（六）涉嫌职务犯罪潜逃后又投案，包括在被通缉、抓捕过程中投案的；

（七）经查实确已准备去投案，或者正在投案途中被有关机关抓获的；

（八）经他人规劝或者在他人陪同下投案的；

（九）虽未向监察机关投案，但向其所在党组织、单位或者有关负责人员投案，向有关巡视巡察机构投案，以及向公安机关、人民检察院、人民法院投案的；

（十）具有其他应当视为自动投案的情形的。

被调查人自动投案后不能如实交代自己的主要犯罪事实，或者自动投案并如实供述自己的罪行后又翻供的，不能适用前款规定。

第二百一十五条　涉嫌职务犯罪的被调查人有下列情形之一的，可以认定为监察法第三十一条第二项规定的积极配合调查工作，如实供述监察机关还未掌握的违法犯罪行为：

（一）监察机关所掌握线索针对的犯罪事实不成立，在此范围外被调查人主动交代其他罪行的；

（二）主动交代监察机关尚未掌握的犯罪事实，与监察机关已掌握的犯罪事实属不同种罪行的；

（三）主动交代监察机关尚未掌握的犯罪事实，与监察机关已掌握的犯罪事实属同种罪行的；

（四）监察机关掌握的证据不充分，被调查人如实交代有助于收集定案证据的。

前款所称同种罪行和不同种罪行，一般以罪名区分。被调查人如实供述其他罪行的罪名与监察机关已掌握犯罪的罪名不同，但属选择性罪名或者在法律、事实上密切关联的，应当认定为同种罪行。

第二百一十六条　涉嫌职务犯罪的被调查人有下列情形之一的，可以认定为监察法第三十一条第三项规定的积极退赃，减少损失：

（一）全额退赃的；

（二）退赃能力不足，但被调查人及其亲友在监察机关追缴赃款赃物过程中积极配合，且大部分已追缴到位的；

（三）犯罪后主动采取措施避免损失发生，或者积极采取有效措施减少、挽回大部分损失的。

第二百一十七条 涉嫌职务犯罪的被调查人有下列情形之一的，可以认定为监察法第三十一条第四项规定的具有重大立功表现：

（一）检举揭发他人重大犯罪行为且经查证属实的；

（二）提供其他重大案件的重要线索且经查证属实的；

（三）阻止他人重大犯罪活动的；

（四）协助抓捕其他重大职务犯罪案件被调查人、重大犯罪嫌疑人（包括同案犯）的；

（五）为国家挽回重大损失等对国家和社会有其他重大贡献的。

前款所称重大犯罪一般是指依法可能被判处无期徒刑以上刑罚的犯罪行为；重大案件一般是指在本省、自治区、直辖市或者全国范围内有较大影响的案件；查证属实一般是指有关案件已被监察机关或者司法机关立案调查、侦查，被调查人、犯罪嫌疑人被监察机关采取留置措施或者被司法机关采取强制措施，或者被告人被人民法院作出有罪判决，并结合案件事实、证据进行判断。

监察法第三十一条第四项规定的案件涉及国家重大利益，是指案件涉及国家主权和领土完整、国家安全、外交、社会稳定、经济发展等情形。

第二百一十八条 涉嫌行贿等犯罪的涉案人员有下列情形之一的，可以认定为监察法第三十二条规定的揭发有关被调查人职务违法犯罪行为，查证属实或者提供重要线索，有助于调查其他案件：

（一）揭发所涉案件以外的被调查人职务犯罪行为，经查证属实的；

（二）提供的重要线索指向具体的职务犯罪事实，对调查其他案件起到实质性推动作用的；

（三）提供的重要线索有助于加快其他案件办理进度，或者对其他案件固定关键证据、挽回损失、追逃追赃等起到积极作用的。

第二百一十九条 从宽处罚建议一般应当在移送起诉时作为《起诉意见书》内容一并提出，特殊情况下也可以在案件移送后、人民检察院提起公诉前，单独形成从宽处罚建议书移送人民检察院。对于从宽处罚建议所依据的证据材料，应当一并移送人民检察院。

监察机关对于被调查人在调查阶段认罪认罚，但不符合监察法规定的提出从宽处罚建议条件，在移送起诉时没有提出从宽处罚建议的，应当在《起诉意见书》中写明其自愿认罪认罚的情况。

第二百二十条 监察机关一般应当在正式移送起诉十日前，向拟移送的人民检察院采取书面通知等方式预告移送事宜。对于已采取留置措施的案件，发现被调查人因身体等原因存在不适宜羁押等可能影响刑事强制措施执行情形的，应当通报人民检察院。对于未采取留置措施的案件，可以根据案件具体情况，向人民检察院提出对被调查人采取刑事强制措施的建议。

第二百二十一条 监察机关办理的职务犯罪案件移送起诉，需要指定起诉、审判管辖的，应当与同级人民检察院协商有关程序事宜。需要由同级人民检察院的上级人民检察院指定管辖的，应当商请同级人民检察院办理指定管辖事宜。

监察机关一般应当在移送起诉二十日前，将商请指定管辖函送交同级人民检察院。商请指定管辖函应当附案件基本情况，对于被调查人已被其他机关立案侦查的犯罪认为需要并案审查起诉的，一并进行说明。

派驻或者派出的监察机构、监察专员调查的职务犯罪案件需要指定起诉、审判管辖的，应当报派出机关办理指定管辖手续。

第二百二十二条 上级监察机关指定下级监察机关进行调查，移送起诉时需要人民检察院依法指定管辖的，应当在移送起诉前由上级监察机关与同级人民检察院协商有关程序事宜。

第二百二十三条 监察机关对已经移送起诉的职务犯罪案件，发现遗漏被调查人罪行需要补充移送起诉的，应当经审批出具《补充起诉意见书》，连同相关案卷材料、证据等一并移送同级人民检察院。

对于经人民检察院指定管辖的案件需要补充移送起诉的，可以直接移送原受理移送起诉的人民检察院；需要追加犯罪嫌疑人、被告人的，应当再次商请人民检察院办理指定管辖手续。

第二百二十四条 对于涉嫌行贿犯罪、介绍贿赂犯罪或者共同职务犯罪等关联案件的涉案人员，移送起诉时一般应当随主案确定管辖。

主案与关联案件由不同监察机关立案调查的，调查关联案件的监察机关在移送起诉前，应当报告或者通报调查主案的监察机关，由其统一协调案件管辖事宜。因特殊原因，关联案件不宜随主案确定管辖的，调查主案的监察机关应当及时通报和协调有关事项。

第二百二十五条 监察机关对于人民检察院在审查起诉中书面提出的下列要求应当予以配合：

（一）认为可能存在以非法方法收集证据情形，要求监察机关对证据收集的合法性作出说明或者提供相关证明材料的；

（二）排除非法证据后，要求监察机关另行指派调查人员重新取证的；

（三）对物证、书证、视听资料、电子数据及勘验检查、辨认、调查实验等笔录存在疑问，要求调查人员提供获取、制作的有关情况的；

（四）要求监察机关对案件中某些专门性问题进行鉴定，或者对勘验检查进行复验、复查的；

（五）认为主要犯罪事实已经查清，仍有部分证据需要补充完善，要求监察机关补充提供证据的；

（六）人民检察院依法提出的其他工作要求。

第二百二十六条　监察机关对于人民检察院依法退回补充调查的案件，应当向主要负责人报告，并积极开展补充调查工作。

第二百二十七条　对人民检察院退回补充调查的案件，经审批分别作出下列处理：

（一）认定犯罪事实的证据不够充分的，应当在补充证据后，制作补充调查报告书，连同相关材料一并移送人民检察院审查，对无法补充完善的证据，应当作出书面情况说明，并加盖监察机关或者承办部门公章；

（二）在补充调查中发现新的同案犯或者增加、变更犯罪事实，需要追究刑事责任的，应当重新提出处理意见，移送人民检察院审查；

（三）犯罪事实的认定出现重大变化，认为不应当追究被调查人刑事责任的，应当重新提出处理意见，将处理结果书面通知人民检察院并说明理由；

（四）认为移送起诉的犯罪事实清楚，证据确实、充分的，应当说明理由，移送人民检察院依法审查。

第二百二十八条 人民检察院在审查起诉过程中发现新的职务违法或者职务犯罪问题线索并移送监察机关的，监察机关应当依法处置。

第二百二十九条 在案件审判过程中，人民检察院书面要求监察机关补充提供证据，对证据进行补正、解释，或者协助人民检察院补充侦查的，监察机关应当予以配合。监察机关不能提供有关证据材料的，应当书面说明情况。

人民法院在审判过程中就证据收集合法性问题要求有关调查人员出庭说明情况时，监察机关应当依法予以配合。

第二百三十条 监察机关认为人民检察院不起诉决定有错误的，应当在收到不起诉决定书后三十日以内，依法向其上一级人民检察院提请复议。监察机关应当将上述情况及时向上一级监察机关书面报告。

第二百三十一条 对于监察机关移送起诉的案件，人民检察院作出不起诉决定，人民法院作出无罪判决，或者监察机关经人民检察院退回补充调查后不再移送起诉，涉及对被调查人已生效政务处分事实认定的，监察机关应当依法对政务处分决定进行审核。认为原政务处分决定认定事实清楚、适用法律正确的，不再改变；认为原政务处分决定确有错误或者不当的，依法予以撤销或者变更。

第二百三十二条 对于贪污贿赂、失职渎职等职务犯罪案件，被调查人逃匿，在通缉一年后不能到案，或者被调查人死亡，依法应当追缴其违法所得及其他涉案财产的，承办部门在调查终结后应当依法移送审理。

监察机关应当经集体审议，出具《没收违法所得意见书》，连同案卷材料、证据等，一并移送人民检察院依法提出没收违法所得的申请。

监察机关将《没收违法所得意见书》移送人民检察院后，在逃的被调查人自动投案或者被抓获的，监察机关应当及时通知人民检察院。

第二百三十三条 监察机关立案调查拟适用缺席审判程序的贪污贿赂犯罪案件，应当逐级报送国家监察委员会同意。

监察机关承办部门认为在境外的被调查人犯罪事实已经查清，证据确实、充分，依法应当追究刑事责任的，应当依法移送审理。

监察机关应当经集体审议，出具《起诉意见书》，连同案卷材料、证据等，一并移送人民检察院审查起诉。

在审查起诉或者缺席审判过程中，犯罪嫌疑人、被告人向监察机关自动投案或者被抓获的，监察机关应当立即通知人民检察院、人民法院。

第六章　反腐败国际合作

第一节　工作职责和领导体制

第二百三十四条 国家监察委员会统筹协调与其他国家、地区、国际组织开展反腐败国际交流、合作。

国家监察委员会组织《联合国反腐败公约》等反腐败国际条约的实施以及履约审议等工作，承担《联合国反腐败公约》司法协助中央机关有关工作。

国家监察委员会组织协调有关单位建立集中统一、高效顺畅的反腐败国际追逃追赃和防逃协调机制，统筹协调、督促指导各级监察机关反腐败国际追逃追赃等涉外案件办理工作，具体履行下列职责：

（一）制定反腐败国际追逃追赃和防逃工作计划，研究工作中的重要问题；

（二）组织协调反腐败国际追逃追赃等重大涉外案件办理工作；

（三）办理由国家监察委员会管辖的涉外案件；

（四）指导地方各级监察机关依法开展涉外案件办理工作；

（五）汇总和通报全国职务犯罪外逃案件信息和追逃追赃工作信息；

（六）建立健全反腐败国际追逃追赃和防逃合作网络；

（七）承担监察机关开展国际刑事司法协助的主管机关职责；

（八）承担其他与反腐败国际追逃追赃等涉外案件办理工作相关的职责。

第二百三十五条 地方各级监察机关在国家监察委员会领导下，统筹协调、督促指导本地区反腐败国际追逃追赃等涉外案件办理工作，具体履行下列职责：

（一）落实上级监察机关关于反腐败国际追逃追赃和防逃工作部署，制定工作计划；

（二）按照管辖权限或者上级监察机关指定管辖，办理涉外案件；

（三）按照上级监察机关要求，协助配合其他监察机关开展涉外案件办理工作；

（四）汇总和通报本地区职务犯罪外逃案件信息和追逃追赃工作信息；

（五）承担本地区其他与反腐败国际追逃追赃等涉外案件办理工作相关的职责。

省级监察委员会应当会同有关单位，建立健全本地区反腐败国际追逃追赃和防逃协调机制。

国家监察委员会派驻或者派出的监察机构、监察专员统筹协调、督促指导本部门反腐败国际追逃追赃等涉外案件办理工作，参照第一款规定执行。

第二百三十六条 国家监察委员会国际合作局归口管理监察机关反腐败国际追逃追赃等涉外案件办理工作。地方各级监察委员会应当明确专责部门，归口管理本地区涉外案件办理工作。

国家监察委员会派驻或者派出的监察机构、监察专员和地方各级监察机关办理涉外案件中有关执法司法国际合作事项，应当逐级报送国家监察委员会审批。由国家监察委员会依法直接或者协调有关单位与有关国家（地区）相关机构沟通，以双方认可的方式实施。

第二百三十七条 监察机关应当建立追逃追赃和防逃工作内部联络机制。承办部门在调查过程中，发现被调查人或者重要涉案人员外逃、违法所得及其他涉案财产被转移到境外的，可以请追逃追赃部门提供工作协助。监察机关将案件移送人民检察院审查起诉后，仍有重要涉案人员外逃或者未追缴的违法所得及其他涉案财产的，应当由追逃追赃部门继续办理，或者由追逃追赃部门指定协调有关单位办理。

第二节 国（境）内工作

第二百三十八条 监察机关应当将防逃工作纳入日常监督内容，督促相关机关、单位建立健全防逃责任机制。

监察机关在监督、调查工作中，应当根据情况制定对监察对象、重要涉案人员的防逃方案，防范人员外逃和资金外流风险。监察机关应当会同同级组织人事、外事、公安、移民管理等单位健全防逃预警机制，对存在外逃风险的监察对象早发现、早报告、早处置。

第二百三十九条 监察机关应当加强与同级人民银行、公安等单位的沟通协作，推动预防、打击利用离岸公司和地下钱庄等向境外转移违法所得及其他涉案财产，对涉及职务违法和职务犯罪的行为依法进行调查。

第二百四十条 国家监察委员会派驻或者派出的监察机构、监察专员和地方各级监察委员会发现监察对象出逃、失踪、出走，或者违法所得及其他涉案财产被转移至境外的，应当在二十四小时以内将有关信息逐级报送至国家监察委员会国际合作局，并迅速开展相关工作。

第二百四十一条 监察机关追逃追赃部门统一接收巡视巡察机构、审计机关、行政执法部门、司法机关等单位移交的外逃信息。

监察机关对涉嫌职务违法和职务犯罪的外逃人员，应当明确承办部门，建立案件档案。

第二百四十二条 监察机关应当依法全面收集外逃人员涉嫌职务违法和职务犯罪证据。

第二百四十三条 开展反腐败国际追逃追赃等涉外案件办理工作，应当把思想教育贯穿始终，落实宽严相济刑事政策，依法适用认罪认罚从宽制度，促使外逃人员回国投案或者配合调查、主动退赃。开展相关工作，应当尊重所在国家（地区）的法律规定。

第二百四十四条 外逃人员归案、违法所得及其他涉案财产被追缴后，承办案件的监察机关应当将情况逐级报送国家监察委员会国际合作局。监察机关应当依法对涉案人员和违法所得及其他涉案财产作出处置，或者请有关单位依法处置。对不需要继续采取相关措施的，应当及时解除或者撤销。

第三节 对外合作

第二百四十五条 监察机关对依法应当留置或者已经决定留置的外逃人员，需要申请发布国际刑警组织红色通报的，应当逐级报送国家监察委员会审核。国家监察委员会审核后，依法通过公安部向国际刑警组织提出申请。

需要延期、暂停、撤销红色通报的，申请发布红色通报的监察机关应当逐级报送国家监察委员会审核，由国家监察委员会依法通过公安部联系国际刑警组织办理。

第二百四十六条 地方各级监察机关通过引渡方式办理相关涉外案件的，应当按照引渡法、相关双边及多边国际条约等规定准备引渡请求书及相关材料，逐级报送国家监察委员会审核。由国家监察委员会依法通过外交等渠道向外国提出引渡请求。

第二百四十七条 地方各级监察机关通过刑事司法协助方式办理相关涉外案件的，应当按照国际刑事司法协助法、相关双边及多边国际条约等规定准备刑事司法协助请求书及相关材料，逐级报送国家监察委员会审核。由国家监察委员会依法直接或者通过对外联系机关等渠道，向外国提出刑事司法协助请求。

国家监察委员会收到外国提出的刑事司法协助请求书及所附材料，经审查认为符合有关规定的，作出决定并交由省级监察机关执行，或者转交其他有关主管机关。省级监察机关应当立即执行，或者交由下级监察机关执行，并将执行结果或者妨碍执行的情形及时报送国家监察委员会。在执行过程中，需要依法采取查询、调取、查封、扣押、冻结等措施或者需要返还涉案财物的，根据我国法律规定和国家监察委员会的执行决定办理有关法律手续。

第二百四十八条 地方各级监察机关通过执法合作方式办理相关涉外案件的，应当将合作事项及相关材料逐级报送国家监察委员会审核。由国家监察委员会依法直接或者协调有关单位，向有关国家（地区）相关机构提交并开展合作。

第二百四十九条 地方各级监察机关通过境外追诉方式办理相关涉外案件的，应当提供外逃人员相关违法线索和证据，逐级报送国家监察委员会审核。由国家监察委员会依法直接或者协调有关单位向有关国家（地区）相关机构提交，请其依法对外逃人员调查、起诉和审判，并商有关国家（地区）遣返外逃人员。

第二百五十条 监察机关对依法应当追缴的境外违法所得及其他涉案财产，应当责令涉案人员以合法方式退赔。涉案人员拒不退赔的，可以依法通过下列方式追缴：

（一）在开展引渡等追逃合作时，随附请求有关国家（地区）移交相关违法所得及其他涉案财产；

（二）依法启动违法所得没收程序，由人民法院对相关违法所得及其他涉案财产作出冻结、没收裁定，请有关国家（地区）承认和执行，并予以返还；

（三）请有关国家（地区）依法追缴相关违法所得及其他涉案财产，并予以返还；

（四）通过其他合法方式追缴。

第七章　对监察机关和监察人员的监督

第二百五十一条　监察机关和监察人员必须自觉坚持党的领导，在党组织的管理、监督下开展工作，依法接受本级人民代表大会及其常务委员会的监督，接受民主监督、司法监督、社会监督、舆论监督，加强内部监督制约机制建设，确保权力受到严格的约束和监督。

第二百五十二条　各级监察委员会应当按照监察法第五十三条第二款规定，由主任在本级人民代表大会常务委员会全体会议上报告专项工作。

在报告专项工作前，应当与本级人民代表大会有关专门委员会沟通协商，并配合开展调查研究等工作。各级人民代表大会常务委员会审议专项工作报告时，本级监察委员会应当根据要求派出领导成员列席相关会议，听取意见。

各级监察委员会应当认真研究办理本级人民代表大会常务委员会反馈的审议意见，并按照要求书面报告办理情况。

第二百五十三条　各级监察委员会应当积极接受、配合本级人民代表大会常务委员会组织的执法检查。对本级人民代表大会常务委员会的执法检查报告，应当认真研究处理，并向其报告处理情况。

第二百五十四条　各级监察委员会在本级人民代表大会常务委员会会议审议与监察工作有关的议案和报告时，应当派相关负责人到会听取意见，回答询问。

监察机关对依法交由监察机关答复的质询案应当按照要求进行答复。口头答复的，由监察机关主要负责人或者委派相关负责人到会答复。书面答复的，由监察机关主要负责人签署。

第二百五十五条 各级监察机关应当通过互联网政务媒体、报刊、广播、电视等途径，向社会及时准确公开下列监察工作信息：

（一）监察法规；

（二）依法应当向社会公开的案件调查信息；

（三）检举控告地址、电话、网站等信息；

（四）其他依法应当公开的信息。

第二百五十六条 各级监察机关可以根据工作需要，按程序选聘特约监察员履行监督、咨询等职责。特约监察员名单应当向社会公布。

监察机关应当为特约监察员依法开展工作提供必要条件和便利。

第二百五十七条 监察机关实行严格的人员准入制度，严把政治关、品行关、能力关、作风关、廉洁关。监察人员必须忠诚坚定、担当尽责、遵纪守法、清正廉洁。

第二百五十八条 监察机关应当建立监督检查、调查、案件监督管理、案件审理等部门相互协调制约的工作机制。

监督检查和调查部门实行分工协作、相互制约。监督检查部门主要负责联系地区、部门、单位的日常监督检查和对涉嫌一般违法问题线索处置。调查部门主要负责对涉嫌严重职务违法和职务犯罪问题线索进行初步核实和立案调查。

案件监督管理部门负责对监督检查、调查工作全过程进行监督管理，做好线索管理、组织协调、监督检查、督促办理、统计分析等工作。案件监督管理部门发现监察人员在监督检查、调查中有违规办案行为的，及时督促整改；涉嫌违纪违法的，根据管理权限移交相关部门处理。

第二百五十九条 监察机关应当对监察权运行关键环节进行经常性监督检查，适时开展专项督查。案件监督管理、案件审理等部门应当按照各自职责，对问题线索处置、调查措施使用、涉案财物管理等进行监督检查，建立常态化、全覆盖的案件质量评查机制。

第二百六十条 监察机关应当加强对监察人员执行职务和遵纪守法情况的监督，按照管理权限依法对监察人员涉嫌违法犯罪问题进行调查处置。

第二百六十一条 监察机关及其监督检查、调查部门负责人应当定期检查调查期间的录音录像、谈话笔录、涉案财物登记资料，加强对调查全过程的监督，发现问题及时纠正并报告。

第二百六十二条 对监察人员打听案情、过问案件、说情干预的，办理监察事项的监察人员应当及时向上级负责人报告。有关情况应当登记备案。

发现办理监察事项的监察人员未经批准接触被调查人、涉案人员及其特定关系人，或者存在交往情形的，知情的监察人员应当及时向上级负责人报告。有关情况应当登记备案。

第二百六十三条 办理监察事项的监察人员有监察法第五十八条所列情形之一的，应当自行提出回避；没有自行提出回避的，监察机关应当依法决定其回避，监察对象、检举人及其他有关人员也有权要求其回避。

选用借调人员、看护人员、调查场所，应当严格执行回避制度。

第二百六十四条 监察人员自行提出回避，或者监察对象、检举人及其他有关人员要求监察人员回避的，应当书面或者口头提出，并说明理由。口头提出的，应当形成记录。

监察机关主要负责人的回避，由上级监察机关主要负责人决定；其他监察人员的回避，由本级监察机关主要负责人决定。

第二百六十五条 上级监察机关应当通过专项检查、业务考评、开展复查等方式，强化对下级监察机关及监察人员执行职务和遵纪守法情况的监督。

第二百六十六条 监察机关应当对监察人员有计划地进行政治、理论和业务培训。培训应当坚持理论联系实际、按需施教、讲求实效，突出政治机关特色，建设高素质专业化监察队伍。

第二百六十七条 监察机关应当严格执行保密制度，控制监察事项知悉范围和时间。监察人员不准私自留存、隐匿、查阅、摘抄、复制、携带问题线索和涉案资料，严禁泄露监察工作秘密。

监察机关应当建立健全检举控告保密制度，对检举控告人的姓名（单位名称）、工作单位、住址、电话和邮箱等有关情况以及检举控告内容必须严格保密。

第二百六十八条 监察机关涉密人员离岗离职后，应当遵守脱密期管理规定，严格履行保密义务，不得泄露相关秘密。

第二百六十九条 监察人员离任三年以内，不得从事与监察和司法工作相关联且可能发生利益冲突的职业。

监察人员离任后，不得担任原任职监察机关办理案件的诉讼代理人或者辩护人，但是作为当事人的监护人或者近亲属代理诉讼或者进行辩护的除外。

第二百七十条 监察人员应当严格遵守有关规范领导干部配偶、子女及其配偶经商办企业行为的规定。

第二百七十一条 监察机关在履行职责过程中应当依法保

护企业产权和自主经营权，严禁利用职权非法干扰企业生产经营。需要企业经营者协助调查的，应当依法保障其合法的人身、财产等权益，避免或者减少对涉案企业正常生产、经营活动的影响。

查封企业厂房、机器设备等生产资料，企业继续使用对该财产价值无重大影响的，可以允许其使用。对于正在运营或者正在用于科技创新、产品研发的设备和技术资料等，一般不予查封、扣押，确需调取违法犯罪证据的，可以采取拍照、复制等方式。

第二百七十二条 被调查人及其近亲属认为监察机关及监察人员存在监察法第六十条第一款规定的有关情形，向监察机关提出申诉的，由监察机关案件监督管理部门依法受理，并按照法定的程序和时限办理。

第二百七十三条 监察机关在维护监督执法调查工作纪律方面失职失责的，依法追究责任。监察人员涉嫌严重职务违法、职务犯罪或者对案件处置出现重大失误的，既应当追究直接责任，还应当严肃追究负有责任的领导人员责任。

监察机关应当建立办案质量责任制，对滥用职权、失职失责造成严重后果的，实行终身责任追究。

第八章 法律责任

第二百七十四条 有关单位拒不执行监察机关依法作出的下列处理决定的，应当由其主管部门、上级机关责令改正，对单位给予通报批评，对负有责任的领导人员和直接责任人员依法给予处理：

（一）政务处分决定；

（二）问责决定；

（三）谈话提醒、批评教育、责令检查，或者予以诫勉的决定；

（四）采取调查措施的决定；

（五）复审、复核决定；

（六）监察机关依法作出的其他处理决定。

第二百七十五条 监察对象对控告人、申诉人、批评人、检举人、证人、监察人员进行打击、压制等报复陷害的，监察机关应当依法给予政务处分。构成犯罪的，依法追究刑事责任。

第二百七十六条 控告人、检举人、证人采取捏造事实、伪造材料等方式诬告陷害的，监察机关应当依法给予政务处分，或者移送有关机关处理。构成犯罪的，依法追究刑事责任。

监察人员因依法履行职责遭受不实举报、诬告陷害、侮辱诽谤，致使名誉受到损害的，监察机关应当会同有关部门及时澄清事实，消除不良影响，并依法追究相关单位或者个人的责任。

第二百七十七条 监察机关应当建立健全办案安全责任制。承办部门主要负责人和调查组组长是调查安全第一责任人。调查组应当指定专人担任安全员。

地方各级监察机关履行管理、监督职责不力发生严重办案安全事故的，或者办案中存在严重违规违纪违法行为的，省级监察机关主要负责人应当向国家监察委员会作出检讨，并予以通报、严肃追责问责。

案件监督管理部门应当对办案安全责任制落实情况组织经常性检查和不定期抽查，发现问题及时报告并督促整改。

第二百七十八条 监察人员在履行职责中有下列行为之一

的，依法严肃处理；构成犯罪的，依法追究刑事责任：

（一）贪污贿赂、徇私舞弊的；

（二）不履行或者不正确履行监督职责，应当发现的问题没有发现，或者发现问题不报告、不处置，造成严重影响的；

（三）未经批准、授权处置问题线索，发现重大案情隐瞒不报，或者私自留存、处理涉案材料的；

（四）利用职权或者职务上的影响干预调查工作的；

（五）违法窃取、泄露调查工作信息，或者泄露举报事项、举报受理情况以及举报人信息的；

（六）对被调查人或者涉案人员逼供、诱供，或者侮辱、打骂、虐待、体罚或者变相体罚的；

（七）违反规定处置查封、扣押、冻结的财物的；

（八）违反规定导致发生办案安全事故，或者发生安全事故后隐瞒不报、报告失实、处置不当的；

（九）违反规定采取留置措施的；

（十）违反规定限制他人出境，或者不按规定解除出境限制的；

（十一）其他职务违法和职务犯罪行为。

第二百七十九条 对监察人员在履行职责中存在违法行为的，可以根据情节轻重，依法进行谈话提醒、批评教育、责令检查、诫勉，或者给予政务处分。构成犯罪的，依法追究刑事责任。

第二百八十条 监察机关及其工作人员在行使职权时，有下列情形之一的，受害人可以申请国家赔偿：

（一）采取留置措施后，决定撤销案件的；

（二）违法没收、追缴或者违法查封、扣押、冻结财物造成损害的；

（三）违法行使职权，造成被调查人、涉案人员或者证人身体伤害或者死亡的；

（四）非法剥夺他人人身自由的；

（五）其他侵犯公民、法人和其他组织合法权益造成损害的。

受害人死亡的，其继承人和其他有扶养关系的亲属有权要求赔偿；受害的法人或者其他组织终止的，其权利承受人有权要求赔偿。

第二百八十一条 监察机关及其工作人员违法行使职权侵犯公民、法人和其他组织的合法权益造成损害的，该机关为赔偿义务机关。申请赔偿应当向赔偿义务机关提出，由该机关负责复审复核工作的部门受理。

赔偿以支付赔偿金为主要方式。能够返还财产或者恢复原状的，予以返还财产或者恢复原状。

第九章 附 则

第二百八十二条 本条例所称监察机关，包括各级监察委员会及其派驻或者派出监察机构、监察专员。

第二百八十三条 本条例所称“近亲属”，是指夫、妻、父、母、子、女、同胞兄弟姊妹。

第二百八十四条 本条例所称以上、以下、以内，包括本级、本数。

第二百八十五条 期间以时、日、月、年计算，期间开始的时和日不算在期间以内。本条例另有规定的除外。

按照年、月计算期间的，到期月的对应日为期间的最后一日；没有对应日的，月末日为期间的最后一日。

期间的最后一日是法定休假日的，以法定休假日结束的次日为期间的最后一日。但被调查人留置期间应当至到期之日为止，不得因法定休假日而延长。

第二百八十六条　本条例由国家监察委员会负责解释。

第二百八十七条　本条例自发布之日起施行。

中华人民共和国
公职人员政务处分法

（2020年6月20日第十三届全国人民代表大会常务委员会第十九次会议通过）

目　　录

第一章　总　　则

第一条　为了规范政务处分，加强对所有行使公权力的公职人员的监督，促进公职人员依法履职、秉公用权、廉洁从政从业、坚持道德操守，根据《中华人民共和国监察法》，制定本法。

第二条 本法适用于监察机关对违法的公职人员给予政务处分的活动。

本法第二章、第三章适用于公职人员任免机关、单位对违法的公职人员给予处分。处分的程序、申诉等适用其他法律、行政法规、国务院部门规章和国家有关规定。

本法所称公职人员，是指《中华人民共和国监察法》第十五条规定的人员。

第三条 监察机关应当按照管理权限，加强对公职人员的监督，依法给予违法的公职人员政务处分。

公职人员任免机关、单位应当按照管理权限，加强对公职人员的教育、管理、监督，依法给予违法的公职人员处分。

监察机关发现公职人员任免机关、单位应当给予处分而未给予，或者给予的处分违法、不当的，应当及时提出监察建议。

第四条 给予公职人员政务处分，坚持党管干部原则，集体讨论决定；坚持法律面前一律平等，以事实为根据，以法律为准绳，给予的政务处分与违法行为的性质、情节、危害程度相当；坚持惩戒与教育相结合，宽严相济。

第五条 给予公职人员政务处分，应当事实清楚、证据确凿、定性准确、处理恰当、程序合法、手续完备。

第六条 公职人员依法履行职责受法律保护，非因法定事由、非经法定程序，不受政务处分。

第二章 政务处分的种类和适用

第七条 政务处分的种类为：

（一）警告；

（二）记过；

（三）记大过；

（四）降级；

（五）撤职；

（六）开除。

第八条 政务处分的期间为：

（一）警告，六个月；

（二）记过，十二个月；

（三）记大过，十八个月；

（四）降级、撤职，二十四个月。

政务处分决定自作出之日起生效，政务处分期自政务处分决定生效之日起计算。

第九条 公职人员二人以上共同违法，根据各自在违法行为中所起的作用和应当承担的法律责任，分别给予政务处分。

第十条 有关机关、单位、组织集体作出的决定违法或者实施违法行为的，对负有责任的领导人员和直接责任人员中的公职人员依法给予政务处分。

第十一条 公职人员有下列情形之一的，可以从轻或者减轻给予政务处分：

（一）主动交代本人应当受到政务处分的违法行为的；

（二）配合调查，如实说明本人违法事实的；

（三）检举他人违纪违法行为，经查证属实的；

（四）主动采取措施，有效避免、挽回损失或者消除不良影响的；

（五）在共同违法行为中起次要或者辅助作用的；

（六）主动上交或者退赔违法所得的；

（七）法律、法规规定的其他从轻或者减轻情节。

第十二条 公职人员违法行为情节轻微，且具有本法第十一条规定的情形之一的，可以对其进行谈话提醒、批评教育、责令检查或者予以诫勉，免予或者不予政务处分。

公职人员因不明真相被裹挟或者被胁迫参与违法活动，经批评教育后确有悔改表现的，可以减轻、免予或者不予政务处分。

第十三条 公职人员有下列情形之一的，应当从重给予政务处分：

（一）在政务处分期内再次故意违法，应当受到政务处分的；

（二）阻止他人检举、提供证据的；

（三）串供或者伪造、隐匿、毁灭证据的；

（四）包庇同案人员的；

（五）胁迫、唆使他人实施违法行为的；

（六）拒不上交或者退赔违法所得的；

（七）法律、法规规定的其他从重情节。

第十四条 公职人员犯罪，有下列情形之一的，予以开除：

（一）因故意犯罪被判处管制、拘役或者有期徒刑以上刑罚（含宣告缓刑）的；

（二）因过失犯罪被判处有期徒刑，刑期超过三年的；

（三）因犯罪被单处或者并处剥夺政治权利的。

因过失犯罪被判处管制、拘役或者三年以下有期徒刑的，一般应当予以开除；案件情况特殊，予以撤职更为适当的，可以不予开除，但是应当报请上一级机关批准。

公职人员因犯罪被单处罚金，或者犯罪情节轻微，人民检察院依法作出不起诉决定或者人民法院依法免予刑事处罚的，予以撤职；造成不良影响的，予以开除。

第十五条 公职人员有两个以上违法行为的，应当分别确定政务处分。应当给予两种以上政务处分的，执行其中最重的政务处分；应当给予撤职以下多个相同政务处分的，可以在一个政务处分期以上、多个政务处分期之和以下确定政务处分期，但是最长不得超过四十八个月。

第十六条 对公职人员的同一违法行为，监察机关和公职人员任免机关、单位不得重复给予政务处分和处分。

第十七条 公职人员有违法行为，有关机关依照规定给予组织处理的，监察机关可以同时给予政务处分。

第十八条 担任领导职务的公职人员有违法行为，被罢免、撤销、免去或者辞去领导职务的，监察机关可以同时给予政务处分。

第十九条 公务员以及参照《中华人民共和国公务员法》管理的人员在政务处分期内，不得晋升职务、职级、衔级和级别；其中，被记过、记大过、降级、撤职的，不得晋升工资档次。被撤职的，按照规定降低职务、职级、衔级和级别，同时降低工资和待遇。

第二十条 法律、法规授权或者受国家机关依法委托管理公共事务的组织中从事公务的人员，以及公办的教育、科研、文化、医疗卫生、体育等单位中从事管理的人员，在政务处分期内，不得晋升职务、岗位和职员等级、职称；其中，被记过、记大过、降级、撤职的，不得晋升薪酬待遇等级。被撤职的，降低职务、岗位或者职员等级，同时降低薪酬待遇。

第二十一条 国有企业管理人员在政务处分期内，不得晋升职务、岗位等级和职称；其中，被记过、记大过、降级、撤职的，不得晋升薪酬待遇等级。被撤职的，降低职务或者岗位等级，同时降低薪酬待遇。

第二十二条 基层群众性自治组织中从事管理的人员有违法行为的，监察机关可以予以警告、记过、记大过。

基层群众性自治组织中从事管理的人员受到政务处分的，应当由县级或者乡镇人民政府根据具体情况减发或者扣发补贴、奖金。

第二十三条 《中华人民共和国监察法》第十五条第六项规定的人员有违法行为的，监察机关可以予以警告、记过、记大过。情节严重的，由所在单位直接给予或者监察机关建议有关机关、单位给予降低薪酬待遇、调离岗位、解除人事关系或者劳动关系等处理。

《中华人民共和国监察法》第十五条第二项规定的人员，未担任公务员、参照《中华人民共和国公务员法》管理的人员、事业单位工作人员或者国有企业人员职务的，对其违法行为依照前款规定处理。

第二十四条 公职人员被开除，或者依照本法第二十三条规定，受到解除人事关系或者劳动关系处理的，不得录用为公务员以及参照《中华人民共和国公务员法》管理的人员。

第二十五条 公职人员违法取得的财物和用于违法行为的本人财物，除依法应当由其他机关没收、追缴或者责令退赔的，由监察机关没收、追缴或者责令退赔；应当退还原所有人或者原持有人的，依法予以退还；属于国家财产或者不应当退还以及无法退还的，上缴国库。

公职人员因违法行为获得的职务、职级、衔级、级别、岗位和职员等级、职称、待遇、资格、学历、学位、荣誉、奖励等其他利益，监察机关应当建议有关机关、单位、组织按规定予以纠正。

第二十六条 公职人员被开除的，自政务处分决定生效之日起，应当解除其与所在机关、单位的人事关系或者劳动关系。

公职人员受到开除以外的政务处分，在政务处分期内有悔改表现，并且没有再发生应当给予政务处分的违法行为的，政务处分期满后自动解除，晋升职务、职级、衔级、级别、岗位和职员等级、职称、薪酬待遇不再受原政务处分影响。但是，解除降级、撤职的，不恢复原职务、职级、衔级、级别、岗位和职员等级、职称、薪酬待遇。

第二十七条 已经退休的公职人员退休前或者退休后有违法行为的，不再给予政务处分，但是可以对其立案调查；依法应当予以降级、撤职、开除的，应当按照规定相应调整其享受的待遇，对其违法取得的财物和用于违法行为的本人财物依照本法第二十五条的规定处理。

已经离职或者死亡的公职人员在履职期间有违法行为的，依照前款规定处理。

第三章　违法行为及其适用的政务处分

第二十八条 有下列行为之一的，予以记过或者记大过；情节较重的，予以降级或者撤职；情节严重的，予以开除：

（一）散布有损宪法权威、中国共产党领导和国家声誉的言论的；

（二）参加旨在反对宪法、中国共产党领导和国家的集会、游行、示威等活动的；

（三）拒不执行或者变相不执行中国共产党和国家的路线方

针政策、重大决策部署的；

（四）参加非法组织、非法活动的；

（五）挑拨、破坏民族关系，或者参加民族分裂活动的；

（六）利用宗教活动破坏民族团结和社会稳定的；

（七）在对外交往中损害国家荣誉和利益的。

有前款第二项、第四项、第五项和第六项行为之一的，对策划者、组织者和骨干分子，予以开除。

公开发表反对宪法确立的国家指导思想，反对中国共产党领导，反对社会主义制度，反对改革开放的文章、演说、宣言、声明等的，予以开除。

第二十九条 不按照规定请示、报告重大事项，情节较重的，予以警告、记过或者记大过；情节严重的，予以降级或者撤职。

违反个人有关事项报告规定，隐瞒不报，情节较重的，予以警告、记过或者记大过。

篡改、伪造本人档案资料的，予以记过或者记大过；情节严重的，予以降级或者撤职。

第三十条 有下列行为之一的，予以警告、记过或者记大过；情节严重的，予以降级或者撤职：

（一）违反民主集中制原则，个人或者少数人决定重大事项，或者拒不执行、擅自改变集体作出的重大决定的；

（二）拒不执行或者变相不执行、拖延执行上级依法作出的决定、命令的。

第三十一条 违反规定出境或者办理因私出境证件的，予以记过或者记大过；情节严重的，予以降级或者撤职。

违反规定取得外国国籍或者获取境外永久居留资格、长期居留许可的，予以撤职或者开除。

第三十二条 有下列行为之一的，予以警告、记过或者记大过；情节较重的，予以降级或者撤职；情节严重的，予以开除：

（一）在选拔任用、录用、聘用、考核、晋升、评选等干部人事工作中违反有关规定的；

（二）弄虚作假，骗取职务、职级、衔级、级别、岗位和职员等级、职称、待遇、资格、学历、学位、荣誉、奖励或者其他利益的；

（三）对依法行使批评、申诉、控告、检举等权利的行为进行压制或者打击报复的；

（四）诬告陷害，意图使他人受到名誉损害或者责任追究等不良影响的；

（五）以暴力、威胁、贿赂、欺骗等手段破坏选举的。

第三十三条 有下列行为之一的，予以警告、记过或者记大过；情节较重的，予以降级或者撤职；情节严重的，予以开除：

（一）贪污贿赂的；

（二）利用职权或者职务上的影响为本人或者他人谋取私利的；

（三）纵容、默许特定关系人利用本人职权或者职务上的影响谋取私利的。

拒不按照规定纠正特定关系人违规任职、兼职或者从事经营活动，且不服从职务调整的，予以撤职。

第三十四条 收受可能影响公正行使公权力的礼品、礼金、有价证券等财物的，予以警告、记过或者记大过；情节较重的，予以降级或者撤职；情节严重的，予以开除。

向公职人员及其特定关系人赠送可能影响公正行使公权力的礼品、礼金、有价证券等财物，或者接受、提供可能影响公正行使公权力的宴请、旅游、健身、娱乐等活动安排，情节较重的，予以警告、记过或者记大过；情节严重的，予以降级或者撤职。

第三十五条 有下列行为之一，情节较重的，予以警告、记过或者记大过；情节严重的，予以降级或者撤职：

（一）违反规定设定、发放薪酬或者津贴、补贴、奖金的；

（二）违反规定，在公务接待、公务交通、会议活动、办公用房以及其他工作生活保障等方面超标准、超范围的；

（三）违反规定公款消费的。

第三十六条 违反规定从事或者参与营利性活动，或者违反规定兼任职务、领取报酬的，予以警告、记过或者记大过；情节较重的，予以降级或者撤职；情节严重的，予以开除。

第三十七条 利用宗族或者黑恶势力等欺压群众，或者纵容、包庇黑恶势力活动的，予以撤职；情节严重的，予以开除。

第三十八条 有下列行为之一，情节较重的，予以警告、记过或者记大过；情节严重的，予以降级或者撤职：

（一）违反规定向管理服务对象收取、摊派财物的；

（二）在管理服务活动中故意刁难、吃拿卡要的；

（三）在管理服务活动中态度恶劣粗暴，造成不良后果或者影响的；

（四）不按照规定公开工作信息，侵犯管理服务对象知情权，造成不良后果或者影响的；

（五）其他侵犯管理服务对象利益的行为，造成不良后果或者影响的。

有前款第一项、第二项和第五项行为，情节特别严重的，予以开除。

第三十九条　有下列行为之一，造成不良后果或者影响的，予以警告、记过或者记大过；情节较重的，予以降级或者撤职；情节严重的，予以开除：

（一）滥用职权，危害国家利益、社会公共利益或者侵害公民、法人、其他组织合法权益的；

（二）不履行或者不正确履行职责，玩忽职守，贻误工作的；

（三）工作中有形式主义、官僚主义行为的；

（四）工作中有弄虚作假，误导、欺骗行为的；

（五）泄露国家秘密、工作秘密，或者泄露因履行职责掌握的商业秘密、个人隐私的。

第四十条　有下列行为之一的，予以警告、记过或者记大过；情节较重的，予以降级或者撤职；情节严重的，予以开除：

（一）违背社会公序良俗，在公共场所有不当行为，造成不良影响的；

（二）参与或者支持迷信活动，造成不良影响的；

（三）参与赌博的；

（四）拒不承担赡养、抚养、扶养义务的；

（五）实施家庭暴力，虐待、遗弃家庭成员的；

（六）其他严重违反家庭美德、社会公德的行为。

吸食、注射毒品，组织赌博，组织、支持、参与卖淫、嫖娼、色情淫乱活动的，予以撤职或者开除。

第四十一条　公职人员有其他违法行为，影响公职人员形象，损害国家和人民利益的，可以根据情节轻重给予相应政务处分。

第四章 政务处分的程序

第四十二条 监察机关对涉嫌违法的公职人员进行调查，应当由二名以上工作人员进行。监察机关进行调查时，有权依法向有关单位和个人了解情况，收集、调取证据。有关单位和个人应当如实提供情况。

严禁以威胁、引诱、欺骗及其他非法方式收集证据。以非法方式收集的证据不得作为给予政务处分的依据。

第四十三条 作出政务处分决定前，监察机关应当将调查认定的违法事实及拟给予政务处分的依据告知被调查人，听取被调查人的陈述和申辩，并对其陈述的事实、理由和证据进行核实，记录在案。被调查人提出的事实、理由和证据成立的，应予采纳。不得因被调查人的申辩而加重政务处分。

第四十四条 调查终结后，监察机关应当根据下列不同情况，分别作出处理：

（一）确有应受政务处分的违法行为的，根据情节轻重，按照政务处分决定权限，履行规定的审批手续后，作出政务处分决定；

（二）违法事实不能成立的，撤销案件；

（三）符合免予、不予政务处分条件的，作出免予、不予政务处分决定；

（四）被调查人涉嫌其他违法或者犯罪行为的，依法移送主管机关处理。

第四十五条 决定给予政务处分的，应当制作政务处分决定书。

政务处分决定书应当载明下列事项：

（一）被处分人的姓名、工作单位和职务；

（二）违法事实和证据；

（三）政务处分的种类和依据；

（四）不服政务处分决定，申请复审、复核的途径和期限；

（五）作出政务处分决定的机关名称和日期。

政务处分决定书应当盖有作出决定的监察机关的印章。

第四十六条 政务处分决定书应当及时送达被处分人和被处分人所在机关、单位，并在一定范围内宣布。

作出政务处分决定后，监察机关应当根据被处分人的具体身份书面告知相关的机关、单位。

第四十七条 参与公职人员违法案件调查、处理的人员有下列情形之一的，应当自行回避，被调查人、检举人及其他有关人员也有权要求其回避：

（一）是被调查人或者检举人的近亲属的；

（二）担任过本案的证人的；

（三）本人或者其近亲属与调查的案件有利害关系的；

（四）可能影响案件公正调查、处理的其他情形。

第四十八条 监察机关负责人的回避，由上级监察机关决定；其他参与违法案件调查、处理人员的回避，由监察机关负责人决定。

监察机关或者上级监察机关发现参与违法案件调查、处理人员有应当回避情形的，可以直接决定该人员回避。

第四十九条 公职人员依法受到刑事责任追究的，监察机关应当根据司法机关的生效判决、裁定、决定及其认定的事实和情节，依照本法规定给予政务处分。

公职人员依法受到行政处罚，应当给予政务处分的，监察机关可以根据行政处罚决定认定的事实和情节，经立案调查核实后，依照本法给予政务处分。

监察机关根据本条第一款、第二款的规定作出政务处分后，司法机关、行政机关依法改变原生效判决、裁定、决定等，对原政务处分决定产生影响的，监察机关应当根据改变后的判决、裁定、决定等重新作出相应处理。

第五十条 监察机关对经各级人民代表大会、县级以上各级人民代表大会常务委员会选举或者决定任命的公职人员予以撤职、开除的，应当先依法罢免、撤销或者免去其职务，再依法作出政务处分决定。

监察机关对经中国人民政治协商会议各级委员会全体会议或者其常务委员会选举或者决定任命的公职人员予以撤职、开除的，应当先依章程免去其职务，再依法作出政务处分决定。

监察机关对各级人民代表大会代表、中国人民政治协商会议各级委员会委员给予政务处分的，应当向有关的人民代表大会常务委员会，乡、民族乡、镇的人民代表大会主席团或者中国人民政治协商会议委员会常务委员会通报。

第五十一条 下级监察机关根据上级监察机关的指定管辖决定进行调查的案件，调查终结后，对不属于本监察机关管辖范围内的监察对象，应当交有管理权限的监察机关依法作出政务处分决定。

第五十二条 公职人员涉嫌违法，已经被立案调查，不宜继续履行职责的，公职人员任免机关、单位可以决定暂停其履行职务。

公职人员在被立案调查期间，未经监察机关同意，不得出境、辞去公职；被调查公职人员所在机关、单位及上级机关、单位不得对其交流、晋升、奖励、处分或者办理退休手续。

第五十三条 监察机关在调查中发现公职人员受到不实检举、控告或者诬告陷害，造成不良影响的，应当按照规定及时澄清事实，恢复名誉，消除不良影响。

第五十四条 公职人员受到政务处分的，应当将政务处分决定书存入其本人档案。对于受到降级以上政务处分的，应当由人事部门按照管理权限在作出政务处分决定后一个月内办理职务、工资及其他有关待遇等的变更手续；特殊情况下，经批准可以适当延长办理期限，但是最长不得超过六个月。

第五章 复审、复核

第五十五条 公职人员对监察机关作出的涉及本人的政务处分决定不服的，可以依法向作出决定的监察机关申请复审；公职人员对复审决定仍不服的，可以向上一级监察机关申请复核。

监察机关发现本机关或者下级监察机关作出的政务处分决定确有错误的，应当及时予以纠正或者责令下级监察机关及时予以纠正。

第五十六条 复审、复核期间，不停止原政务处分决定的执行。

公职人员不因提出复审、复核而被加重政务处分。

第五十七条 有下列情形之一的，复审、复核机关应当撤销原政务处分决定，重新作出决定或者责令原作出决定的监察机关重新作出决定：

（一）政务处分所依据的违法事实不清或者证据不足的；

（二）违反法定程序，影响案件公正处理的；

（三）超越职权或者滥用职权作出政务处分决定的。

第五十八条 有下列情形之一的，复审、复核机关应当变更原政务处分决定，或者责令原作出决定的监察机关予以变更：

（一）适用法律、法规确有错误的；

（二）对违法行为的情节认定确有错误的；

（三）政务处分不当的。

第五十九条 复审、复核机关认为政务处分决定认定事实清楚，适用法律正确的，应当予以维持。

第六十条 公职人员的政务处分决定被变更，需要调整该公职人员的职务、职级、衔级、级别、岗位和职员等级或者薪酬待遇等的，应当按照规定予以调整。政务处分决定被撤销的，应当恢复该公职人员的级别、薪酬待遇，按照原职务、职级、衔级、岗位和职员等级安排相应的职务、职级、衔级、岗位和职员等级，并在原政务处分决定公布范围内为其恢复名誉。没收、追缴财物错误的，应当依法予以返还、赔偿。

公职人员因有本法第五十七条、第五十八条规定的情形被撤销政务处分或者减轻政务处分的，应当对其薪酬待遇受到的损失予以补偿。

第六章 法律责任

第六十一条 有关机关、单位无正当理由拒不采纳监察建议的，由其上级机关、主管部门责令改正，对该机关、单位给予通报批评，对负有责任的领导人员和直接责任人员依法给予处理。

第六十二条 有关机关、单位、组织或者人员有下列情形之一的，由其上级机关，主管部门，任免机关、单位或者监察机关责令改正，依法给予处理：

（一）拒不执行政务处分决定的；

（二）拒不配合或者阻碍调查的；

（三）对检举人、证人或者调查人员进行打击报复的；

（四）诬告陷害公职人员的；

（五）其他违反本法规定的情形。

第六十三条 监察机关及其工作人员有下列情形之一的，对负有责任的领导人员和直接责任人员依法给予处理：

（一）违反规定处置问题线索的；

（二）窃取、泄露调查工作信息，或者泄露检举事项、检举受理情况以及检举人信息的；

（三）对被调查人或者涉案人员逼供、诱供，或者侮辱、打骂、虐待、体罚或者变相体罚的；

（四）收受被调查人或者涉案人员的财物以及其他利益的；

（五）违反规定处置涉案财物的；

（六）违反规定采取调查措施的；

（七）利用职权或者职务上的影响干预调查工作、以案谋私的；

（八）违反规定发生办案安全事故，或者发生安全事故后隐瞒不报、报告失实、处置不当的；

（九）违反回避等程序规定，造成不良影响的；

（十）不依法受理和处理公职人员复审、复核的；

（十一）其他滥用职权、玩忽职守、徇私舞弊的行为。

第六十四条 违反本法规定，构成犯罪的，依法追究刑事责任。

第七章　附　　则

第六十五条　国务院及其相关主管部门根据本法的原则和精神，结合事业单位、国有企业等的实际情况，对事业单位、国有企业等的违法的公职人员处分事宜作出具体规定。

第六十六条　中央军事委员会可以根据本法制定相关具体规定。

第六十七条　本法施行前，已结案的案件如果需要复审、复核，适用当时的规定。尚未结案的案件，如果行为发生时的规定不认为是违法的，适用当时的规定；如果行为发生时的规定认为是违法的，依照当时的规定处理，但是如果本法不认为是违法或者根据本法处理较轻的，适用本法。

第六十八条　本法自 2020 年 7 月 1 日起施行。

中华人民共和国刑法（节选）

（1979 年 7 月 1 日第五届全国人民代表大会第二次会议通过　1997 年 3 月 14 日第八届全国人民代表大会第五次会议修订　根据 1998 年 12 月 29 日第九届全国人民代表大会常务委员会第六次会议通过的《全国人民代表大会常务委员会关于惩治骗购外汇、逃汇和非法买卖外汇犯罪的决定》、1999 年 12 月 25 日第九届全国人民代表大会常务委员会第十三次会议通过的《中华人民共和国刑法修正案》、2001 年 8 月 31 日第九届全国人民代表大会常务委员会第二十三次会议通过的《中华人民共和国刑法修正案（二）》、2001 年 12 月 29 日第九届全国人民代表大会常务委员会第二十五次会议通过的《中华人民共和国刑法修正案（三）》、2002 年 12 月 28 日第九届全国人民代表大会常务委员会第三十一次会议通过的《中华人民共和国刑法修正案（四）》、2005 年 2 月 28 日第十届全国人民代表大会常务委员会第十四次会议通过的《中华人民共和国刑法修正案（五）》、2006 年 6 月 29 日第十届全国人民代表大会常务委员会第二十二次会议通过的《中华人民共和国刑法修正案（六）》、2009 年 2 月 28 日第十一届全国人民代表大会常务委员会第七次会议通过的《中华人民共和国刑法修正案（七）》、2009年8月27日第十一届全国人民代表大会常务委员会第十次会议通过的《全国人民代表大会常务委员会关于修改部分法律的决定》、2011年2月25日第十一届全国人民代表大会常务委员会第十九次会议通过的《中华人民共和国刑法修正案（八）》、2015年8月29日第十二届全国人民代表大会常务委员会第十六次会议通过的《中华人民共和国刑法修正案（九）》、2017年11月4日第十二届全国人民代表大会常务委员会第三十次会议通过的《中华人民共和国刑法修正案（十）》、2020年12月26日第十三届全国人民代表大会常务委员会第二十四次会议通过的《中华人民共和国刑法修正案（十一）》和2023年12月29日第十四届全国人民代表大会常务委员会第七次会议通过的《中华人民共和国刑法修正案（十二）》修正）

第一编　总　　则

第一章　刑法的任务、基本原则和适用范围

第一条　为了惩罚犯罪，保护人民，根据宪法，结合我国同犯罪作斗争的具体经验及实际情况，制定本法。

第二条　中华人民共和国刑法的任务，是用刑罚同一切犯罪行为作斗争，以保卫国家安全，保卫人民民主专政的政权和社会主义制度，保护国有财产和劳动群众集体所有的财产，保

护公民私人所有的财产，保护公民的人身权利、民主权利和其他权利，维护社会秩序、经济秩序，保障社会主义建设事业的顺利进行。

第三条 法律明文规定为犯罪行为的，依照法律定罪处刑；法律没有明文规定为犯罪行为的，不得定罪处刑。

第四条 对任何人犯罪，在适用法律上一律平等。不允许任何人有超越法律的特权。

第五条 刑罚的轻重，应当与犯罪分子所犯罪行和承担的刑事责任相适应。

第六条 凡在中华人民共和国领域内犯罪的，除法律有特别规定的以外，都适用本法。

凡在中华人民共和国船舶或者航空器内犯罪的，也适用本法。

犯罪的行为或者结果有一项发生在中华人民共和国领域内的，就认为是在中华人民共和国领域内犯罪。

第七条 中华人民共和国公民在中华人民共和国领域外犯本法规定之罪的，适用本法，但是按本法规定的最高刑为三年以下有期徒刑的，可以不予追究。

中华人民共和国国家工作人员和军人在中华人民共和国领域外犯本法规定之罪的，适用本法。

第八条 外国人在中华人民共和国领域外对中华人民共和国国家或者公民犯罪，而按本法规定的最低刑为三年以上有期徒刑的，可以适用本法，但是按照犯罪地的法律不受处罚的除外。

第九条 对于中华人民共和国缔结或者参加的国际条约所规定的罪行，中华人民共和国在所承担条约义务的范围内行使刑事管辖权的，适用本法。

第十条 凡在中华人民共和国领域外犯罪，依照本法应当负刑事责任的，虽然经过外国审判，仍然可以依照本法追究，但是在外国已经受过刑罚处罚的，可以免除或者减轻处罚。

第十一条 享有外交特权和豁免权的外国人的刑事责任，通过外交途径解决。

第十二条 中华人民共和国成立以后本法施行以前的行为，如果当时的法律不认为是犯罪的，适用当时的法律；如果当时的法律认为是犯罪的，依照本法总则第四章第八节的规定应当追诉的，按照当时的法律追究刑事责任，但是如果本法不认为是犯罪或者处刑较轻的，适用本法。

本法施行以前，依照当时的法律已经作出的生效判决，继续有效。

第二章 犯 罪

第一节 犯罪和刑事责任

第十三条 一切危害国家主权、领土完整和安全，分裂国家、颠覆人民民主专政的政权和推翻社会主义制度，破坏社会秩序和经济秩序，侵犯国有财产或者劳动群众集体所有的财产，侵犯公民私人所有的财产，侵犯公民的人身权利、民主权利和其他权利，以及其他危害社会的行为，依照法律应当受刑罚处罚的，都是犯罪，但是情节显著轻微危害不大的，不认为是犯罪。

第十四条 明知自己的行为会发生危害社会的结果，并且希望或者放任这种结果发生，因而构成犯罪的，是故意犯罪。

故意犯罪，应当负刑事责任。

第十五条 应当预见自己的行为可能发生危害社会的结果，因为疏忽大意而没有预见，或者已经预见而轻信能够避免，以致发生这种结果的，是过失犯罪。

过失犯罪，法律有规定的才负刑事责任。

第十六条 行为在客观上虽然造成了损害结果，但是不是出于故意或者过失，而是由于不能抗拒或者不能预见的原因所引起的，不是犯罪。

第十七条 已满十六周岁的人犯罪，应当负刑事责任。

已满十四周岁不满十六周岁的人，犯故意杀人、故意伤害致人重伤或者死亡、强奸、抢劫、贩卖毒品、放火、爆炸、投放危险物质罪的，应当负刑事责任。

已满十二周岁不满十四周岁的人，犯故意杀人、故意伤害罪，致人死亡或者以特别残忍手段致人重伤造成严重残疾，情节恶劣，经最高人民检察院核准追诉的，应当负刑事责任。

对依照前三款规定追究刑事责任的不满十八周岁的人，应当从轻或者减轻处罚。

因不满十六周岁不予刑事处罚的，责令其父母或者其他监护人加以管教；在必要的时候，依法进行专门矫治教育。

第十七条之一 已满七十五周岁的人故意犯罪的，可以从轻或者减轻处罚；过失犯罪的，应当从轻或者减轻处罚。

第十八条 精神病人在不能辨认或者不能控制自己行为的时候造成危害结果，经法定程序鉴定确认的，不负刑事责任，但是应当责令他的家属或者监护人严加看管和医疗；在必要的时候，由政府强制医疗。

间歇性的精神病人在精神正常的时候犯罪，应当负刑事责任。

尚未完全丧失辨认或者控制自己行为能力的精神病人犯罪的，应当负刑事责任，但是可以从轻或者减轻处罚。

醉酒的人犯罪，应当负刑事责任。

第十九条 又聋又哑的人或者盲人犯罪，可以从轻、减轻或者免除处罚。

第二十条 为了使国家、公共利益、本人或者他人的人身、财产和其他权利免受正在进行的不法侵害，而采取的制止不法侵害的行为，对不法侵害人造成损害的，属于正当防卫，不负刑事责任。

正当防卫明显超过必要限度造成重大损害的，应当负刑事责任，但是应当减轻或者免除处罚。

对正在进行行凶、杀人、抢劫、强奸、绑架以及其他严重危及人身安全的暴力犯罪，采取防卫行为，造成不法侵害人伤亡的，不属于防卫过当，不负刑事责任。

第二十一条 为了使国家、公共利益、本人或者他人的人身、财产和其他权利免受正在发生的危险，不得已采取的紧急避险行为，造成损害的，不负刑事责任。

紧急避险超过必要限度造成不应有的损害的，应当负刑事责任，但是应当减轻或者免除处罚。

第一款中关于避免本人危险的规定，不适用于职务上、业务上负有特定责任的人。

第二节 犯罪的预备、未遂和中止

第二十二条 为了犯罪，准备工具、制造条件的，是犯罪预备。

对于预备犯，可以比照既遂犯从轻、减轻处罚或者免除处罚。

第二十三条　已经着手实行犯罪，由于犯罪分子意志以外的原因而未得逞的，是犯罪未遂。

对于未遂犯，可以比照既遂犯从轻或者减轻处罚。

第二十四条　在犯罪过程中，自动放弃犯罪或者自动有效地防止犯罪结果发生的，是犯罪中止。

对于中止犯，没有造成损害的，应当免除处罚；造成损害的，应当减轻处罚。

第三节　共同犯罪

第二十五条　共同犯罪是指二人以上共同故意犯罪。

二人以上共同过失犯罪，不以共同犯罪论处；应当负刑事责任的，按照他们所犯的罪分别处罚。

第二十六条　组织、领导犯罪集团进行犯罪活动的或者在共同犯罪中起主要作用的，是主犯。

三人以上为共同实施犯罪而组成的较为固定的犯罪组织，是犯罪集团。

对组织、领导犯罪集团的首要分子，按照集团所犯的全部罪行处罚。

对于第三款规定以外的主犯，应当按照其所参与的或者组织、指挥的全部犯罪处罚。

第二十七条　在共同犯罪中起次要或者辅助作用的，是从犯。

对于从犯，应当从轻、减轻处罚或者免除处罚。

第二十八条　对于被胁迫参加犯罪的，应当按照他的犯罪情节减轻处罚或者免除处罚。

第二十九条　教唆他人犯罪的，应当按照他在共同犯罪中所起的作用处罚。教唆不满十八周岁的人犯罪的，应当从重处罚。

如果被教唆的人没有犯被教唆的罪，对于教唆犯，可以从轻或者减轻处罚。

第四节　单位犯罪

第三十条　公司、企业、事业单位、机关、团体实施的危害社会的行为，法律规定为单位犯罪的，应当负刑事责任。

第三十一条　单位犯罪的，对单位判处罚金，并对其直接负责的主管人员和其他直接责任人员判处刑罚。本法分则和其他法律另有规定的，依照规定。

第三章　刑　　罚

第一节　刑罚的种类

第三十二条　刑罚分为主刑和附加刑。

第三十三条　主刑的种类如下：

（一）管制；

（二）拘役；

（三）有期徒刑；

（四）无期徒刑；

（五）死刑。

第三十四条　附加刑的种类如下：

（一）罚金；

（二）剥夺政治权利；

（三）没收财产。

附加刑也可以独立适用。

第三十五条　对于犯罪的外国人，可以独立适用或者附加适用驱逐出境。

第三十六条 由于犯罪行为而使被害人遭受经济损失的，对犯罪分子除依法给予刑事处罚外，并应根据情况判处赔偿经济损失。

承担民事赔偿责任的犯罪分子，同时被判处罚金，其财产不足以全部支付的，或者被判处没收财产的，应当先承担对被害人的民事赔偿责任。

第三十七条 对于犯罪情节轻微不需要判处刑罚的，可以免予刑事处罚，但是可以根据案件的不同情况，予以训诫或者责令具结悔过、赔礼道歉、赔偿损失，或者由主管部门予以行政处罚或者行政处分。

第三十七条之一 因利用职业便利实施犯罪，或者实施违背职业要求的特定义务的犯罪被判处刑罚的，人民法院可以根据犯罪情况和预防再犯罪的需要，禁止其自刑罚执行完毕之日或者假释之日起从事相关职业，期限为三年至五年。

被禁止从事相关职业的人违反人民法院依照前款规定作出的决定的，由公安机关依法给予处罚；情节严重的，依照本法第三百一十三条的规定定罪处罚。

其他法律、行政法规对其从事相关职业另有禁止或者限制性规定的，从其规定。

第二节 管 制

第三十八条 管制的期限，为三个月以上二年以下。

判处管制，可以根据犯罪情况，同时禁止犯罪分子在执行期间从事特定活动，进入特定区域、场所，接触特定的人。

对判处管制的犯罪分子，依法实行社区矫正。

违反第二款规定的禁止令的，由公安机关依照《中华人民共和国治安管理处罚法》的规定处罚。

第三十九条 被判处管制的犯罪分子，在执行期间，应当遵守下列规定：

（一）遵守法律、行政法规，服从监督；

（二）未经执行机关批准，不得行使言论、出版、集会、结社、游行、示威自由的权利；

（三）按照执行机关规定报告自己的活动情况；

（四）遵守执行机关关于会客的规定；

（五）离开所居住的市、县或者迁居，应当报经执行机关批准。

对于被判处管制的犯罪分子，在劳动中应当同工同酬。

第四十条 被判处管制的犯罪分子，管制期满，执行机关应即向本人和其所在单位或者居住地的群众宣布解除管制。

第四十一条 管制的刑期，从判决执行之日起计算；判决执行以前先行羁押的，羁押一日折抵刑期二日。

第三节 拘 役

第四十二条 拘役的期限，为一个月以上六个月以下。

第四十三条 被判处拘役的犯罪分子，由公安机关就近执行。

在执行期间，被判处拘役的犯罪分子每月可以回家一天至两天；参加劳动的，可以酌量发给报酬。

第四十四条 拘役的刑期，从判决执行之日起计算；判决执行以前先行羁押的，羁押一日折抵刑期一日。

第四节 有期徒刑、无期徒刑

第四十五条 有期徒刑的期限，除本法第五十条、第六十九条规定外，为六个月以上十五年以下。

第四十六条 被判处有期徒刑、无期徒刑的犯罪分子，在监狱或者其他执行场所执行；凡有劳动能力的，都应当参加劳动，接受教育和改造。

第四十七条　有期徒刑的刑期，从判决执行之日起计算；判决执行以前先行羁押的，羁押一日折抵刑期一日。

第五节　死　　刑

第四十八条　死刑只适用于罪行极其严重的犯罪分子。对于应当判处死刑的犯罪分子，如果不是必须立即执行的，可以判处死刑同时宣告缓期二年执行。

死刑除依法由最高人民法院判决的以外，都应当报请最高人民法院核准。死刑缓期执行的，可以由高级人民法院判决或者核准。

第四十九条　犯罪的时候不满十八周岁的人和审判的时候怀孕的妇女，不适用死刑。

审判的时候已满七十五周岁的人，不适用死刑，但以特别残忍手段致人死亡的除外。

第五十条　判处死刑缓期执行的，在死刑缓期执行期间，如果没有故意犯罪，二年期满以后，减为无期徒刑；如果确有重大立功表现，二年期满以后，减为二十五年有期徒刑；如果故意犯罪，情节恶劣的，报请最高人民法院核准后执行死刑；对于故意犯罪未执行死刑的，死刑缓期执行的期间重新计算，并报最高人民法院备案。

对被判处死刑缓期执行的累犯以及因故意杀人、强奸、抢劫、绑架、放火、爆炸、投放危险物质或者有组织的暴力性犯罪被判处死刑缓期执行的犯罪分子，人民法院根据犯罪情节等情况可以同时决定对其限制减刑。

第五十一条　死刑缓期执行的期间，从判决确定之日起计算。死刑缓期执行减为有期徒刑的刑期，从死刑缓期执行期满之日起计算。

第六节 罚 金

第五十二条 判处罚金，应当根据犯罪情节决定罚金数额。

第五十三条 罚金在判决指定的期限内一次或者分期缴纳。期满不缴纳的，强制缴纳。对于不能全部缴纳罚金的，人民法院在任何时候发现被执行人有可以执行的财产，应当随时追缴。

由于遭遇不能抗拒的灾祸等原因缴纳确实有困难的，经人民法院裁定，可以延期缴纳、酌情减少或者免除。

第七节 剥夺政治权利

第五十四条 剥夺政治权利是剥夺下列权利：

（一）选举权和被选举权；

（二）言论、出版、集会、结社、游行、示威自由的权利；

（三）担任国家机关职务的权利；

（四）担任国有公司、企业、事业单位和人民团体领导职务的权利。

第五十五条 剥夺政治权利的期限，除本法第五十七条规定外，为一年以上五年以下。

判处管制附加剥夺政治权利的，剥夺政治权利的期限与管制的期限相等，同时执行。

第五十六条 对于危害国家安全的犯罪分子应当附加剥夺政治权利；对于故意杀人、强奸、放火、爆炸、投毒、抢劫等严重破坏社会秩序的犯罪分子，可以附加剥夺政治权利。

独立适用剥夺政治权利的，依照本法分则的规定。

第五十七条 对于被判处死刑、无期徒刑的犯罪分子，应当剥夺政治权利终身。

在死刑缓期执行减为有期徒刑或者无期徒刑减为有期徒刑的时候，应当把附加剥夺政治权利的期限改为三年以上十年以下。

第五十八条 附加剥夺政治权利的刑期，从徒刑、拘役执行完毕之日或者从假释之日起计算；剥夺政治权利的效力当然施用于主刑执行期间。

被剥夺政治权利的犯罪分子，在执行期间，应当遵守法律、行政法规和国务院公安部门有关监督管理的规定，服从监督；不得行使本法第五十四条规定的各项权利。

第八节 没收财产

第五十九条 没收财产是没收犯罪分子个人所有财产的一部或者全部。没收全部财产的，应当对犯罪分子个人及其扶养的家属保留必需的生活费用。

在判处没收财产的时候，不得没收属于犯罪分子家属所有或者应有的财产。

第六十条 没收财产以前犯罪分子所负的正当债务，需要以没收的财产偿还的，经债权人请求，应当偿还。

第四章 刑罚的具体运用

第一节 量 刑

第六十一条 对于犯罪分子决定刑罚的时候，应当根据犯罪的事实、犯罪的性质、情节和对于社会的危害程度，依照本法的有关规定判处。

第六十二条 犯罪分子具有本法规定的从重处罚、从轻处罚情节的，应当在法定刑的限度以内判处刑罚。

第六十三条 犯罪分子具有本法规定的减轻处罚情节的，

应当在法定刑以下判处刑罚；本法规定有数个量刑幅度的，应当在法定量刑幅度的下一个量刑幅度内判处刑罚。

犯罪分子虽然不具有本法规定的减轻处罚情节，但是根据案件的特殊情况，经最高人民法院核准，也可以在法定刑以下判处刑罚。

第六十四条 犯罪分子违法所得的一切财物，应当予以追缴或者责令退赔；对被害人的合法财产，应当及时返还；违禁品和供犯罪所用的本人财物，应当予以没收。没收的财物和罚金，一律上缴国库，不得挪用和自行处理。

第二节 累 犯

第六十五条 被判处有期徒刑以上刑罚的犯罪分子，刑罚执行完毕或者赦免以后，在五年以内再犯应当判处有期徒刑以上刑罚之罪的，是累犯，应当从重处罚，但是过失犯罪和不满十八周岁的人犯罪的除外。

前款规定的期限，对于被假释的犯罪分子，从假释期满之日起计算。

第六十六条 危害国家安全犯罪、恐怖活动犯罪、黑社会性质的组织犯罪的犯罪分子，在刑罚执行完毕或者赦免以后，在任何时候再犯上述任一类罪的，都以累犯论处。

第三节 自首和立功

第六十七条 犯罪以后自动投案，如实供述自己的罪行的，是自首。对于自首的犯罪分子，可以从轻或者减轻处罚。其中，犯罪较轻的，可以免除处罚。

被采取强制措施的犯罪嫌疑人、被告人和正在服刑的罪犯，如实供述司法机关还未掌握的本人其他罪行的，以自首论。

犯罪嫌疑人虽不具有前两款规定的自首情节，但是如实供述自己罪行的，可以从轻处罚；因其如实供述自己罪行，避免特别严重后果发生的，可以减轻处罚。

第六十八条 犯罪分子有揭发他人犯罪行为，查证属实的，或者提供重要线索，从而得以侦破其他案件等立功表现的，可以从轻或者减轻处罚；有重大立功表现的，可以减轻或者免除处罚。

第四节 数罪并罚

第六十九条 判决宣告以前一人犯数罪的，除判处死刑和无期徒刑的以外，应当在总和刑期以下、数刑中最高刑期以上，酌情决定执行的刑期，但是管制最高不能超过三年，拘役最高不能超过一年，有期徒刑总和刑期不满三十五年的，最高不能超过二十年，总和刑期在三十五年以上的，最高不能超过二十五年。

数罪中有判处有期徒刑和拘役的，执行有期徒刑。数罪中有判处有期徒刑和管制，或者拘役和管制的，有期徒刑、拘役执行完毕后，管制仍须执行。

数罪中有判处附加刑的，附加刑仍须执行，其中附加刑种类相同的，合并执行，种类不同的，分别执行。

第七十条 判决宣告以后，刑罚执行完毕以前，发现被判刑的犯罪分子在判决宣告以前还有其他罪没有判决的，应当对新发现的罪作出判决，把前后两个判决所判处的刑罚，依照本法第六十九条的规定，决定执行的刑罚。已经执行的刑期，应当计算在新判决决定的刑期以内。

第七十一条 判决宣告以后，刑罚执行完毕以前，被判刑的犯罪分子又犯罪的，应当对新犯的罪作出判决，把前罪没有执行的刑罚和后罪所判处的刑罚，依照本法第六十九条的规定，决定执行的刑罚。

第五节　缓　刑

第七十二条　对于被判处拘役、三年以下有期徒刑的犯罪分子，同时符合下列条件的，可以宣告缓刑，对其中不满十八周岁的人、怀孕的妇女和已满七十五周岁的人，应当宣告缓刑：

（一）犯罪情节较轻；

（二）有悔罪表现；

（三）没有再犯罪的危险；

（四）宣告缓刑对所居住社区没有重大不良影响。

宣告缓刑，可以根据犯罪情况，同时禁止犯罪分子在缓刑考验期限内从事特定活动，进入特定区域、场所，接触特定的人。

被宣告缓刑的犯罪分子，如果被判处附加刑，附加刑仍须执行。

第七十三条　拘役的缓刑考验期限为原判刑期以上一年以下，但是不能少于二个月。

有期徒刑的缓刑考验期限为原判刑期以上五年以下，但是不能少于一年。

缓刑考验期限，从判决确定之日起计算。

第七十四条　对于累犯和犯罪集团的首要分子，不适用缓刑。

第七十五条　被宣告缓刑的犯罪分子，应当遵守下列规定：

（一）遵守法律、行政法规，服从监督；

（二）按照考察机关的规定报告自己的活动情况；

（三）遵守考察机关关于会客的规定；

（四）离开所居住的市、县或者迁居，应当报经考察机关批准。

第七十六条 对宣告缓刑的犯罪分子，在缓刑考验期限内，依法实行社区矫正，如果没有本法第七十七条规定的情形，缓刑考验期满，原判的刑罚就不再执行，并公开予以宣告。

第七十七条 被宣告缓刑的犯罪分子，在缓刑考验期限内犯新罪或者发现判决宣告以前还有其他罪没有判决的，应当撤销缓刑，对新犯的罪或者新发现的罪作出判决，把前罪和后罪所判处的刑罚，依照本法第六十九条的规定，决定执行的刑罚。

被宣告缓刑的犯罪分子，在缓刑考验期限内，违反法律、行政法规或者国务院有关部门关于缓刑的监督管理规定，或者违反人民法院判决中的禁止令，情节严重的，应当撤销缓刑，执行原判刑罚。

第六节 减　　刑

第七十八条 被判处管制、拘役、有期徒刑、无期徒刑的犯罪分子，在执行期间，如果认真遵守监规，接受教育改造，确有悔改表现的，或者有立功表现的，可以减刑；有下列重大立功表现之一的，应当减刑：

（一）阻止他人重大犯罪活动的；

（二）检举监狱内外重大犯罪活动，经查证属实的；

（三）有发明创造或者重大技术革新的；

（四）在日常生产、生活中舍己救人的；

（五）在抗御自然灾害或者排除重大事故中，有突出表现的；

（六）对国家和社会有其他重大贡献的。

减刑以后实际执行的刑期不能少于下列期限：

（一）判处管制、拘役、有期徒刑的，不能少于原判刑期的二分之一；

（二）判处无期徒刑的，不能少于十三年；

（三）人民法院依照本法第五十条第二款规定限制减刑的死刑缓期执行的犯罪分子，缓期执行期满后依法减为无期徒刑的，不能少于二十五年，缓期执行期满后依法减为二十五年有期徒刑的，不能少于二十年。

第七十九条　对于犯罪分子的减刑，由执行机关向中级以上人民法院提出减刑建议书。人民法院应当组成合议庭进行审理，对确有悔改或者立功事实的，裁定予以减刑。非经法定程序不得减刑。

第八十条　无期徒刑减为有期徒刑的刑期，从裁定减刑之日起计算。

第七节　假　　释

第八十一条　被判处有期徒刑的犯罪分子，执行原判刑期二分之一以上，被判处无期徒刑的犯罪分子，实际执行十三年以上，如果认真遵守监规，接受教育改造，确有悔改表现，没有再犯罪的危险的，可以假释。如果有特殊情况，经最高人民法院核准，可以不受上述执行刑期的限制。

对累犯以及因故意杀人、强奸、抢劫、绑架、放火、爆炸、投放危险物质或者有组织的暴力性犯罪被判处十年以上有期徒刑、无期徒刑的犯罪分子，不得假释。

对犯罪分子决定假释时，应当考虑其假释后对所居住社区的影响。

第八十二条　对于犯罪分子的假释，依照本法第七十九条规定的程序进行。非经法定程序不得假释。

第八十三条　有期徒刑的假释考验期限，为没有执行完毕的刑期；无期徒刑的假释考验期限为十年。

假释考验期限，从假释之日起计算。

第八十四条 被宣告假释的犯罪分子，应当遵守下列规定：

（一）遵守法律、行政法规，服从监督；

（二）按照监督机关的规定报告自己的活动情况；

（三）遵守监督机关关于会客的规定；

（四）离开所居住的市、县或者迁居，应当报经监督机关批准。

第八十五条 对假释的犯罪分子，在假释考验期限内，依法实行社区矫正，如果没有本法第八十六条规定的情形，假释考验期满，就认为原判刑罚已经执行完毕，并公开予以宣告。

第八十六条 被假释的犯罪分子，在假释考验期限内犯新罪，应当撤销假释，依照本法第七十一条的规定实行数罪并罚。

在假释考验期限内，发现被假释的犯罪分子在判决宣告以前还有其他罪没有判决的，应当撤销假释，依照本法第七十条的规定实行数罪并罚。

被假释的犯罪分子，在假释考验期限内，有违反法律、行政法规或者国务院有关部门关于假释的监督管理规定的行为，尚未构成新的犯罪的，应当依照法定程序撤销假释，收监执行未执行完毕的刑罚。

第八节 时　　效

第八十七条 犯罪经过下列期限不再追诉：

（一）法定最高刑为不满五年有期徒刑的，经过五年；

（二）法定最高刑为五年以上不满十年有期徒刑的，经过十年；

（三）法定最高刑为十年以上有期徒刑的，经过十五年；

（四）法定最高刑为无期徒刑、死刑的，经过二十年。如果二十年以后认为必须追诉的，须报请最高人民检察院核准。

第八十八条 在人民检察院、公安机关、国家安全机关立案侦查或者在人民法院受理案件以后，逃避侦查或者审判的，不受追诉期限的限制。

被害人在追诉期限内提出控告，人民法院、人民检察院、公安机关应当立案而不予立案的，不受追诉期限的限制。

第八十九条 追诉期限从犯罪之日起计算；犯罪行为有连续或者继续状态的，从犯罪行为终了之日起计算。

在追诉期限以内又犯罪的，前罪追诉的期限从犯后罪之日起计算。

第五章 其他规定

第九十条 民族自治地方不能全部适用本法规定的，可以由自治区或者省的人民代表大会根据当地民族的政治、经济、文化的特点和本法规定的基本原则，制定变通或者补充的规定，报请全国人民代表大会常务委员会批准施行。

第九十一条 本法所称公共财产，是指下列财产：

（一）国有财产；

（二）劳动群众集体所有的财产；

（三）用于扶贫和其他公益事业的社会捐助或者专项基金的财产。

在国家机关、国有公司、企业、集体企业和人民团体管理、使用或者运输中的私人财产，以公共财产论。

第九十二条 本法所称公民私人所有的财产，是指下列财产：

（一）公民的合法收入、储蓄、房屋和其他生活资料；

（二）依法归个人、家庭所有的生产资料；

（三）个体户和私营企业的合法财产；

（四）依法归个人所有的股份、股票、债券和其他财产。

第九十三条 本法所称国家工作人员，是指国家机关中从事公务的人员。

国有公司、企业、事业单位、人民团体中从事公务的人员和国家机关、国有公司、企业、事业单位委派到非国有公司、企业、事业单位、社会团体从事公务的人员，以及其他依照法律从事公务的人员，以国家工作人员论。

第九十四条 本法所称司法工作人员，是指有侦查、检察、审判、监管职责的工作人员。

第九十五条 本法所称重伤，是指有下列情形之一的伤害：

（一）使人肢体残废或者毁人容貌的；

（二）使人丧失听觉、视觉或者其他器官机能的；

（三）其他对于人身健康有重大伤害的。

第九十六条 本法所称违反国家规定，是指违反全国人民代表大会及其常务委员会制定的法律和决定，国务院制定的行政法规、规定的行政措施、发布的决定和命令。

第九十七条 本法所称首要分子，是指在犯罪集团或者聚众犯罪中起组织、策划、指挥作用的犯罪分子。

第九十八条 本法所称告诉才处理，是指被害人告诉才处理。如果被害人因受强制、威吓无法告诉的，人民检察院和被害人的近亲属也可以告诉。

第九十九条 本法所称以上、以下、以内，包括本数。

第一百条 依法受过刑事处罚的人，在入伍、就业的时候，应当如实向有关单位报告自己曾受过刑事处罚，不得隐瞒。

犯罪的时候不满十八周岁被判处五年有期徒刑以下刑罚的人，免除前款规定的报告义务。

第一百零一条 本法总则适用于其他有刑罚规定的法律，但是其他法律有特别规定的除外。

第二编 分 则

第二章 危害公共安全罪

第一百三十一条 航空人员违反规章制度，致使发生重大飞行事故，造成严重后果的，处三年以下有期徒刑或者拘役；造成飞机坠毁或者人员死亡的，处三年以上七年以下有期徒刑。

第一百三十二条 铁路职工违反规章制度，致使发生铁路运营安全事故，造成严重后果的，处三年以下有期徒刑或者拘役；造成特别严重后果的，处三年以上七年以下有期徒刑。

第一百三十四条 在生产、作业中违反有关安全管理的规定，因而发生重大伤亡事故或者造成其他严重后果的，处三年以下有期徒刑或者拘役；情节特别恶劣的，处三年以上七年以下有期徒刑。

强令他人违章冒险作业，或者明知存在重大事故隐患而不排除，仍冒险组织作业，因而发生重大伤亡事故或者造成其他严重后果的，处五年以下有期徒刑或者拘役；情节特别恶劣的，处五年以上有期徒刑。

第一百三十四条之一 在生产、作业中违反有关安全管理的规定，有下列情形之一，具有发生重大伤亡事故或者其他严重后果的现实危险的，处一年以下有期徒刑、拘役或者管制：

（一）关闭、破坏直接关系生产安全的监控、报警、防护、救生设备、设施，或者篡改、隐瞒、销毁其相关数据、信息的；

（二）因存在重大事故隐患被依法责令停产停业、停止施工、停止使用有关设备、设施、场所或者立即采取排除危险的整改措施，而拒不执行的；

（三）涉及安全生产的事项未经依法批准或者许可，擅自从事矿山开采、金属冶炼、建筑施工，以及危险物品生产、经营、储存等高度危险的生产作业活动的。

第一百三十五条　安全生产设施或者安全生产条件不符合国家规定，因而发生重大伤亡事故或者造成其他严重后果的，对直接负责的主管人员和其他直接责任人员，处三年以下有期徒刑或者拘役；情节特别恶劣的，处三年以上七年以下有期徒刑。

第一百三十五条之一　举办大型群众性活动违反安全管理规定，因而发生重大伤亡事故或者造成其他严重后果的，对直接负责的主管人员和其他直接责任人员，处三年以下有期徒刑或者拘役；情节特别恶劣的，处三年以上七年以下有期徒刑。

第一百三十六条　违反爆炸性、易燃性、放射性、毒害性、腐蚀性物品的管理规定，在生产、储存、运输、使用中发生重大事故，造成严重后果的，处三年以下有期徒刑或者拘役；后果特别严重的，处三年以上七年以下有期徒刑。

第一百三十七条　建设单位、设计单位、施工单位、工程监理单位违反国家规定，降低工程质量标准，造成重大安全事故的，对直接责任人员，处五年以下有期徒刑或者拘役，并处罚金；后果特别严重的，处五年以上十年以下有期徒刑，并处罚金。

第一百三十八条 明知校舍或者教育教学设施有危险，而不采取措施或者不及时报告，致使发生重大伤亡事故的，对直接责任人员，处三年以下有期徒刑或者拘役；后果特别严重的，处三年以上七年以下有期徒刑。

第一百三十九条 违反消防管理法规，经消防监督机构通知采取改正措施而拒绝执行，造成严重后果的，对直接责任人员，处三年以下有期徒刑或者拘役；后果特别严重的，处三年以上七年以下有期徒刑。

第一百三十九条之一 在安全事故发生后，负有报告职责的人员不报或者谎报事故情况，贻误事故抢救，情节严重的，处三年以下有期徒刑或者拘役；情节特别严重的，处三年以上七年以下有期徒刑。

第三章 破坏社会主义市场经济秩序罪

第三节 妨害对公司、企业的管理秩序罪

第一百六十三条 公司、企业或者其他单位的工作人员，利用职务上的便利，索取他人财物或者非法收受他人财物，为他人谋取利益，数额较大的，处三年以下有期徒刑或者拘役，并处罚金；数额巨大或者有其他严重情节的，处三年以上十年以下有期徒刑，并处罚金；数额特别巨大或者有其他特别严重情节的，处十年以上有期徒刑或者无期徒刑，并处罚金。

公司、企业或者其他单位的工作人员在经济往来中，利用职务上的便利，违反国家规定，收受各种名义的回扣、手续费，归个人所有的，依照前款的规定处罚。

国有公司、企业或者其他国有单位中从事公务的人员和国有公司、企业或者其他国有单位委派到非国有公司、企业以及

其他单位从事公务的人员有前两款行为的，依照本法第三百八十五条、第三百八十六条的规定定罪处罚。

第一百六十四条　为谋取不正当利益，给予公司、企业或者其他单位的工作人员以财物，数额较大的，处三年以下有期徒刑或者拘役，并处罚金；数额巨大的，处三年以上十年以下有期徒刑，并处罚金。

为谋取不正当商业利益，给予外国公职人员或者国际公共组织官员以财物的，依照前款的规定处罚。

单位犯前两款罪的，对单位判处罚金，并对其直接负责的主管人员和其他直接责任人员，依照第一款的规定处罚。

行贿人在被追诉前主动交待行贿行为的，可以减轻处罚或者免除处罚。

第一百六十五条　国有公司、企业的董事、监事、高级管理人员，利用职务便利，自己经营或者为他人经营与其所任职公司、企业同类的营业，获取非法利益，数额巨大的，处三年以下有期徒刑或者拘役，并处或者单处罚金；数额特别巨大的，处三年以上七年以下有期徒刑，并处罚金。

其他公司、企业的董事、监事、高级管理人员违反法律、行政法规规定，实施前款行为，致使公司、企业利益遭受重大损失的，依照前款的规定处罚。

第一百六十六条　国有公司、企业、事业单位的工作人员，利用职务便利，有下列情形之一，致使国家利益遭受重大损失的，处三年以下有期徒刑或者拘役，并处或者单处罚金；致使国家利益遭受特别重大损失的，处三年以上七年以下有期徒刑，并处罚金：

（一）将本单位的盈利业务交由自己的亲友进行经营的；

（二）以明显高于市场的价格从自己的亲友经营管理的单位采购商品、接受服务或者以明显低于市场的价格向自己的亲友经营管理的单位销售商品、提供服务的；

（三）从自己的亲友经营管理的单位采购、接受不合格商品、服务的。

其他公司、企业的工作人员违反法律、行政法规规定，实施前款行为，致使公司、企业利益遭受重大损失的，依照前款的规定处罚。

第一百六十七条 国有公司、企业、事业单位直接负责的主管人员，在签订、履行合同过程中，因严重不负责任被诈骗，致使国家利益遭受重大损失的，处三年以下有期徒刑或者拘役；致使国家利益遭受特别重大损失的，处三年以上七年以下有期徒刑。

第一百六十八条 国有公司、企业的工作人员，由于严重不负责任或者滥用职权，造成国有公司、企业破产或者严重损失，致使国家利益遭受重大损失的，处三年以下有期徒刑或者拘役；致使国家利益遭受特别重大损失的，处三年以上七年以下有期徒刑。

国有事业单位的工作人员有前款行为，致使国家利益遭受重大损失的，依照前款的规定处罚。

国有公司、企业、事业单位的工作人员，徇私舞弊，犯前两款罪的，依照第一款的规定从重处罚。

第一百六十九条 国有公司、企业或者其上级主管部门直接负责的主管人员，徇私舞弊，将国有资产低价折股或者低价出售，致使国家利益遭受重大损失的，处三年以下有期徒刑或者拘役；致使国家利益遭受特别重大损失的，处三年以上七年以下有期徒刑。

其他公司、企业直接负责的主管人员，徇私舞弊，将公司、企业资产低价折股或者低价出售，致使公司、企业利益遭受重大损失的，依照前款的规定处罚。

第一百六十九条之一 上市公司的董事、监事、高级管理人员违背对公司的忠实义务，利用职务便利，操纵上市公司从事下列行为之一，致使上市公司利益遭受重大损失的，处三年以下有期徒刑或者拘役，并处或者单处罚金；致使上市公司利益遭受特别重大损失的，处三年以上七年以下有期徒刑，并处罚金：

（一）无偿向其他单位或者个人提供资金、商品、服务或者其他资产的；

（二）以明显不公平的条件，提供或者接受资金、商品、服务或者其他资产的；

（三）向明显不具有清偿能力的单位或者个人提供资金、商品、服务或者其他资产的；

（四）为明显不具有清偿能力的单位或者个人提供担保，或者无正当理由为其他单位或者个人提供担保的；

（五）无正当理由放弃债权、承担债务的；

（六）采用其他方式损害上市公司利益的。

上市公司的控股股东或者实际控制人，指使上市公司董事、监事、高级管理人员实施前款行为的，依照前款的规定处罚。

犯前款罪的上市公司的控股股东或者实际控制人是单位的，对单位判处罚金，并对其直接负责的主管人员和其他直接责任人员，依照第一款的规定处罚。

第四节 破坏金融管理秩序罪

第一百七十一条 出售、购买伪造的货币或者明知是伪造的货币而运输，数额较大的，处三年以下有期徒刑或者拘役，并处二万元以上二十万元以下罚金；数额巨大的，处三年以上十年以下有期徒刑，并处五万元以上五十万元以下罚金；数额特别巨大的，处十年以上有期徒刑或者无期徒刑，并处五万元以上五十万元以下罚金或者没收财产。

银行或者其他金融机构的工作人员购买伪造的货币或者利用职务上的便利，以伪造的货币换取货币的，处三年以上十年以下有期徒刑，并处二万元以上二十万元以下罚金；数额巨大或者有其他严重情节的，处十年以上有期徒刑或者无期徒刑，并处二万元以上二十万元以下罚金或者没收财产；情节较轻的，处三年以下有期徒刑或者拘役，并处或者单处一万元以上十万元以下罚金。

伪造货币并出售或者运输伪造的货币的，依照本法第一百七十条的规定定罪从重处罚。

第一百八十条 证券、期货交易内幕信息的知情人员或者非法获取证券、期货交易内幕信息的人员，在涉及证券的发行，证券、期货交易或者其他对证券、期货交易价格有重大影响的信息尚未公开前，买入或者卖出该证券，或者从事与该内幕信息有关的期货交易，或者泄露该信息，或者明示、暗示他人从事上述交易活动，情节严重的，处五年以下有期徒刑或者拘役，并处或者单处违法所得一倍以上五倍以下罚金；情节特别严重的，处五年以上十年以下有期徒刑，并处违法所得一倍以上五倍以下罚金。

单位犯前款罪的，对单位判处罚金，并对其直接负责的主管人员和其他直接责任人员，处五年以下有期徒刑或者拘役。

内幕信息、知情人员的范围，依照法律、行政法规的规定确定。

证券交易所、期货交易所、证券公司、期货经纪公司、基金管理公司、商业银行、保险公司等金融机构的从业人员以及有关监管部门或者行业协会的工作人员，利用因职务便利获取的内幕信息以外的其他未公开的信息，违反规定，从事与该信息相关的证券、期货交易活动，或者明示、暗示他人从事相关交易活动，情节严重的，依照第一款的规定处罚。

第一百八十一条 编造并且传播影响证券、期货交易的虚假信息，扰乱证券、期货交易市场，造成严重后果的，处五年以下有期徒刑或者拘役，并处或者单处一万元以上十万元以下罚金。

证券交易所、期货交易所、证券公司、期货经纪公司的从业人员，证券业协会、期货业协会或者证券期货监督管理部门的工作人员，故意提供虚假信息或者伪造、变造、销毁交易记录，诱骗投资者买卖证券、期货合约，造成严重后果的，处五年以下有期徒刑或者拘役，并处或者单处一万元以上十万元以下罚金；情节特别恶劣的，处五年以上十年以下有期徒刑，并处二万元以上二十万元以下罚金。

单位犯前两款罪的，对单位判处罚金，并对其直接负责的主管人员和其他直接责任人员，处五年以下有期徒刑或者拘役。

第一百八十三条 保险公司的工作人员利用职务上的便利，故意编造未曾发生的保险事故进行虚假理赔，骗取保险金归自己所有的，依照本法第二百七十一条的规定定罪处罚。

国有保险公司工作人员和国有保险公司委派到非国有保险公司从事公务的人员有前款行为的，依照本法第三百八十二条、第三百八十三条的规定定罪处罚。

第一百八十四条 银行或者其他金融机构的工作人员在金融业务活动中索取他人财物或者非法收受他人财物，为他人谋取利益的，或者违反国家规定，收受各种名义的回扣、手续费，归个人所有的，依照本法第一百六十三条的规定定罪处罚。

国有金融机构工作人员和国有金融机构委派到非国有金融机构从事公务的人员有前款行为的，依照本法第三百八十五条、第三百八十六条的规定定罪处罚。

第一百八十五条 商业银行、证券交易所、期货交易所、证券公司、期货经纪公司、保险公司或者其他金融机构的工作人员利用职务上的便利，挪用本单位或者客户资金的，依照本法第二百七十二条的规定定罪处罚。

国有商业银行、证券交易所、期货交易所、证券公司、期货经纪公司、保险公司或者其他国有金融机构的工作人员和国有商业银行、证券交易所、期货交易所、证券公司、期货经纪公司、保险公司或者其他国有金融机构委派到前款规定中的非国有机构从事公务的人员有前款行为的，依照本法第三百八十四条的规定定罪处罚。

第一百八十五条之一 商业银行、证券交易所、期货交易所、证券公司、期货经纪公司、保险公司或者其他金融机构，违背受托义务，擅自运用客户资金或者其他委托、信托的财产，情节严重的，对单位判处罚金，并对其直接负责的主管人员和其他直接责任人员，处三年以下有期徒刑或者拘役，并处三万元以上三十万元以下罚金；情节特别严重的，处三年以上十年以下有期徒刑，并处五万元以上五十万元以下罚金。

社会保障基金管理机构、住房公积金管理机构等公众资金管理机构，以及保险公司、保险资产管理公司、证券投资基金管理公司，违反国家规定运用资金的，对其直接负责的主管人员和其他直接责任人员，依照前款的规定处罚。

第一百八十六条　银行或者其他金融机构的工作人员违反国家规定发放贷款，数额巨大或者造成重大损失的，处五年以下有期徒刑或者拘役，并处一万元以上十万元以下罚金；数额特别巨大或者造成特别重大损失的，处五年以上有期徒刑，并处二万元以上二十万元以下罚金。

银行或者其他金融机构的工作人员违反国家规定，向关系人发放贷款的，依照前款的规定从重处罚。

单位犯前两款罪的，对单位判处罚金，并对其直接负责的主管人员和其他直接责任人员，依照前两款的规定处罚。

关系人的范围，依照《中华人民共和国商业银行法》和有关金融法规确定。

第一百八十七条　银行或者其他金融机构的工作人员吸收客户资金不入帐，数额巨大或者造成重大损失的，处五年以下有期徒刑或者拘役，并处二万元以上二十万元以下罚金；数额特别巨大或者造成特别重大损失的，处五年以上有期徒刑，并处五万元以上五十万元以下罚金。

单位犯前款罪的，对单位判处罚金，并对其直接负责的主管人员和其他直接责任人员，依照前款的规定处罚。

第一百八十八条　银行或者其他金融机构的工作人员违反规定，为他人出具信用证或者其他保函、票据、存单、资信证明，情节严重的，处五年以下有期徒刑或者拘役；情节特别严重的，处五年以上有期徒刑。

单位犯前款罪的，对单位判处罚金，并对其直接负责的主管人员和其他直接责任人员，依照前款的规定处罚。

第一百八十九条 银行或者其他金融机构的工作人员在票据业务中，对违反票据法规定的票据予以承兑、付款或者保证，造成重大损失的，处五年以下有期徒刑或者拘役；造成特别重大损失的，处五年以上有期徒刑。

单位犯前款罪的，对单位判处罚金，并对其直接负责的主管人员和其他直接责任人员，依照前款的规定处罚。

第一百九十一条 为掩饰、隐瞒毒品犯罪、黑社会性质的组织犯罪、恐怖活动犯罪、走私犯罪、贪污贿赂犯罪、破坏金融管理秩序犯罪、金融诈骗犯罪的所得及其产生的收益的来源和性质，有下列行为之一的，没收实施以上犯罪的所得及其产生的收益，处五年以下有期徒刑或者拘役，并处或者单处罚金；情节严重的，处五年以上十年以下有期徒刑，并处罚金：

（一）提供资金帐户的；

（二）将财产转换为现金、金融票据、有价证券的；

（三）通过转帐或者其他支付结算方式转移资金的；

（四）跨境转移资产的；

（五）以其他方法掩饰、隐瞒犯罪所得及其收益的来源和性质的。

单位犯前款罪的，对单位判处罚金，并对其直接负责的主管人员和其他直接责任人员，依照前款的规定处罚。

第八节 扰乱市场秩序罪

第二百二十八条 以牟利为目的，违反土地管理法规，非法转让、倒卖土地使用权，情节严重的，处三年以下有期徒刑或者拘役，并处或者单处非法转让、倒卖土地使用权价额百分之五以上百分之二十以下罚金；情节特别严重的，处三年以上七年以下有期徒刑，并处非法转让、倒卖土地使用权价额百分之五以上百分之二十以下罚金。

第四章　侵犯公民人身权利、民主权利罪

第二百三十八条　非法拘禁他人或者以其他方法非法剥夺他人人身自由的，处三年以下有期徒刑、拘役、管制或者剥夺政治权利。具有殴打、侮辱情节的，从重处罚。

犯前款罪，致人重伤的，处三年以上十年以下有期徒刑；致人死亡的，处十年以上有期徒刑。使用暴力致人伤残、死亡的，依照本法第二百三十四条、第二百三十二条的规定定罪处罚。

为索取债务非法扣押、拘禁他人的，依照前两款的规定处罚。

国家机关工作人员利用职权犯前三款罪的，依照前三款的规定从重处罚。

第二百四十五条　非法搜查他人身体、住宅，或者非法侵入他人住宅的，处三年以下有期徒刑或者拘役。

司法工作人员滥用职权，犯前款罪的，从重处罚。

第二百四十七条　司法工作人员对犯罪嫌疑人、被告人实行刑讯逼供或者使用暴力逼取证人证言的，处三年以下有期徒刑或者拘役。致人伤残、死亡的，依照本法第二百三十四条、第二百三十二条的规定定罪从重处罚。

第二百四十八条　监狱、拘留所、看守所等监管机构的监管人员对被监管人进行殴打或者体罚虐待，情节严重的，处三年以下有期徒刑或者拘役；情节特别严重的，处三年以上十年以下有期徒刑。致人伤残、死亡的，依照本法第二百三十四条、第二百三十二条的规定定罪从重处罚。

监管人员指使被监管人殴打或者体罚虐待其他被监管人的，依照前款的规定处罚。

第二百五十一条 国家机关工作人员非法剥夺公民的宗教信仰自由和侵犯少数民族风俗习惯，情节严重的，处二年以下有期徒刑或者拘役。

第二百五十三条 邮政工作人员私自开拆或者隐匿、毁弃邮件、电报的，处二年以下有期徒刑或者拘役。

犯前款罪而窃取财物的，依照本法第二百六十四条的规定定罪从重处罚。

第二百五十四条 国家机关工作人员滥用职权、假公济私，对控告人、申诉人、批评人、举报人实行报复陷害的，处二年以下有期徒刑或者拘役；情节严重的，处二年以上七年以下有期徒刑。

第二百五十五条 公司、企业、事业单位、机关、团体的领导人，对依法履行职责、抵制违反会计法、统计法行为的会计、统计人员实行打击报复，情节恶劣的，处三年以下有期徒刑或者拘役。

第二百五十六条 在选举各级人民代表大会代表和国家机关领导人员时，以暴力、威胁、欺骗、贿赂、伪造选举文件、虚报选举票数等手段破坏选举或者妨害选民和代表自由行使选举权和被选举权，情节严重的，处三年以下有期徒刑、拘役或者剥夺政治权利。

第二百六十条之一 对未成年人、老年人、患病的人、残疾人等负有监护、看护职责的人虐待被监护、看护的人，情节恶劣的，处三年以下有期徒刑或者拘役。

单位犯前款罪的，对单位判处罚金，并对其直接负责的主管人员和其他直接责任人员，依照前款的规定处罚。

有第一款行为，同时构成其他犯罪的，依照处罚较重的规定定罪处罚。

第五章　侵犯财产罪

第二百七十一条　公司、企业或者其他单位的工作人员，利用职务上的便利，将本单位财物非法占为己有，数额较大的，处三年以下有期徒刑或者拘役，并处罚金；数额巨大的，处三年以上十年以下有期徒刑，并处罚金；数额特别巨大的，处十年以上有期徒刑或者无期徒刑，并处罚金。

国有公司、企业或者其他国有单位中从事公务的人员和国有公司、企业或者其他国有单位委派到非国有公司、企业以及其他单位从事公务的人员有前款行为的，依照本法第三百八十二条、第三百八十三条的规定定罪处罚。

第二百七十二条　公司、企业或者其他单位的工作人员，利用职务上的便利，挪用本单位资金归个人使用或者借贷给他人，数额较大、超过三个月未还的，或者虽未超过三个月，但数额较大、进行营利活动的，或者进行非法活动的，处三年以下有期徒刑或者拘役；挪用本单位资金数额巨大的，处三年以上七年以下有期徒刑；数额特别巨大的，处七年以上有期徒刑。

国有公司、企业或者其他国有单位中从事公务的人员和国有公司、企业或者其他国有单位委派到非国有公司、企业以及其他单位从事公务的人员有前款行为的，依照本法第三百八十四条的规定定罪处罚。

有第一款行为，在提起公诉前将挪用的资金退还的，可以从轻或者减轻处罚。其中，犯罪较轻的，可以减轻或者免除处罚。

第二百七十三条 挪用用于救灾、抢险、防汛、优抚、扶贫、移民、救济款物，情节严重，致使国家和人民群众利益遭受重大损害的，对直接责任人员，处三年以下有期徒刑或者拘役；情节特别严重的，处三年以上七年以下有期徒刑。

第六章 妨害社会管理秩序罪

第一节 扰乱公共秩序罪

第三百零四条 邮政工作人员严重不负责任，故意延误投递邮件，致使公共财产、国家和人民利益遭受重大损失的，处二年以下有期徒刑或者拘役。

第二节 妨害司法罪

第三百零八条之一 司法工作人员、辩护人、诉讼代理人或者其他诉讼参与人，泄露依法不公开审理的案件中不应当公开的信息，造成信息公开传播或者其他严重后果的，处三年以下有期徒刑、拘役或者管制，并处或者单处罚金。

有前款行为，泄露国家秘密的，依照本法第三百九十八条的规定定罪处罚。

公开披露、报道第一款规定的案件信息，情节严重的，依照第一款的规定处罚。

单位犯前款罪的，对单位判处罚金，并对其直接负责的主管人员和其他直接责任人员，依照第一款的规定处罚。

第七章 危害国防利益罪

第三百七十四条 在征兵工作中徇私舞弊，接送不合格兵员，情节严重的，处三年以下有期徒刑或者拘役；造成特别严重后果的，处三年以上七年以下有期徒刑。

第八章　贪污贿赂罪

第三百八十二条　国家工作人员利用职务上的便利，侵吞、窃取、骗取或者以其他手段非法占有公共财物的，是贪污罪。

受国家机关、国有公司、企业、事业单位、人民团体委托管理、经营国有财产的人员，利用职务上的便利，侵吞、窃取、骗取或者以其他手段非法占有国有财物的，以贪污论。

与前两款所列人员勾结，伙同贪污的，以共犯论处。

第三百八十三条　对犯贪污罪的，根据情节轻重，分别依照下列规定处罚：

（一）贪污数额较大或者有其他较重情节的，处三年以下有期徒刑或者拘役，并处罚金。

（二）贪污数额巨大或者有其他严重情节的，处三年以上十年以下有期徒刑，并处罚金或者没收财产。

（三）贪污数额特别巨大或者有其他特别严重情节的，处十年以上有期徒刑或者无期徒刑，并处罚金或者没收财产；数额特别巨大，并使国家和人民利益遭受特别重大损失的，处无期徒刑或者死刑，并处没收财产。

对多次贪污未经处理的，按照累计贪污数额处罚。

犯第一款罪，在提起公诉前如实供述自己罪行、真诚悔罪、积极退赃，避免、减少损害结果的发生，有第一项规定情形的，可以从轻、减轻或者免除处罚；有第二项、第三项规定情形的，可以从轻处罚。

犯第一款罪，有第三项规定情形被判处死刑缓期执行的，人民法院根据犯罪情节等情况可以同时决定在其死刑缓期执行二年期满依法减为无期徒刑后，终身监禁，不得减刑、假释。

第三百八十四条 国家工作人员利用职务上的便利，挪用公款归个人使用，进行非法活动的，或者挪用公款数额较大、进行营利活动的，或者挪用公款数额较大、超过三个月未还的，是挪用公款罪，处五年以下有期徒刑或者拘役；情节严重的，处五年以上有期徒刑。挪用公款数额巨大不退还的，处十年以上有期徒刑或者无期徒刑。

挪用用于救灾、抢险、防汛、优抚、扶贫、移民、救济款物归个人使用的，从重处罚。

第三百八十五条 国家工作人员利用职务上的便利，索取他人财物的，或者非法收受他人财物，为他人谋取利益的，是受贿罪。

国家工作人员在经济往来中，违反国家规定，收受各种名义的回扣、手续费，归个人所有的，以受贿论处。

第三百八十六条 对犯受贿罪的，根据受贿所得数额及情节，依照本法第三百八十三条的规定处罚。索贿的从重处罚。

第三百八十七条 国家机关、国有公司、企业、事业单位、人民团体，索取、非法收受他人财物，为他人谋取利益，情节严重的，对单位判处罚金，并对其直接负责的主管人员和其他直接责任人员，处三年以下有期徒刑或者拘役；情节特别严重的，处三年以上十年以下有期徒刑。

前款所列单位，在经济往来中，在帐外暗中收受各种名义的回扣、手续费的，以受贿论，依照前款的规定处罚。

第三百八十八条 国家工作人员利用本人职权或者地位形成的便利条件，通过其他国家工作人员职务上的行为，为请托人谋取不正当利益，索取请托人财物或者收受请托人财物的，以受贿论处。

第三百八十八条之一　国家工作人员的近亲属或者其他与该国家工作人员关系密切的人，通过该国家工作人员职务上的行为，或者利用该国家工作人员职权或者地位形成的便利条件，通过其他国家工作人员职务上的行为，为请托人谋取不正当利益，索取请托人财物或者收受请托人财物，数额较大或者有其他较重情节的，处三年以下有期徒刑或者拘役，并处罚金；数额巨大或者有其他严重情节的，处三年以上七年以下有期徒刑，并处罚金；数额特别巨大或者有其他特别严重情节的，处七年以上有期徒刑，并处罚金或者没收财产。

离职的国家工作人员或者其近亲属以及其他与其关系密切的人，利用该离职的国家工作人员原职权或者地位形成的便利条件实施前款行为的，依照前款的规定定罪处罚。

第三百八十九条　为谋取不正当利益，给予国家工作人员以财物的，是行贿罪。

在经济往来中，违反国家规定，给予国家工作人员以财物，数额较大的，或者违反国家规定，给予国家工作人员以各种名义的回扣、手续费的，以行贿论处。

因被勒索给予国家工作人员以财物，没有获得不正当利益的，不是行贿。

第三百九十条　对犯行贿罪的，处三年以下有期徒刑或者拘役，并处罚金；因行贿谋取不正当利益，情节严重的，或者使国家利益遭受重大损失的，处三年以上十年以下有期徒刑，并处罚金；情节特别严重的，或者使国家利益遭受特别重大损失的，处十年以上有期徒刑或者无期徒刑，并处罚金或者没收财产。

有下列情形之一的，从重处罚：

（一）多次行贿或者向多人行贿的；

（二）国家工作人员行贿的；

（三）在国家重点工程、重大项目中行贿的；

（四）为谋取职务、职级晋升、调整行贿的；

（五）对监察、行政执法、司法工作人员行贿的；

（六）在生态环境、财政金融、安全生产、食品药品、防灾救灾、社会保障、教育、医疗等领域行贿，实施违法犯罪活动的；

（七）将违法所得用于行贿的。

行贿人在被追诉前主动交待行贿行为的，可以从轻或者减轻处罚。其中，犯罪较轻的，对调查突破、侦破重大案件起关键作用的，或者有重大立功表现的，可以减轻或者免除处罚。

第三百九十条之一 为谋取不正当利益，向国家工作人员的近亲属或者其他与该国家工作人员关系密切的人，或者向离职的国家工作人员或者其近亲属以及其他与其关系密切的人行贿的，处三年以下有期徒刑或者拘役，并处罚金；情节严重的，或者使国家利益遭受重大损失的，处三年以上七年以下有期徒刑，并处罚金；情节特别严重的，或者使国家利益遭受特别重大损失的，处七年以上十年以下有期徒刑，并处罚金。

单位犯前款罪的，对单位判处罚金，并对其直接负责的主管人员和其他直接责任人员，处三年以下有期徒刑或者拘役，并处罚金。

第三百九十一条 为谋取不正当利益，给予国家机关、国有公司、企业、事业单位、人民团体以财物的，或者在经济往来中，违反国家规定，给予各种名义的回扣、手续费的，处三年以下有期徒刑或者拘役，并处罚金；情节严重的，处三年以上七年以下有期徒刑，并处罚金。

单位犯前款罪的，对单位判处罚金，并对其直接负责的主管人员和其他直接责任人员，依照前款的规定处罚。

第三百九十二条 向国家工作人员介绍贿赂，情节严重的，处三年以下有期徒刑或者拘役，并处罚金。

介绍贿赂人在被追诉前主动交待介绍贿赂行为的，可以减轻处罚或者免除处罚。

第三百九十三条 单位为谋取不正当利益而行贿，或者违反国家规定，给予国家工作人员以回扣、手续费，情节严重的，对单位判处罚金，并对其直接负责的主管人员和其他直接责任人员，处三年以下有期徒刑或者拘役，并处罚金；情节特别严重的，处三年以上十年以下有期徒刑，并处罚金。因行贿取得的违法所得归个人所有的，依照本法第三百八十九条、第三百九十条的规定定罪处罚。

第三百九十四条 国家工作人员在国内公务活动或者对外交往中接受礼物，依照国家规定应当交公而不交公，数额较大的，依照本法第三百八十二条、第三百八十三条的规定定罪处罚。

第三百九十五条 国家工作人员的财产、支出明显超过合法收入，差额巨大的，可以责令该国家工作人员说明来源，不能说明来源的，差额部分以非法所得论，处五年以下有期徒刑或者拘役；差额特别巨大的，处五年以上十年以下有期徒刑。财产的差额部分予以追缴。

国家工作人员在境外的存款，应当依照国家规定申报。数额较大、隐瞒不报的，处二年以下有期徒刑或者拘役；情节较轻的，由其所在单位或者上级主管机关酌情给予行政处分。

第三百九十六条 国家机关、国有公司、企业、事业单位、人民团体，违反国家规定，以单位名义将国有资产集体私分给个人，数额较大的，对其直接负责的主管人员和其他直接责任人员，处三年以下有期徒刑或者拘役，并处或者单处罚金；数额巨大的，处三年以上七年以下有期徒刑，并处罚金。

司法机关、行政执法机关违反国家规定，将应当上缴国家的罚没财物，以单位名义集体私分给个人的，依照前款的规定处罚。

第九章 渎 职 罪

第三百九十七条 国家机关工作人员滥用职权或者玩忽职守，致使公共财产、国家和人民利益遭受重大损失的，处三年以下有期徒刑或者拘役；情节特别严重的，处三年以上七年以下有期徒刑。本法另有规定的，依照规定。

国家机关工作人员徇私舞弊，犯前款罪的，处五年以下有期徒刑或者拘役；情节特别严重的，处五年以上十年以下有期徒刑。本法另有规定的，依照规定。

第三百九十八条 国家机关工作人员违反保守国家秘密法的规定，故意或者过失泄露国家秘密，情节严重的，处三年以下有期徒刑或者拘役；情节特别严重的，处三年以上七年以下有期徒刑。

非国家机关工作人员犯前款罪的，依照前款的规定酌情处罚。

第三百九十九条 司法工作人员徇私枉法、徇情枉法，对明知是无罪的人而使他受追诉、对明知是有罪的人而故意包庇不使他受追诉，或者在刑事审判活动中故意违背事实和法律作枉法裁判的，处五年以下有期徒刑或者拘役；情节严重的，处五年以上十年以下有期徒刑；情节特别严重的，处十年以上有期徒刑。

在民事、行政审判活动中故意违背事实和法律作枉法裁判，情节严重的，处五年以下有期徒刑或者拘役；情节特别严重的，处五年以上十年以下有期徒刑。

在执行判决、裁定活动中，严重不负责任或者滥用职权，不依法采取诉讼保全措施、不履行法定执行职责，或者违法采取诉讼保全措施、强制执行措施，致使当事人或者其他人的利益遭受重大损失的，处五年以下有期徒刑或者拘役；致使当事人或者其他人的利益遭受特别重大损失的，处五年以上十年以下有期徒刑。

司法工作人员收受贿赂，有前三款行为的，同时又构成本法第三百八十五条规定之罪的，依照处罚较重的规定定罪处罚。

第三百九十九条之一　依法承担仲裁职责的人员，在仲裁活动中故意违背事实和法律作枉法裁决，情节严重的，处三年以下有期徒刑或者拘役；情节特别严重的，处三年以上七年以下有期徒刑。

第四百条　司法工作人员私放在押的犯罪嫌疑人、被告人或者罪犯的，处五年以下有期徒刑或者拘役；情节严重的，处五年以上十年以下有期徒刑；情节特别严重的，处十年以上有期徒刑。

司法工作人员由于严重不负责任，致使在押的犯罪嫌疑人、被告人或者罪犯脱逃，造成严重后果的，处三年以下有期徒刑或者拘役；造成特别严重后果的，处三年以上十年以下有期徒刑。

第四百零一条 司法工作人员徇私舞弊，对不符合减刑、假释、暂予监外执行条件的罪犯，予以减刑、假释或者暂予监外执行的，处三年以下有期徒刑或者拘役；情节严重的，处三年以上七年以下有期徒刑。

第四百零二条 行政执法人员徇私舞弊，对依法应当移交司法机关追究刑事责任的不移交，情节严重的，处三年以下有期徒刑或者拘役；造成严重后果的，处三年以上七年以下有期徒刑。

第四百零三条 国家有关主管部门的国家机关工作人员，徇私舞弊，滥用职权，对不符合法律规定条件的公司设立、登记申请或者股票、债券发行、上市申请，予以批准或者登记，致使公共财产、国家和人民利益遭受重大损失的，处五年以下有期徒刑或者拘役。

上级部门强令登记机关及其工作人员实施前款行为的，对其直接负责的主管人员，依照前款的规定处罚。

第四百零四条 税务机关的工作人员徇私舞弊，不征或者少征应征税款，致使国家税收遭受重大损失的，处五年以下有期徒刑或者拘役；造成特别重大损失的，处五年以上有期徒刑。

第四百零五条 税务机关的工作人员违反法律、行政法规的规定，在办理发售发票、抵扣税款、出口退税工作中，徇私舞弊，致使国家利益遭受重大损失的，处五年以下有期徒刑或者拘役；致使国家利益遭受特别重大损失的，处五年以上有期徒刑。

其他国家机关工作人员违反国家规定，在提供出口货物报关单、出口收汇核销单等出口退税凭证的工作中，徇私舞弊，致使国家利益遭受重大损失的，依照前款的规定处罚。

第四百零六条 国家机关工作人员在签订、履行合同过程中，因严重不负责任被诈骗，致使国家利益遭受重大损失的，处三年以下有期徒刑或者拘役；致使国家利益遭受特别重大损失的，处三年以上七年以下有期徒刑。

第四百零七条 林业主管部门的工作人员违反森林法的规定，超过批准的年采伐限额发放林木采伐许可证或者违反规定滥发林木采伐许可证，情节严重，致使森林遭受严重破坏的，处三年以下有期徒刑或者拘役。

第四百零八条 负有环境保护监督管理职责的国家机关工作人员严重不负责任，导致发生重大环境污染事故，致使公私财产遭受重大损失或者造成人身伤亡的严重后果的，处三年以下有期徒刑或者拘役。

第四百零八条之一 负有食品药品安全监督管理职责的国家机关工作人员，滥用职权或者玩忽职守，有下列情形之一，造成严重后果或者有其他严重情节的，处五年以下有期徒刑或者拘役；造成特别严重后果或者有其他特别严重情节的，处五年以上十年以下有期徒刑：

（一）瞒报、谎报食品安全事故、药品安全事件的；

（二）对发现的严重食品药品安全违法行为未按规定查处的；

（三）在药品和特殊食品审批审评过程中，对不符合条件的申请准予许可的；

（四）依法应当移交司法机关追究刑事责任不移交的；

（五）有其他滥用职权或者玩忽职守行为的。

徇私舞弊犯前款罪的，从重处罚。

第四百零九条 从事传染病防治的政府卫生行政部门的工作人员严重不负责任，导致传染病传播或者流行，情节严重的，处三年以下有期徒刑或者拘役。

第四百一十条 国家机关工作人员徇私舞弊，违反土地管理法规，滥用职权，非法批准征收、征用、占用土地，或者非法低价出让国有土地使用权，情节严重的，处三年以下有期徒刑或者拘役；致使国家或者集体利益遭受特别重大损失的，处三年以上七年以下有期徒刑。

第四百一十一条 海关工作人员徇私舞弊，放纵走私，情节严重的，处五年以下有期徒刑或者拘役；情节特别严重的，处五年以上有期徒刑。

第四百一十二条 国家商检部门、商检机构的工作人员徇私舞弊，伪造检验结果的，处五年以下有期徒刑或者拘役；造成严重后果的，处五年以上十年以下有期徒刑。

前款所列人员严重不负责任，对应当检验的物品不检验，或者延误检验出证、错误出证，致使国家利益遭受重大损失的，处三年以下有期徒刑或者拘役。

第四百一十三条 动植物检疫机关的检疫人员徇私舞弊，伪造检疫结果的，处五年以下有期徒刑或者拘役；造成严重后果的，处五年以上十年以下有期徒刑。

前款所列人员严重不负责任，对应当检疫的检疫物不检疫，或者延误检疫出证、错误出证，致使国家利益遭受重大损失的，处三年以下有期徒刑或者拘役。

第四百一十四条 对生产、销售伪劣商品犯罪行为负有追究责任的国家机关工作人员，徇私舞弊，不履行法律规定的追究职责，情节严重的，处五年以下有期徒刑或者拘役。

第四百一十五条 负责办理护照、签证以及其他出入境证件的国家机关工作人员，对明知是企图偷越国（边）境的人员，予以办理出入境证件的，或者边防、海关等国家机关工作人员，对明知是偷越国（边）境的人员，予以放行的，处三年以下有期徒刑或者拘役；情节严重的，处三年以上七年以下有期徒刑。

第四百一十六条 对被拐卖、绑架的妇女、儿童负有解救职责的国家机关工作人员，接到被拐卖、绑架的妇女、儿童及其家属的解救要求或者接到其他人的举报，而对被拐卖、绑架的妇女、儿童不进行解救，造成严重后果的，处五年以下有期徒刑或者拘役。

负有解救职责的国家机关工作人员利用职务阻碍解救的，处二年以上七年以下有期徒刑；情节较轻的，处二年以下有期徒刑或者拘役。

第四百一十七条 有查禁犯罪活动职责的国家机关工作人员，向犯罪分子通风报信、提供便利，帮助犯罪分子逃避处罚的，处三年以下有期徒刑或者拘役；情节严重的，处三年以上十年以下有期徒刑。

第四百一十八条 国家机关工作人员在招收公务员、学生工作中徇私舞弊，情节严重的，处三年以下有期徒刑或者拘役。

第四百一十九条 国家机关工作人员严重不负责任，造成珍贵文物损毁或者流失，后果严重的，处三年以下有期徒刑或者拘役。